长芦（沧州）盐业历史文化学术研讨会论文集

河北海盐博物馆　主编

科学出版社

北京

内 容 简 介

为推动长芦盐业历史文化研究，扩大对相关研究成果和长芦盐业历史文化的宣传，由河北海盐博物馆举办的"长芦（沧州）盐业历史文化学术研讨会"于2016年9月25日至27日在长芦盐发源地河北省黄骅市举行。本书筛选与会专家学者论文及相关文章20余篇结集出版。其内容主要包括长芦盐业文化演进史、长芦盐场迁移合并及长芦盐业文书考据等方面。这些研究能较为全面地反映当前学术界对长芦盐业历史文化研究的新内容和新成果，为以后的研究提供了方向。

图书在版编目（CIP）数据

长芦（沧州）盐业历史文化学术研讨会论文集/河北海盐博物馆主编.
—北京：科学出版社，2017.9
ISBN 978-7-03-054608-1

Ⅰ.①长… Ⅱ.①河… Ⅲ.①盐业史–沧州–学术会议–文集 Ⅳ.①F426.82-53

中国版本图书馆CIP数据核字（2017）第238272号

责任编辑：王　钰／责任校对：邹慧卿
责任印制：肖　兴／封面设计：陈　敬

科学出版社 出版
北京东黄城根北街16号
邮政编码：100717
http://www.sciencep.com

北京天宇星印刷厂 印刷
科学出版社发行　各地新华书店经销

*

2017年9月第 一 版　　开本：889×1194　1/16
2017年9月第一次印刷　印张：14 1/4　插页：1
字数：400 000

定价：128.00元

（如有印装质量问题，我社负责调换）

编委会

主　编：张宝刚

副主编：晋福新　戴　军

编　委：（按姓氏笔画排序）

王德强　史冰清　任海燕　刘欣玮

刘育新　孙德昌　张　萌　张宝刚

周　岚　晋福新　韩笑岩　戴　军

序

  长芦盐业历史悠久，早在西周时期就有渔盐之利，春秋战国时期，燕、齐二国皆以产盐著称。西汉武帝官盐铁之后，全国设盐官34处，长芦盐区坐拥4处，四大盐官所辖地区基本囊括长芦盐区的基本范围。汉以后，长芦盐区，尤其是沧州盐区地位突出，不仅是"盐产中心"，更是"盐运总汇之区"。在随后的历史变更中，长芦盐成为唐、辽、金、元、明、清的经济命脉。

  元代长芦盐场最高有22场，在明代达到了24场，其中黄骅境内独占利国、利民、海丰、阜民、润国、海阜、海润、严镇8场，黄骅盐业底蕴深厚。基于上述历史因素和资源，黄骅市建设了河北海盐博物馆。

  长芦盐业的专题研究在国内盐业历史研究中，尚处于起步阶段，但已成果喜人。此次在黄骅市召开的"长芦（沧州）盐业历史文化学术研讨会"就是一次学术成果汇报会，是一次长芦盐业研究者相聚的盛会。

  专家学者们参会的学术论文现已汇编成册，这些成果是每一位专家多年潜心研究工作的结晶，是他们一步一个脚印的努力的结果。这些成果将大大丰富河北海盐博物馆的馆藏资料，为河北海盐博物馆将来的改陈做好准备，我们需要更多这样的实证研究。

  这些成果必定会对今后长芦盐业文化的研究方向和长芦盐业文化的弘扬，起到积极而巨大的促进作用。让我们一起不懈地努力，为长芦盐业文化研究美好的明天作出更大的贡献。

目 录

领导致辞及相关报道

长芦（沧州）盐业历史文化学术研讨会开幕辞 …………………………… 程秀珍（3）
长芦（沧州）盐业历史文化学术研讨会开幕式上的致辞 …………………… 李耀光（4）
长芦（沧州）盐业历史文化学术研讨会开幕式上的致辞 …………………… 程龙刚（6）
长芦（沧州）盐业历史文化学术研讨会开幕式上的致辞——长芦盐文化是谋求地区发展
　　战略的新动力 …………………………………………………………… 艾　群（8）
长芦（沧州）盐业历史文化学术研讨会开幕式上的致辞 …………………… 郑志利（10）
长芦（沧州）盐业历史文化学术研讨会开幕式上的致辞——传承长芦盐业文化　推动长芦
　　盐业持续健康发展 ……………………………………………………… 刘建军（14）
长芦（沧州）盐业历史文化学术研讨会闭幕辞 …………………………… 程秀珍（16）
40余位学者齐聚黄骅共话盐业发展 ………………………………… 张　蒙　郭玉培（17）
传承盐业文化　弘扬实干精神——长芦盐业历史文化学术研讨会的现实思考 ……………
　　…………………………………………………………………… 张宝刚　吕维俊（18）

研究论文

长芦盐促进北方地区文化的发展 …………………………………………… 艾　群（23）
长芦盐区的整合与天津城市的崛起 ………………………………………… 陈　克（29）
从环境的视角简析海盐业的兴衰——以长芦南北场为例 ………………… 张利民（34）
长芦盐业重心由沧州北移天津原因探析 …………………………………… 刘洪升（41）
长芦盐运使严禁越境卖盐告示浅析 ………………………………………… 秦进才（51）
北洋政府时期长芦缉私营财务治理述论 …………………………………… 毕昱文（67）
明清长芦严镇场考略 ………………………………………………………… 杨荣春（78）
明清长芦海丰场续考 ………………………………………………………… 杨荣春（89）
浅析长芦沧州盐业的历史地位 ……………………………………………… 岳　宏（101）
长芦地名简考 ………………………………………………………………… 孙　建（110）
元代河间（长芦）盐运使司驻地考 ………………………………………… 孙　建（117）

中国长芦盐母神话传说历史文化内涵研究	张银河（122）
明清长芦盐场裁并原因探析	吕小琴（141）
明清以来的长芦沧州盐业与盐商	于秀萍 刘月霞（149）
明清时期长芦盐业与运河交通	裴一璞（158）
明武宗时期宦官奏讨盐引研究——以长芦盐场为例	冷 明（165）
黄骅海丰镇盐业兴衰史	张宝刚（170）
黄骅盐区滩晒工艺	张宝刚（175）
浅析长芦盐在金代财政中的地位	王德强（179）
海丰镇港史初考	王德强（186）
黄骅境内历代盐署场灶考——兼论长芦南场盐业发展史	刘佳昊（194）
黄骅盐业发展略述	郑树彬（202）
黄骅海盐风物考略	曹俊英（215）

后记 …………………………………………………………………………（219）

领导致辞及相关报道

长芦（沧州）盐业历史文化学术研讨会开幕辞

程秀珍

（河北省黄骅市委常委、宣传部部长）

尊敬的各位领导、各位专家学者：

大家好！

"金秋送爽，丹桂飘香"，今天，我们在这举行"长芦（沧州）盐业历史文化学术研讨会"。首先感谢各位专家、各位学者，百忙之中莅临黄骅市。在此，我谨代表本次研讨会的主办方黄骅市人民政府，对各位的到来表示热烈的欢迎。

今年，国家文物局把海盐考古作为水下考古的重要工作，依托中国水下考古中心、河北省文物研究所，对海盐文化进行发掘，研究海盐历史。长芦盐业历史悠久，因盐而积淀了丰厚的历史底蕴和文化内涵，在中国盐业发展史中具有举足轻重的地位。

黄骅市作为长芦盐的发源地和主产区，蕴藏着大量的盐业民俗、盐业诗歌及谚语等盐业文化。2009年，河北海盐博物馆在黄骅市建成开馆，此馆作为河北省内首家盐业博物馆，在盐业相关文物资料的收藏、保护、研究和展示，以及传播盐业文化知识方面做了大量的工作，取得了良好的社会效应。但相对于长芦盐业丰厚的历史文化来说，我们对它的研究和展示还有很大不足。这就需要我们进一步深入发掘长芦盐业历史。

近些年我们收集了大量的盐业文物文献资料，也发现了海丰镇盐业遗址、辛立灶盐业遗址、海兴春秋盐业遗址等大量盐业遗存。在此基础上，我们组织召开本次研讨会，借助这个平台，深入研究长芦盐业文化，并将其成果用于展示，让长芦盐业历史学术研究更加深厚。

本次研讨会的召开，不仅是对专家学者学术研究的一次汇总，更是对长芦盐业历史文化的一次深度梳理。希望各位专家学者能多多交流，分享学术成果。我们也将以此次研讨会为契机，广纳真知灼见，广聚学术资源，广交学术人才，开阔视野，增进友谊，激励创新，为未来的学术研究和合作寻求新思路，拓展新途径。

最后，祝愿本次活动圆满成功！祝愿各位来宾、各位朋友身体健康、万事如意！祝愿我们的友谊源远流长！

长芦（沧州）盐业历史文化学术研讨会开幕式上的致辞

李耀光

（河北省文物研究所所长）

尊敬的各位领导、各位来宾：

大家好！

在这个收获与喜悦并存的季节里，我很荣幸受邀参加这次河北省"长芦（沧州）盐业历史文化学术研讨会"。盐既是百姓日常生活所需之物，又是"国之大宝"的重要战略资源。从"夙沙氏佐神农烹海水为盐"的传说开始，到长芦盐场的兴起和发展，可以看出盐业的发展和文明的进程息息相关。这也是历代王朝重视盐业的重要原因。

河北省作为我国十一个沿海省份之一，盐业生产有着悠久的历史。至迟在春秋战国时期的文献中，就有渤海湾西岸地区煮海为盐的记载。以往的考古调查也发现河北沿海，尤其是沧州地区多处商周时期的盐业遗址和盐业生产工具——盔形器。另外，2014年开展的河北水下考古陆上调查工作，在河北沿海黄骅、海兴、唐山等地发现有多处历史时期的盐业遗址，加上到现在一直在生产的沧州盐业集团有限公司，可以说河北省有着从早到晚连续的盐业生产历史。这些都为我们开展河北盐业研究工作提供了契机。

盐业生产，尤其是海盐的生产利用，可以看作是人类对海洋资源利用的开始。对盐业生产、运输和利用进行研究在考古学中出现了一个全新的领域——盐业考古。盐业考古在中国的开展兴起虽然较晚，但发展却十分迅速，越来越受到相关学者的关注。在开展工作较早的山东和川渝地区更是取得了一定的成果。河北虽然有着悠久的海盐生产史和丰富的盐业遗存，但受各方面条件的限制，除以往传统考古工作中零星涉及相关资料外，并未开展过专门针对盐业的考古工作。从今年开始，我们在沧州地区的考古工作中，有意识地加强了对盐业遗存的关注。计划未来几年对河北沿海地区做一次全面的盐业遗址专项调查工作，明年首先从沧州地区开始，希望国家局领导和各地方同仁能给予大力支持。

长芦盐区是中国最古老和最大的盐区之一，也是中国七大海盐产区中最著名的盐区，其范围北起山海关、南到海兴。两千多年来，它对人民生活和国家财政、中国近代盐化工业的产生与发展,以及河北地区的社会经济发展产生了不可低估的作用。盐业考古是我国考古研究的热点领域之一,山东、川渝和海南等省市都相继开展了盐业考古,成果丰硕。我省盐业考古刚刚起步,希望以此次研讨会为契机,推动盐业考古顺利开展,并通过考古发现,为河北历史文化添砖加瓦。预祝此次研讨会圆满成功!

长芦（沧州）盐业历史文化学术研讨会开幕式上的致辞

程龙刚

（四川省自贡市盐业历史博物馆副馆长、《盐业史研究》执行主编）

尊敬的各位领导、各位专家：

大家上午好！

金秋九月逢盛会，金都花园迎嘉宾。在这秋高气爽、阳光灿烂的收获季节里，我们齐聚一堂，隆重举行"长芦（沧州）盐业历史文化学术研讨会"，这是中国盐业史学界的一件盛事。在此，我谨代表自贡市盐业历史博物馆、《盐业史研究》杂志社对辛苦付出、精心筹备的会议主办方——河北海盐博物馆表示衷心的祝贺！向长期致力于长芦（沧州）盐业历史文化研究的专家学者表示由衷的感谢！

长芦盐区，又称河北盐区，是中国最古老和最大的盐区之一，也是我国七大海盐产区中最著名的盐区。沧州盐业历史悠久、源远流长，是长芦盐区的主要产地，自古就有"鱼盐之利雄天下"的优势和"万灶青烟皆煮海"的盛况。"僧寺白云外，人家绿渚间。晚来潮正满，处处落帆还"——这是刘长卿笔下的沧州盐业盛景。千百年来，沧州先民在这片咸土地上"煮海为盐"，以自己的勤劳与智慧创造了灿烂的文化，为富国济民作出了重要的贡献，在中国盐业发展史上留下了光辉的一页。因此，长芦（沧州）盐业历史文化是中国盐业历史文化瑰丽的宝藏，值得去深入地挖掘和研究。

河北海盐博物馆是河北省内首家专业性的盐业博物馆，也是目前国内盐业博物馆中海盐资料最为丰富的博物馆，在海盐历史文化的科学研究、陈列展览、社会教育等方面取得了丰硕的成果和可喜的成绩。特别是河北海盐博物馆主办的此次学术研讨会，内容包括长芦（沧州）盐业的起源、兴衰、地位、生产技术、盐商、盐民、民俗、盐业集镇、博物馆展览等，学科涉及历史学、人类文化学、社会学、民俗学、博物馆学等，在考虑学术张力的同时还充分兼顾长芦（沧州）盐业的历史价值和应用价值。这不仅有利于挖掘和研究长芦（沧州）盐业的历史文化，而且为长芦（沧州）盐业历史文化遗产的保护与利用提供参考。所以，此次学术研讨会必将是长芦（沧州）盐业历史文化研究的一次里程碑式的盛会。

自20世纪90年代初以来，自贡市盐业历史博物馆与河北海博物馆（黄骅市博物馆）开展了友好交流与深度合作，并从此结下了深厚的友谊，成为了姊妹馆、友好馆。自贡市盐业历史博物馆于1959年由邓小平同志倡议创办，是中国较早建立的收藏、研究和陈列中国盐业历史文物的专业博物馆，馆藏珍贵文物595件，拥有两个全国重点文物保护单位（西秦会馆、吉成井盐作坊遗址）、1个四川省文物保护单位（王爷庙）、1个近现代工业遗址（大安盐厂）、1个分馆（狮市盐运历史文化博物馆）。我馆主办的《盐业史研究》是中国唯一以盐为研究对象的学术期刊，CSSCI扩展版来源期刊，四川省首届社科一级期刊，在2015年度人大复印报刊资料全文转载排名中位列历史学学科期刊第19名，是整个西部地区历史学类期刊中唯一进入前30名的专业性学术刊物。在此，我热切地期盼着我们两馆继续发挥各自的优势，携手为弘扬和传播长芦（沧州）盐业历史文化不遗余力！

最后，预祝会议圆满成功！祝愿各位领导、各位专家在黄骅期间身体健康、万事如意！

谢谢大家！

长芦（沧州）盐业历史文化学术研讨会开幕式上的致辞
——长芦盐文化是谋求地区发展战略的新动力

艾 群

（天津市长芦盐业协会理事长）

参加这次由河北省黄骅市政府、黄骅市文体广电新闻出版局主办，黄骅市河北海盐博物馆承办的长芦沧州盐业历史文化研讨会，我非常高兴！首先作为原天津市长芦盐务管理局最后一任局长和在盐业工作了近四十年的盐业工作者，我代表长芦盐业的所有职工对黄骅市政府和黄骅市文化部门举办这次会议以及对长芦盐业历史文化的研究所做的工作表示衷心的感谢！

黄骅市政府举办这次规模很大、档次很高的"长芦（沧州）盐业历史文化学术研讨会"这是站在发展的新高度上，以新时期的眼光聚焦长芦沧州盐业历史，这是一件明智的文化大举措，对于进一步深入研究长芦沧州盐业历史，挖掘长芦盐文化的起源和弘扬长芦盐文化将产生巨大和深远的影响。黄骅市政府站在改革的高起点上，用文化智慧的睿智和发展眼光谋求发展战略的新思路，对于打造黄骅地区经济和文化的软实力将起着巨大的推动作用，对扩大、宣传地方文化经济品牌会产生良好的效应和广泛的影响，对于增强地方的核心竞争力也会起到很大的促进作用。

数千年来，沧州地区作为长芦盐的发源地积淀了非常深厚的历史文化资源，是一个蕴藏丰富的历史文化宝库，也是一份宝贵的历史物质文化遗产。历史上，长芦盐区起源于长芦镇，发展至渤海沿岸的数千公里广袤区域，成为中国北方地区重要的盐业生产基地。长芦盐业经历了历史的沧桑，她的发展与兴衰伴随着中国历史的变迁，历代政府对盐业的重视，使长芦盐业曾经辉煌、并在明清封建王朝的财政收入中占据重要的地位。沧州地区是长芦盐区的兴起、成长、兴旺的源头，沧州诞生了长芦盐，而长芦盐业也反哺了沧州地区。长芦盐业见证了沧州地区的发展历史，长芦的根深深地扎在沧州。挖掘长芦盐业的历史资源、开展长芦盐文化的深入研究对于扩大黄骅地区的文化影响力、挖掘旅游资源、发展旅游业、带动区域经济发展都会产生很好的推动作用。

数千年来，长芦盐业就是区域经济的领头羊，对北方地区乃至全国的经济、文化的发展影响很大。由于盐税是封建社会中央政府财政收入的重要保障，因此历史上封建王朝对盐业都非常重视，使得长芦盐业特别是在明清以后得到了快速发展。长芦盐业的成长与发展曾经辐射到当时社会的很多领域，带动了北方地区经济的发展与城市的繁荣，对北方地区产生的影响延续了数百年乃至上千年,特别是近现代长芦盐业发挥了更大的作用,为天津和北方地区的盐化工业奠定了坚实的基础。新中国成立后,更为我国的工业发展和外贸出口作出了突出的贡献,也为沧州地区、唐山地区和天津地区,以及北京地区的经济发展作出了突出贡献,不但供应了满足市场需要的优质合格的食盐和工业盐,而且还为这些地区的化工业的发展搭建了良好的基础,使这些地区成为我国北方地区化工业的制造基地。改革开放以后,长芦盐业更是为天津经济开发区、黄骅经济开发区和黄骅港建设,以及唐山地区的经济发展、京唐港的建设、曹妃甸工业区的建设都作出了巨大的贡献。对于留住这段具有数千年悠久的长芦盐业历史,记载下长芦盐业的历史文明是黄骅市政府所做的一件功德无量的好事,将载入光辉的史册。我们看到黄骅市政府将扩建和改造黄骅市海盐博物馆、并丰富博物馆的馆藏内容非常欣喜,不禁为黄骅市政府点赞,这是一项极具超前眼光的文化之举。保护好这段历史,就是保护好我们盐业人的根基和祖业,研究好这段历史文化就是让她发挥久远的历史和现实的作用,为我们今天的改革开放提供源源不断的文化基础和新的动力,为谋求地区新时期的发展战略提供新动力。

数千年来,长芦盐区以她特有的历史地位,对北方地区的政治、经济发展、文化教育、城市建设与发展、商贸物流、慈善公益事业,以及运河流经北方地区的河道修缮与维护等地区的兴旺与繁荣,发挥了不可替代的巨大促进作用,这种贡献是中国近代史上其他行业难以做到的,长芦盐业在历史上留下了一笔宝贵的文化遗产,这使我们对长芦盐产生无限的敬畏,对长芦盐区的历史产生无限的留恋,因为她与我们这个地区的发生与发展紧密相连,与北方地区历史上的重大事件和重要人物紧密相连。随着历史的发展,长芦盐区将会逐渐消失在人们的记忆中。因此我们应该很好地研究长芦盐区历史,研究长芦盐文化,大力弘扬长芦盐文化,发扬长芦精神,让长芦盐文化发挥更大的历史作用,为我们今天的国家建设服务。在改革开放的今天,在京津冀协同发展的大形势下,追思长芦盐业历史,弘扬长芦盐文化有着很现实的意义。我们更应该让"长芦"这块沉甸甸的金字招牌获得新生,这是我们这一代人的历史责任。这是我们研究长芦盐业历史文化的深远意义。

对于一位有着很深的长芦情节的长芦盐业工作者来说,参加今天的会议我感到自豪与骄傲。我预祝这次会议取得圆满成功。同时也将倾尽我们对长芦盐业的了解和对长芦盐文化的研究成果全力地支持黄骅海盐博物馆的建设,也希望黄骅市海盐博物馆扩建改造获得成功,并将之建成国内外一流水平的精品盐业博物馆,成为黄骅市代表北方地区乃至全国的一张金灿灿的文化名片。

谢谢大家!

长芦（沧州）盐业历史文化学术研讨会开幕式上的致辞

郑志利

（河北省沧州市文物局执法督查科科长）

尊敬的各位领导、各位专家、各位同仁：

大家好！

在这丰收的金秋时节，河北省"长芦（沧州）盐业历史文化学术研讨会"在黄骅市隆重开幕。来自8个省市的长芦盐业文化方面的专家、学者在长芦盐的重要产地汇聚一堂，交流经验，分享信息，共谋长芦盐业文化的发展大计。相信这次文化研讨会的召开，也一定会将沧州市的盐业文化研究提升到一个更高的水平。

我市海域分布在渤海新区、黄骅市和海兴县，北起北排河与天津市交界，南至大口河与山东省接壤，海岸线总长度129.7千米，其中大陆岸线95.3千米，岛屿岸线34.3千米，潮间带滩涂面积307.7平方千米。有着这得天独厚的地理环境，沧州市沿海自古以来就是海盐的重要产地，也有着无棣沟、屯氏河、海丰镇等重要的出海口和港口，给我市沿海及海域留下丰富的文化遗产。

春秋时期，齐国大臣管仲为谋求富国强兵，建议齐桓公"煮海为盐"，发展盐业，以鱼盐之利称雄天下。沧州沿海当时地处齐国北部，盐业始兴。其后汉代至南北朝时期，长芦盐业继续发展。唐代至清代沧州沿海始终为北方重要的盐产地。

孟庆斌先生的《长芦盐业史述略》一文将长芦盐业的发展历史分成5个阶段：西周至北魏是长芦盐业的发源时期；汉至南北朝时期是长芦盐业的初步发展时期；隋至宋金为长芦盐业的持续发展时期；元明时期是长芦盐业发展的高峰期；清至民国是长芦盐业曲折发展并发生急剧变化的时期。在各个历史时期，长芦盐业都在我市沿海区域留下了文化遗产。在历次文物普查和水下考古陆地调查中，我们在沧州沿海县市区发现了众多的和盐业有关的文化遗存。

一、和盐业发展有关的城址

由于盐业在我国古代经济上的重要地位，盐业也对沿海城市的发展起到了重要作用。我市沿海曾有的古代城址有：

1. 无棣邑遗址

位于海兴县香坊乡杨埕水库东部。城墙遗迹已荡然无存，地表暴露大量红陶陶片、灰陶陶片、瓷片。陶器器形主要为瓮、罐、釜、盆等，纹饰主要为绳纹、素面。瓷器有白釉碗、白釉铁锈花碗、白釉划花碗、黑釉碗等残片。时代为春秋—宋金时期。现为海兴县文物保护单位。

2. 柳县故城遗址

位于黄骅市羊二庄回族镇张八寨村西南2500米，城址呈方形，城墙大多无存，残存北城墙东西长480米，宽7米，高0.7—1.5米。第二次文物普查时发现少量陶片，为灰陶盆、罐等器物残片。

3. 卅兮城遗址

位于黄骅市羊二庄回族镇南街村西北1千米处，东西长570米，南北宽570米，遗址中心部原为高台式建筑区，因古代村民多次取土，成为一个深约2米平面不规则的坑。地表暴露物有大量空心几何纹砖、板瓦、夹砂红陶片、灰陶素面陶片，器形有罐、釜、豆等。

4. 章武城遗址

位于黄骅市常郭乡故县村北。城分大城和小城，小城居南，东西长145米，南北宽132米，呈长方形。大城居北，东西长285米，南北宽220米，面积62700平方米，基本呈长方形。该城墙及建筑遗迹全无，遗址略高出地表，暴露有白瓷瓷片、青釉瓷片、细绳纹瓦等。在大城址外东南有一高1.5米的土台。

5. 北章武城遗址

位于齐家务乡乾符村，又名"乾符城"。城址呈长方形，东西长500米，南北宽420米，现大部分城墙已被拆除，现存一段北城墙，残长104米，高2米，最宽处13米，墙体有明显的夯土层，每层厚10厘米。城内曾发现有砖井、房址等遗迹，曾出土遗物有陶罐、青釉四系罐、三彩炉、白釉铁锈花小碗等文物。

6. 旧城城址

为河北省文物保护单位，位于河北省沧州市黄骅市旧城乡旧城村。南北长1000米，东西长1000米，呈正方形。现城墙仅存南段，残长400米，东、北、西城墙无存。城墙断面上可见文化堆积分布，地表采集有汉代绳纹砖、布纹瓦、黑、白、青、黄等瓷片。1981年在城址内发掘北齐古庙遗址一处，出土石造像54躯。

二、和盐业有直接关系的大遗址

1. 海丰镇遗址

为第六批全国重点文物保护单位，是金代集水陆交通为一体的贸易集散地，是运输瓷器、海盐为主的重要出海港口城镇。海丰镇在《金史·地理志》《盐山县志》《盐山新志》《海兴县志》等文献中多有记载。《金史·地理志》记为盐山四镇之首。《盐山新志》更从西汉之柳县到魏晋南北朝时的漂榆邑，再从唐宋时期的通商镇到辽金的海丰镇都作了比较详尽的记述和考证。

2. 海兴制盐遗址

为河北省文物保护单位，遗址南北长1000米，东西宽50米，分布面积5000平方米。文化层厚1—2米。文化层内含有大量黑灰色草木灰、灰陶器具残片和灶台焦块，并夹杂有少量铜铁残件等。陶器纹饰为绳纹、弦纹，器形多为罐、瓮、盔形器。另外有齐刀币、秦半两、汉代石磨等。1987年盐场附近出土了大批汉代早期船载钱币。特别是2006年发现的春秋时期制盐器具"盔形器"，更有力地证明了此遗址是春秋时期制盐的重要场所。

三、和盐业有关的其他遗址

1. 青先农场四队遗址

位于海兴县青先农场东，地表可见素面灰砖、绳纹瓦、夹蚌红陶片、泥质灰陶片、泥质红陶片分布，看不到文化层，可辨器形有绳纹板瓦、筒瓦、绳纹红陶釜、泥质灰陶片、泥质灰陶罐等。遗址年代为汉代。

2. 边庄将军台遗址

位于海兴县边庄村北。地表有较多泥质灰陶片、泥质红陶片、白瓷片，有少许黄绿釉瓷片、青瓷片，该遗址初步推断为唐代。

3. 刘王庄狼牙台遗址

位于海兴县刘王庄东北，四周为虾池，在虾池池坝两旁有大量的泥质红陶片，少许绳纹泥质灰陶片。可辨器形有素面泥质灰陶豆、泥质灰陶盆、泥质红陶瓮、泥质灰陶豆、泥质灰陶盆、绳纹泥质灰陶片，该遗址初步推断为战国时期。

4. 付庄子遗址

位于海兴县付庄子东，遗址池沿上可见大量泥质红陶片，少许泥质灰陶片、筒瓦分布。纹饰有绳纹、条纹。看不到文化层。可辨器形有灰绳纹筒瓦、泥质红陶釜、泥质灰陶釜、泥质灰陶罐、泥质灰陶盆。该遗址初步推断为战汉时期。

5. 东侯村东南河遗址

位于海兴县东侯村，地表有少许绳纹瓦、泥质灰陶片分布。在遗址中部的取土坑内及周围有较多的板瓦、筒瓦和少许泥质灰陶片、铁块。遗物以瓦件较多，有瓦当、板瓦、筒瓦。可辨器形有瓦当、筒、板瓦、泥质灰陶瓮、泥质灰陶罐、五铢钱。该遗址初步推断为汉代。

6. 盘洼遗址

位于盘洼村东北，在遗址内的池沿上可见泥质灰陶片、白釉黑花瓷片、白瓷片、黄釉瓷片、青瓷片分布，看不到文化层。可辨器形有白釉黑花碗、白釉黑花盆、白瓷碗、黄釉瓶、青釉碗、黑釉罐。白釉黑花碗、白釉黑花盆、白瓷碗、黄釉瓶似金元遗物，该遗址初步推断为金元时期。

7. 齐庄大辛坨遗址

位于黄骅市羊二庄回族乡齐庄村东北，发现有绳纹砖、布纹瓦、灰陶片、白瓷残片。可辨器形为盆、碗。推断该遗址为汉、宋、金、明等时期。

8. 黑坨子遗址

在今海丰镇东南，现为一片平地，地表可采集到一些金元时期的瓷片和砖块。

四、总　　结

（1）做好盐业文化遗产保护的基础性工作，实现"四有"，制定重要文物的专项保护规划。对沿海发现的盐业文化遗存进行较为全面系统的深入调查，一些重要遗存可申请研究项目。

（2）深入对沧州盐业文化的研究工作，我市盐业文化遗产的保护和研究处于刚刚起步阶段，相比天津市、山东省、江苏省一些沿海城市的盐业文化研究，我们还有很多的不足。

（3）进一步做好盐业文化遗产的展示。河北省盐业博物馆正在进行改陈工作，将以长芦盐业为专题作重点展示，提升长芦盐业在整改展览中的地位。

以上是我本人对沧州市盐业文化遗产保护的一些浅显认识，不妥之处，恳请各位批评指正。

预祝研讨会圆满成功，祝大家国庆节愉快！

长芦（沧州）盐业历史文化学术研讨会开幕式上的致辞
——传承长芦盐业文化　推动长芦盐业持续健康发展

刘建军

（沧盐集团党委书记、董事长）

尊敬的各位领导、各位专家学者、同志们：

大家上午好！

今天，黄骅市政府诚邀长芦盐业的领导和国家、省、市知名历史文化专家学者聚集在黄骅这个美丽的海滨城市，组织召开这次"长芦（沧州）盐业历史文化学术研讨会"，追溯长芦盐业的发展历史，挖掘长芦盐业的文化内涵，必将对长芦盐业的发展起到重大的推动作用。在此，我代表沧盐集团对各位领导、专家、学者的莅临表示热烈的欢迎和衷心的感谢！对组织召开这次会议的黄骅市政府、河北文广新局、河北海盐博物馆致以崇高的敬意！

长芦盐业历史悠久，底蕴深厚，兴于春秋，发展于秦汉唐，盛于元明清。史有齐桓公"煮海为盐"以鱼盐之利雄天下的美誉；有东汉时期勃海郡民立灶煮盐，藉盐为业，呈现出"万灶青烟皆煮海"的盛况；有元朝建立长芦盐运司、设置煮盐22场进行大规模生产的记载；有明嘉靖元年（1522）海丰场变煎煮制盐为滩晒制盐推动技术变革的创举；有明清两朝所产海盐被宫廷选为"贡盐"的盛誉。人类社会的发展赋予了长芦盐业深厚的文化底蕴和深刻精神内涵，在历史传承、产业规模、产品质量、技术革新、专业化程度、行政主管部门设置等方面尽显长芦盐业之风采，实现了从无到有、从小到大、从弱到强，在2000多年的历史长河中，长芦盐业始终是全国盐业极为重要的组成部分，在社会进步和经济发展方面均发挥了重要的作用。

沧盐集团的前身为长芦黄骅盐场，是长芦盐区骨干企业之一，是沧州行政公署经国家计委批准于1958年兴建，至今已走过58个春秋。

沧盐58年的发展历程，也是几代沧盐人披荆斩棘，拼搏作为的创业历程。建厂初期，上万名来自祖国四面八方的创业者昼夜奋斗在这片热土上，当年产盐2.5万吨，1960年产盐18.4万吨，同年6月19日的《人民日报》刊登了《黄骅盐场高速度大面积丰产》的文章，并配发了《向黄骅盐场看齐》的社论，号召全国制盐企业向黄骅盐场学习，沧盐成为全国制盐工业的一面旗帜，这在沧盐发展史上写下了光辉的一页。至1990年，原盐产能已达40万吨以上，实现利税2000万以上，成为沧州财政的支柱企业。至2004年，原盐产能达100万吨以上，实现了沧盐人建100万吨盐场的夙愿。至2012年，溴素产能达3000吨，食盐产能达15万吨，企业规模得到进一步壮大。

沧盐58年的发展历程，积累了许多宝贵的生产经验。先后出版了《盐业生产谚语》《沧盐科技论文选》《海盐生产技术》《溴素生产要领》等专业书籍，多篇技术论文在《中国盐业》和《盐业与化工》杂志上发表，其中，管道输盐集坨技术、大浮卷塑苫工艺技术在长芦盐区得到了广泛的推广应用，具有技术革新里程碑的意义。

沧盐58年的发展历程，建立了具有沧盐特色的企业文化。"勤劳、朴实、团结、奉献"成为企业文化内涵，并形成了"同心同德、艰苦奋斗、开拓求实、创新奉献"的沧盐精神，实现了人心凝聚、力量汇聚，增强了企业的凝聚力和战斗力。1992年创办了《盐工报》，2008年创办了《沧盐动态》，2009年编写了《长芦沧盐志》，这些刊物在方向引领、企业管理、企业文化建设等方面均发挥了重要的作用。

站在新的历史起点上，沧盐集团将紧紧抓住京津冀协同发展、一带一路开放发展、河北沿海创新发展的重大机遇，充分发挥港口优势、区位优势、交通优势、政策优势，不断传承和发展沧盐特色的企业文化，大力弘扬"同心同德、艰苦奋斗、开拓求实、创新奉献"的沧盐精神，科学实施产业升级转型战略，努力把沧盐建设成为集原盐、食盐、品种盐、日化盐、溴素化工、国际木材经销加工、商业服务、商贸物流、机械加工制造、基建工程施工为一体的国家一流的大型综合性企业；将和长芦盐区的兄弟单位一道，以凤凰涅槃、浴火重生的勇气和敢为天下先的气魄，勇立改革发展潮头，把长芦盐业经济发展好，把长芦盐业文化建设好，把长芦盐业精神弘扬好，携手并肩，团结奋进，共同创造长芦盐业更加辉煌、更加美好的明天！

祝长芦盐业文化学术研讨会圆满成功！祝各位领导、专家、学者、同志们身体健康！工作顺利！

谢谢大家！

长芦（沧州）盐业历史文化学术研讨会闭幕辞

程秀珍

（河北省黄骅市委常委、宣传部部长）

尊敬的各位领导、各位专家学者、各位朋友：

"长芦（沧州）盐业历史文化学术研讨会"在全体与会代表的共同努力下，圆满完成了各项会议议程，即将落下帷幕！在此，我代表黄骅市委、市政府及研讨会会务组向各位在百忙之中撰写高质量学术论文，并拨冗莅临赐教的专家学者们，再次表示由衷的感谢。

这次研讨会是一次高水准、高效率的学术交流盛会。参加本次研讨会的有来自全国各大院校、各地文博部门及从事盐文化研究的专家学者41位，收到参会论文30余篇。会上，每位专家从不同角度对长芦（沧州）盐业历史文化进行了多方位、深层次的交流探讨，展示了最新研究成果，也为长芦盐业历史文化的研究，开拓了更为广阔的学术视野。同时研讨会上专家们各抒己见，相互切磋，共同进步，为本次会议增添了光彩。

会议结束后，我们将认真梳理会议成果，结集出版《长芦（沧州）盐业历史文化学术研讨会论文集》，并继续筹备河北海盐博物馆改扩建项目。我深信，伴随着论文集的出版和陈列的展出，长芦盐业文化的研究必将拓宽新的视域，步入一个新的境界。

各位专家学者、各位朋友，《诗经》云："嘤其鸣矣，求其友声"，一天短暂的相聚，我们收获了丰硕的学术成果和深厚的友谊，影响是深远的。

在研讨会即将结束之际，请允许我代表主办方向付出辛苦劳动的专家学者，表示衷心的感谢。同时，我诚挚地邀请各位朋友以后来我市做客。最后，祝各位工作顺利，一路平安。

谢谢大家！

40余位学者齐聚黄骅共话盐业发展

张　蒙　郭玉培

日前,"长芦（沧州）盐业历史文化学术研讨会"在黄骅市举行,40余位全国各大院校、各地文博部门及从事盐业文化研究的专家学者齐聚一堂,探讨长芦盐场发展及其历史文化。据悉,这是我市举办的规格最高的一次盐史发展研讨会。

长芦盐场分布于河北省和天津市的渤海沿岸,其范围北起山海关、南到海兴,是中国最古老的盐区之一,也是我国海盐产量最大的盐场。其中,沧州是全国最大的工业盐产区。学者专家们从不同角度对长芦盐场发展进行了深层探讨,并展示了最新的研究成果。国家文物局水下文化遗产保护中心水下考古所所长姜波表示,长芦盐区两千多年来对人民生活、国家财政以及中国近代盐业发展发挥了不可低估的作用,对长芦盐场历史文化的研究,将为中国未来盐化工业发展提供重要经验和启示。

研讨会后,专家学者们还参观了海丰镇遗址、沧盐集团、河北海盐博物馆等。

原载《沧州日报》2016年10月11日

传承盐业文化　　弘扬实干精神
——长芦盐业历史文化学术研讨会的现实思考

张宝刚　　吕维俊

最近，"长芦（沧州）盐业历史文化学术研讨会"在黄骅市举行（见本报10月11日第二版）。来自全国8省市的专家学者对长芦盐业文化的形成、发展、历史地位等进行了深入的探讨，取得了丰硕学术成果。对于展示盐业文化作用、促进现实工作具有深刻意义。

长芦盐业历史悠久，随之产生的盐业文化底蕴深厚、内容丰富。在广博的盐业文化系统中，对历代盐工影响深刻的是历久不衰的实干精神。追思长芦盐业历史，传承盐业文化，就要大力弘扬实干精神。

传承盐业文化，弘扬实干精神，就要明确奋斗方向，盯紧工作目标，不怕艰难险阻、不计个人得失，以"咬定青山不放松"的毅力，心无旁骛，执著追求。当初，在茫茫渤海湾畔煮海制盐、开滩晒盐，目标何其远大，征途何其遥远，道路何其坎坷……但开创这一宏伟事业的盐业先民依然认准目标、矢志不渝。终于建成了规模宏大的长芦盐场，对促进北方地区社会繁荣作出了巨大的历史贡献。当前，在京津冀协同发展的大背景下，在全力推动"五城建设"、新农村建设的历史进程中，要实现沧州经济社会的跨越发展，也应该大力弘扬实干精神，竭尽洪荒之力，不达目的不罢休，不作出满意的业绩不放手。向历史和人民交出一份优异答卷。

弘扬盐业文化，传承实干精神，就要不畏辛劳、艰苦奋斗，耐得住寂寞，经得起磨砺。艰苦奋斗是中华民族的传统美德，更是长芦盐业文化的鲜明特色。浩瀚的长芦盐场，茫茫盐田荒僻廖寞，没有绿树可以遮阴，没有碧草可以踏青。世世代代的盐工，面朝荒滩背向苍天，经受海风的侵袭、烈日的暴晒、咸水的浸泡，以高强度的劳动，"满头青丝化银山"，换来了晶莹的食盐，收获了丰硕的成果。几经沧桑，在现代化的进程中，各行各业包括盐业的劳动强度明显降低，环境明显改善，但是随着科学技术的发展，知识更新的速度越来越快，对效率的要求越来越高，人们只有更加勤奋才能适应时代的发展。传承盐业文化中的实干精神，自觉戒除懒惰懈怠、萎靡拖沓的不良作风，强化殚精竭虑、埋头苦干、夙兴夜寐、不辞辛劳的自觉性，才能做好工作，获得应有的业绩，彰显人生价值。否则，艰苦奋斗的实干精神稍稍松懈，就会滞后于社会的进步，甚至一事无成，留下深深的遗憾。

传承盐业文化，弘扬实干精神，还要勇于探索、善于创新。盐业生产的进步，盐业文化的发展，基础是实干，关键是创新。没有苦干实干就没有晶莹的盐山，没有探索创新，就没有盐田的发展。一部盐业发展史，不论是生产技术的进步还是营销方式的拓展，都是实干和创新紧密结合的结晶。当前，我们弘扬盐业文化中的实干精神，不仅要踏踏实实地低头拉车，更要意气风发地抬头看路。及时发现新情况、善于研究新问题、科学总结新经验，敢于探索新道路，使我们的思想更加符合客观规律，使我们的方法举措更加实事求是，真正做到习近平总书记所说的"能干会干善于干"，从而在工作中出新招、辟新境、立新功，做出无愧于时代发展新业绩。

原载《沧州日报》2016年10月15日

研究论文

长芦盐促进北方地区文化的发展

艾 群

（天津市长芦盐业协会）

摘 要 长芦盐业是我国北方最大的历史最悠久的盐场，其发展历史与中国北方，尤其华北地区的发展有着极为密切的关系。本文就长芦盐与北方地区文化的关联进行一些探讨，从而为挖掘长芦盐文化提供一点建议。

关键词 长芦；盐文化；北方文化

一、长芦盐业的起源

据《史记》记载，我国东部沿海地区，春秋战国时期就已有"东煮海水为盐"，"地方数千里"的描述，当时煮海为盐的区域已很广阔，从江浙沿海绵延至辽东半岛，产盐历史至今已有3000多年。秦汉时期，据《汉志》记载，钜鹿郡的堂阳县（今河北新河县）、勃海郡的彰武县（今河北沧县）已有记录在案的产盐区并设置了盐官。到了魏晋南北朝的东魏时期，据《魏书》卷《食货志》记载，沧州已设盐灶数1484个，其余瀛洲、幽州、青州、邯郸分别设盐灶数为：452、180、546和4个，合计为2666个盐灶，年产食盐209 702斛4升，四州盐场的规模和产盐量已呈现相当数量。当时产盐的方式仍以柴草为燃料，一灶一锅。唐宋时期称盐民为灶户，也由此而来。长芦县的出现是在隋朝建立之前的北周大象二年（580）设置，存续了近500年，北宋熙宁四年（1071）废县改为长芦镇，并入清池县。到隋唐五代时期的海盐生产划分为北方、江淮、岭南三大产区。而北方产区据《新唐书·地理志》等记载，北方海盐产区主要包括河北道与河南道产地，而河北道有沧州的清池、盐山，棣州的蒲台、勃海两州四县。

宋代朝廷所掌握的年产食盐总量，已达4亿多宋斤，河北盐的年产量也达到180多万宋斤。宋代的官收盐利，曾在中央财政岁入中占据显要地位，或曰"天下之赋盐利居半"，据宋代官方统计的岁收盐钱，从北宋的300余万贯增到北宋后期的2000万贯左右，河北也从15万贯增到164万贯左右。在宋初时，就已设立了沧、滨两州的官盐务场。据《通考》记载"旧滨、棣二州禁榷，雍熙二年通商"，当时海盐地区的盐法也几经变迁，特别是河北沧盐。当时的"沧盐法"曾为宋徽宗带来了厚利，但却使解盐课利受损。

到了金代，在盐业的发展史上，出现了一些重要的变化，诸如生产技术的进步，盐产资源的开发，生产体制的官营化，运销区划的趋密，官府控制的盐产和盐利增多，等等。盐区划为五个方面，销区划为十处，其中以食用沧州海盐为主的称为河北路盐区，以食用宝坻、芦台、永盐为主的称为中都路盐区。当时，沧州的四个盐场：长芦、海丰、海阜、盐山，以及山东的五个盐场都归山东沧州盐司所辖。而至泰和五年（1205）又重新分为山东和沧州两个盐司。可见"长芦"盐场之称在金代则已出现。金代的盐务机构据《金史·食货志》载，在大定末期稳定为七大盐司。

元代政府十分重视盐业生产和运销的管理，制定了严密的制度，颁布了一系列法令，建立了庞大的盐务管理机构。元代中期，设立了六处盐运司，北方设有大都河间、河东、山东三处。这三处都直属于中书省户部。大都河间盐运司设于长芦，这一盐司所产盐因而被称为"沧盐"或"长芦盐"，长芦成为盐运司所在地后，便迅速发展起来："长芦当燕、齐之交，天下之要区也。盐之利半中州之赋，豪商大贾，车击舟连。"当时，盐区设有利国、利民、海丰、阜民等十四场。大都河间盐司还担负着供应大都用盐的任务，每年供应内府用的"常白盐"1千5百引，采用"运盐纲船"经运河运到北京，每千引为一纲，由官员押运。当时，元朝首都大都已是有居民百万的大城市，食用的也是长芦所产之盐。

明代的海盐主要产区按盐课的收入不同，排序为：两淮、两浙、长芦、山东、福建、广东、海北及辽东军盐。洪武二年（1369），将大都河间盐运司改设为河间长芦都转运盐使司，治在沧州城内。都转运盐使司下设有沧州、青州两个分司，沧州分司所辖11个盐课司，青州分司辖12个盐课司，坐落于各县境内。永乐初年（1403），将河间长芦都转运盐使司改称为长芦都转运盐使司，长芦盐区因而得名。当时长芦盐区设有二十四场，南北各十二场。永乐十四年（1416）设御史巡盐制，正统十一年（1446），朝廷令长芦巡盐御史兼理山东盐法，一直延续到清道光十七年（1837）。清顺治八年（1651）长芦巡盐御史杨义曾在泰山的玉皇顶上，立有"惟天在上"的石碑，至今还在以兹证明。明嘉靖年间（1522—1566），淮北、长芦、山东等盐区已经部分采用了直接用海水灌注卤池，分层曝晒取卤，然后引入晒盐池成盐，形成了制盐工艺重大变革的雏形，使盐产量大为增加。随后盐产量过剩，私盐难以禁绝，隆庆三年（1569）长芦由二十四场裁并为二十场。当时长芦推广晒盐法的有兴国、富国、海丰、严镇场，而丰财、越支、芦台仍半煎半晒。明初长芦设立盐法，编户于州县，金民为灶。据《长芦盐法志》载，长芦运司灶户的灶籍则隶属于沧州、南皮、盐山、庆云、青县、宁河、河间、交河、东光、冀州、衡水以及山东海丰、乐陵等32州县。明末长芦灶户为2377户，灶丁从嘉靖年间的34 000丁减为12 997丁。长芦行盐地为15府2州。明代的盐课收入，据明人记载万历年间占国家财政收入之半，即：两淮六十八万两，长芦十八万两，山东八万，两浙十五万，福建两万，广东两万，云南三万八千两。长芦位居第二。

清代的盐法基本上延续了明代的做法，设官方面也基本沿袭明制，"以盐务根本在场产，枢纽在转运，归墟在岸销，故设长芦、山东、两淮、两浙、两广各运司以及河东、四川、云南各盐道，以司产运；河南等八个盐道以司岸销，皆受成于盐政"。清初在各盐区最早差遣巡盐御史的是长芦（山东盐区由长芦巡盐御史兼管），道光年间又变化为"长芦盐务，专设盐政管理（兼辖直隶、山东、河南等处），由向各盐区派遣巡盐御史转向由各总督、巡抚兼管。咸丰十年（1860）长芦巡盐御史署划归直隶总督兼理，可见长芦盐区地位之重要。清末几任重臣直隶总督曾国藩、李鸿章、袁世凯等都曾兼理长芦盐政。长芦盐区的海盐生产技术据《盐法通志》记载，自道光以来"煎盐诸场悉改为晒"，而当时的广东、福建等盐区仍然延续了明代的"淋卤晒盐"的方法，此时长芦、山东等盐区，则直接引入海水，分池晒盐了，完成了向近代晒盐的转化，实现了制盐工艺的进步。由于清政府对长芦盐区的重视和其他众多原因，长芦盐区的管理机构迁到天津以后，使天津逐步发展成为长芦盐业的管理、生产、转运以及芦商聚集中心。由于盐场的生产规模不断扩大和盐区的快速发展，产量不断增加，上缴盐税不断上升。乾隆末期，全国每年盐税收入389万余两，其中长芦近44万两，约占11%。"盐利走于燕、晋、赵、魏、三河、齐鲁之郡，履丝曳缟之商，群萃而托处"，天津为长芦盐区的重心，同时也是华北地区主要的食盐供应基地，"凡北地盐政，统赖兹土"。长芦在全国盐业的地位不断提升，日显重要。对于促进当地城镇的发展与繁荣，拉动北方地区城市的建设与经济发展起到了不可替代的作用。1914年，范旭东、梁启超、范源濂等人在塘沽兴建了久大精盐厂，以长芦盐为原料生产出了质地纯净、色泽洁白的精盐，销区扩及长江中下游和淮南地区。以后，又以此生产出了"红三角"牌纯碱，一举夺得世界博览会的金牌，不但为国争光，而且也为中国近代化工业奠定了坚实的发展基础。

长芦盐区的重心转移天津后，沧州分司所属的地方盐业由于南场运道阻塞，盐运逐渐由水运改为陆运，运费上升，盐课锐减，盐场由此渐渐衰落，康熙、雍正、道光年间，盐场先后三次裁并，由明末的二十场裁减为八场，民国初年，又裁并两次，到1925年长芦盐区仅剩丰财、芦台两场，生产规模却迅速扩大，1937年两场产盐44.2万吨，比清末长芦盐区的总产量增加1倍多。沧州地区盐场陆续裁废，剩有一些民间私煎私晒的小盐场。

二、盐文化的发展

盐文化的产生与发展伴随着盐业的大规模的发展，带来盐业生产者的聚集并因此扩大了居住地的范围，形成城镇或居住集中的生活区，人群的聚集促进了经济的发展和商贸流通，带来了人类文明的进步与发展。盐业这个历史上形成的特殊行业，由于历代中央集权政府的严格管制和官商买卖的特点，也逐渐形成了具有盐业特色的盐文化。她的形成和发展与盐业的生产方式、技术、所有制的形态、产运销的经营体制、盐民与盐商的活动、商民与官府的关系、盐的运输方式以及盐政、盐税、盐的走私关系等密不可分，有着明显的行业特点。

从神农炎帝时代到春秋时期，距今6000年以前海盐的生产方式还是较为原始的制盐阶段，在专卖体制形成以前，人们还是自发的小商品生产。传说中的夙沙氏则是上古时期盐民"煮海为盐"的代表，而商周之际的胶鬲则是中国古代盐商的代表，春秋时代齐相管仲创立了山海之策，既有了专卖法，管仲则成为盐官的代表，这就是盐民尊奉与祭拜的盐业宗神，是盐业初期的神文化。

自古以来，盐独特的销售形式也衍生了独特的盐官和盐商文化。盐的销售体制自古以来十分复杂，大体分为三个时期。从春秋到唐代乾元年基本是官专卖，沧州盐以民制为主，官制为辅，统购运销皆属官。第二时期自唐代宝应元年（762）到明代弘治三年（1490）大体上实行的是官商专卖。第三个时期自明代万历年间到清代末年，基本实现的是商专卖。盐业专卖形式和盐法的变迁，反映了国家政策与客观社会经济法则的背离或靠拢，政府同商人阶层之间的冲突与合作，政府最终的让步，造就了盐业的一个特殊阶层——盐商。商品经济的早期活跃，曾带来传统市场的繁荣和商人财富的积累，大盐商们的垄断致富和对市场的投机给社会经济发展带来危害。客观上，政府的重视、盐商的活跃促进了市场和商贸物流的发展，带来财富的聚集效应，带来了城市人流、物流和资金流的聚集。巨额盐利使盐商成为财势雄厚的豪门，如顺治朝的陈抑之、康熙朝的张霖、乾隆朝的查日乾等，都是富甲津门的盐商。查日乾在天津城西修建的园林水西庄，规模宏大，设施豪华，乾隆南巡江南，四次驻跸于此。园内曾一度聚集了大量的文人墨客，兴旺不已。从清代中叶至民国初年，天津不同时期的八大家巨富中一半是盐商，其中李春城（1826—1872）拥有资产一千六七百万元，号称"千万李"。因此，盐官和盐商对盐文化的影响是不能低估的。

由于政府对盐的严格管制，也使得长芦盐区对生产的盐有着严格的管理。长芦盐区不仅产盐多，盐质也好。芦台场产的盐，因质白味纯，色泽晶莹被誉为"长芦玉砂"。明万历十一年（1583）始，长芦每年承制贡盐4万斤，同时长芦还要为朝廷生产用于坛、庙、陵寝、祭祀以及各地用来食用的盐砖。盐砖的烧制质量要求十分严格，要选用上等盐，淘洗干净，用石磨将盐掺水磨成盐浆，注入模型，沥水成形后，用白炭焙干，刮去表层，最后形成15斤重，上窄下宽、晶莹洁白的盐砖。明代额例每年上贡276块。长芦盐区的盐工们自古以来在生产中就非常注重质量，严格工艺操作，历史上就形成"芦盐"在国内外具有较高的声誉，而且铸就了"长芦"这一著名的品牌。

长芦盐区的盐工（灶丁）在历代封建王朝的压迫和剥削下，过着食不果腹、衣不遮体的悲惨生活，他们在与官吏强权抗争中，在与艰苦的制盐环境的争斗中，在制盐生产工艺的变革中，盐工们积累了丰富的与官府斗争的经验，积累了大量的生产和生活经验，也逐渐形成了独特的盐民俗和盐文化。

三、长芦盐促进北方地区发展的历史作用

盐业在人类文明的演进中，扮演了重要的角色。海盐更是以生产方式简单，规模庞大，区域辽阔在盐业生产中占据着不可替代的地位。长芦盐区位于渤海西岸，是我国重要的海盐生产基地。长芦盐区的发展与进步也同全国其他盐区一样，伴随着我国社会经济近代化而前行的。

1. 产区对于周围地区的影响

长芦盐区产盐在唐代以前为一家一灶或数家合灶，另外，戍军也实行屯盐制。五代后唐时期，始有盐场称谓。辽金，制盐规模扩大，自蒙古太宗元年（1229）到至元二十四年（1287），长芦盐区先后置场22处，派驻的主管官员称"司令"，下设司丞、管勾等吏"主掌督制收买及催办盐课

之事"。明洪武二年（1369）增设两场，至此长芦盐区共设24场，场主管改称盐课司大使。当时二十四场所占疆域从山东省的无棣县到河北省的抚宁县，辐射了十几个县。在当时生产力十分低下，盐业的生产资料主要包括盐业土地和制盐器具，政府将盐产区特定土地拨给灶户使用，并按比例折收盐课。盐业土地虽为官有，但嘉靖十三年（1534）"各场灶滩草场为豪强所侵，或转相买易"，另外，灶户为生活所迫或典卖灶地，或开垦滩、荡地，除了直接靠制盐维持生计外，也有其他补贴生活的方法。因此围绕着灶户的生活区域也逐渐成长出商品交换的市场，也有一批为盐工们生产制造各种制盐器具和设备的工匠们，以及小贩、商人、掮客等各色人物。长芦盐区广阔的疆域促进了这些区域的人群的聚集、城镇的形成和地方经济的发展与兴旺。

2. 销区对于周围地区的影响

历代封建王朝根据各大盐区的产量、地域远近、运输便利以及传统习惯等多方面因素，划定各盐区的行销范围。各盐区设场若干，销量多少、销往何处均有定章。长芦盐区主要行销直隶大部分地区以及河南省的一部分地区。

长芦盐的销区，金代有河北、河南省境的112州县，明代扩大到169州县，清代则达直、豫两省184州县及旧州、采育两营。辐射面甚广，可见长芦盐"上裕国计，下便商民"，直接关系到国计民生。清末至民国时期，由于津浦铁路和京包铁路的修通，长芦盐的销区更加扩大到运往湖北、浙江乃至湖南、广东等省销售。新的运输工具打破了旧有的运道，改变了运输体系，对于推动盐业的近代化具有重要的作用。

清王朝在管理盐务运销方面的建制较为复杂，各地设置都转盐运使司，由运司主管盐务。在运司下设分司，由运司、运副、运判等属官分别执掌。下属各盐场盐课司大使，具体负责场务、掣放、批引、征税等事物。此外，各大产盐区还根据需要，分别设有数目不同的盐运司库大使，负责盐税的收纳和储存；批验所大使负责批发盐引及掣验放运；盐运司经历知事负责稽核、文书等庶务，以及盐巡检等属员。销盐各省区亦设盐法道主管岸销事宜。盐道有专任者，也有以兵备道、粮储道、驿巡道来兼任，责任主要为督促检查各府县完成额定销盐数量，并按年通过各省督抚将情况上报中央。无论运司，还是盐道均受命于各省总督、巡抚。因此，盐务管理机构层叠，并形成派系，卷入地方政治纷争，对地方乃至中央的政权影响是很大的。同时也造成地方和中央由于分权带来的种种矛盾。

对于盐的运输而言，值得重视的还有环绕或连接产地及商业城市内部的水利设施。历史上长芦盐的运输绝大部分时期都是靠水路运达的。而且，长芦盐的运输与漕运也是密不可分的，盐和漕运曾是北方地区的两大支柱产业，朝廷所派巡盐御史都兼管河道的管理和疏浚事务。因此水运也是促进盐运兴旺的重要原因，而盐运的兴盛也给河道沿岸的这些城市和地区带来了繁荣。

3. 盐商对于周围地区的影响

明清时期，规模庞大的长芦盐业管理机构移驻天津以后，由于盐田规模扩大，产量提高，盐课大幅增长，官府对长芦盐业更加重视，天津逐渐成长为长芦盐区的管理、生产、运销以及盐商的聚集中心，盐业发展十分兴旺，同时，天津又是漕运的重要集散中心，因而极大地促进了天津城市的快速发展。由于皇帝出巡频繁下榻天津，也引发了"皇室效应"，家眷侍卫、皇公贵族也蜂拥而至，各地方盐商、商贾巨流、文人墨客，也纷纷涌入天津，巨大的人流、物流、资金流活跃了天津，促进了天津的繁荣兴旺与发展，给天津的政治、经济、文化教育、城市建设、商贸物流、医疗事业、慈善公益事业带来了深刻的影响。由于盐业的快速发展，有力地推动了天津地区民族工业和金融业的发展，如盐业银行就曾荣居"北四行"之首，带动了北方地区金融业的发展。近代工业的成长与快速发展，奠定了天津作为北方地区近代民族工业发展的基础。天津地区的繁荣，又带动很多实业家和社会名流对天津地区的大规模投资、购置房产地产、筑坨存盐、修建城墙庙宇、修路筑桥，等等。盐业的发展也带动了运河文化、盐商文化、盐民俗文化等，对近代天津的发展，发挥了举足轻重的作用，作出了突出的贡献。

芦纲公所则是由盐商组织的同业公会，盐商中最有财势者被选为纲总，公所的职能主要负责转达官府意图，与官府商定盐价，协助督征盐税和稽查私盐等，是官府与盐民之间的桥梁，维护封建政权执行榷盐制度的民间商业组织。为了维护官府的利益和盐商的利益，他们支持封建政权，垄断利润挤压盐民，但是为了缓和矛盾，除了报效朝廷，他们也投入大量的资金用于社会的慈善公益事业，修建学校等与民相关的善事，客观上对于地方繁荣起到了积极的作用。

四、长芦盐文化对今天的启示

数千年来，长芦盐区以她特有的历史地位，对北方地区的政治、经济发展、文化教育、城市建设与发展、商贸物流、慈善公益事业，以及运河流经北方地区的河道修缮与维护等地区的兴旺与繁荣，发挥了不可替代的巨大促进作用，这种贡献是中国的近代史上其他行业难以做到的，长芦盐业在历史上留下了浓墨重彩的一笔，这使我们对长芦盐产生无限的敬畏，对长芦盐区的历史产生无限的留恋，因为她与我们这个地区的发生与发展紧密相连，与北方地区历史上的重大事件和重要人物紧密相连。随着历史的发展，长芦盐区将会逐渐消失在人们的记忆中。因此我们应该很好的记录下这段历史，留住长芦盐区这段历史痕迹，大力弘扬长芦盐文化，发扬长芦精神，让长芦盐文化发挥更大的历史作用，为我们今天的国家建设服务。在改革开放的今天，在京津冀协同发展的大形势下，追思长芦盐业历史，弘扬长芦盐文化有着很现实的意义。我们更应该让"长芦"这块沉甸甸的金字招牌获得新生，这是我们这一代人的历史责任。这是我们研究长芦盐业历史文化的深远意义。

长芦盐区的整合与天津城市的崛起

陈 克

(天津博物馆)

摘 要 长芦盐区的官方记载有一千多年的历史。由于国内统一战争的原因,天津地区处于南北对峙的前线。长芦盐区则分别设立管理机构。金元政权对宋政权的胜利把长芦盐区统一起来,元朝把管理机构也整合起来,明代长芦盐区发展到鼎盛时期的二十四场。由于明代中后期生产技术由煎改晒,使产量提高,天津北场的水运优势逐渐体现出来。于是长芦盐的生产和运输向天津集中,清代形成以天津为中心的产销体系。管理的集中、盐商的集中和财富的集中,促进了天津城市的快速发展,也为近代开埠后的天津城市的崛起准备了条件。

关键词 长芦盐区;管理;整合;城市崛起

渤海湾西岸自古就有煎盐煮海的传统。近年,在山东莱州湾地区发现的煮盐遗址,把北方煮盐的历史上推到商末周初。天津地区是整个华北最低洼的地区,西汉末年发生的大海侵或海啸,一度使这一地区的农业和盐业生产长期衰落。低洼的地势使这一地区成为九河下梢的海河入海口,也成为受黄河泛滥影响的地区。据统计,北宋时期,黄河平均每隔2.4年就有一次大的决口,其中三次大的改道就是在山东以北摆动。庆历八年(1048),黄河自澶州(治今河南濮阳县)商胡决口,合御河入海。这是宋代黄河最北端的路线,这次决口直接波及海河流域。水患是影响长芦盐区发展的重要因素,使长芦盐区的开发历史相对起伏不定。

历史上长芦盐区生产状态,很少有文字资料记载。古代盐业生产始终由官方控制,只能通过官方记载来了解。长芦盐区处于中原政权与北方少数民族政权交错的地区,长期处于不同政权的控制之下,政权不统一,记载也就不统一,不免头绪纷乱。从937年后唐新仓镇设立榷盐院开始,到1644年清王朝建立止,七百多年中,长芦盐区经历了辽、金、宋、元、明、清六个政权的控制和管理。盐是民生不可或缺的物资,利之所在,政府绝不放手,盐政是治国理财的要务,政权的变革必然要反映到盐区的发展中。唐以后,五代十国是中国历史上的一段大分裂时期,北方战火始终不断,造成经济比较落后,人口持续大减。长芦盐区长期分属于辽金的北方政权和南方北宋政权。后唐同光三年(925)卢龙节度使赵德钧在芦台(今黄骅市宁河境内)之南部卤地设场煮盐,场名随地名,称"芦台场"。后唐清泰三年(936)在这里设置了新仓镇。后唐归属辽后,天显十二年(937)在新仓镇设置专门管理盐务的机构——榷盐院。后来又改榷盐院为盐使司,设正五品官一人，其官品比县官还高。新仓盐使司统管河间（今属河北省河间市）以北至山海关（今属河北省秦皇岛市）广大地区的产盐、储盐以及运盐等盐务。辽应历十年（960），赵匡胤取代后周，建立北宋，从此中国历史进入了辽宋对峙时期。双方控制线在海河到白沟河一线，长芦盐区分为南北二区。南方的管理机构到庆历六年（1046）才出现。庆历六年张方平权三司使，河北盐务在沧滨二州，沧州务三，滨州务四，岁课九千一百四十五石以给一路①。这时北宋还没有独立的河北盐税机构。靖康年金灭北宋之后（1127），长芦盐区都落入金朝的控制之下。1128年黄河南徙夺淮入海，此后长芦盐区不再受黄河决口的困扰。金大定二十九年（1189），"命山东、宝坻、沧州三盐司，每春秋遣使都按察司及州县巡查私盐。沧盐斤三百为袋，袋二十有五为大套，钞引公据三者具备，然后听鬻。小套袋十或五或一，每套钞一，引如袋之数。沧州之场九，行山东、河北、大名、河南、南京（开封府）、归德诸府路及许、亳、陈、蔡、颍、宿、曹、睢、钧、单、寿诸州"②。这时，宝坻和沧州仍然归不同的盐司管理，南北分立，这是金朝对其新统治区最初的盐务管理格局。沧盐的供应区域很大，几乎覆盖了后来明清时期的直隶省南部、河南省北部的引岸。直到这时，金政府在大都路与河北西路交界的地方，才出现了一个叫"直沽寨"的地方，即天津的前身。《金史·完颜佐传》记载："贞祐元年（1213）武清县巡检完颜佐，柳口镇巡检完颜咬住，分别任正副都统，戍直沽寨。"直沽寨的功能是金中都的物资转运站。到兴定三年（1219）"……李复亨奏，阳武设卖官以佐军用。乞禁沧滨盐勿令过河，河南食阳武解盐，河北食沧滨盐，南北俱济。诏尚书省行之"③。这时南宋实行联蒙灭金的策略，金很快失去了对于宝坻、沧州两盐司管区的掌握权，长芦盐区又处于政权更迭的战争环境。蒙古人取代了金政权后，把北京改成大都。1282年元朝大将伯颜派人从海道运粮到直沽，开辟了从东南沿海直航直沽寨的航线。元延祐三年（1316）在直沽设"海津镇"，当时海津镇依然是元大都的粮食转运站。这时长芦盐区的管理仍然是南北分立，以南为主。南部盐区归河间路，机构名称变化较多，建大都前有河间税课所（1230）、河间盐运司（1234）、提举榷盐所（1240）、提举沧青盐课使所（1243）、提领沧青深盐使所（1260）、都提领拘榷沧青盐课所（1262）、转运司（1263）、河间都转运司（1265），建大都后有河间路都转运盐使司（1271）、清沧盐使司（1282）、河间路都转运盐使司（1285）。北部盐区归大都路，最初有过宝坻盐史，管理芦台等二盐场④，1236年设三岔沽、大直沽盐使司。建大都后设大都路都转运盐使司（1279）、分立大都、芦台、越支、三岔沽盐使司（1282）、大都路都转运盐使司（1285）、复设三岔沽、芦台、越支盐使司（1325）。最后，大德七年（1303）南北统一为河间路都转运盐使司，泰定二年（1325）改称大都河间等路都转运盐使司。元代长芦盐南区的产量已经很可观。据《元史食货志》记载，至元二十七年（1290）增灶户四百七十，办盐三十五万引，约为

---

① 《沧州志》卷五《经制志·赋役》，成文出版社，1973年，第378页。
② 河北省《沧县志》，成文出版社，1933年，第380页。
③ 《金史》卷一百《李复亨传》，中华书局，1975年。
④ 中国方志丛书乾隆《宝坻县志》，成文出版社，1969年，第305页。

14 000万斤①；至大元年（1308）又增至四十五万引，约为18 000万斤；延祐元年（1314），以亏课停煎五万引。自是至天历，皆岁办四十万引，约为16 000万斤②。

这时的海津镇仍然只是夹在河间路与大都路之间的一个军事据点。元末的战争中，河间路与大都路是农民起义军的攻击目标，长芦盐区沦为战场。至正二十八年（1368），明军攻克大都，建立了明王朝。战争使华北人口大减，长芦盐的生产也大受影响，政府不得不向河北移民。《明史·食货志》记载，洪武时，岁办大引盐每引四百斤，共计六万三千一百五十三引三百斤另。计2526万多斤，总量仅为元末的六分之一多③。洪武之后，燕王朱棣与皇侄朱允文发生长达四年的"靖难之役"，河北再次遭到空前浩劫。燕军在真定"斩首三万级"，在白沟河"斩首数万，溺死者十余万"④。"燕京（指北京）以南，所过为墟，屠戮无遗"⑤。"靖难之役"中，长芦盐区受到直接影响。《盐山新志》记载，"明建文时，燕军来往沧盐南场，民多抗拒之，燕军亦赤其地，海丰诸场就荒，河南淡食。永乐初，迁民实之，重立场灶，有山西李柳西者始迁于此，著杨二镬志"⑥。盐山地区遭到驻地燕军的大屠杀，人口锐减，盐业生产停顿，甚至造成"就荒河南淡食"。此后有持续近50年的移晋鲁浙苏等省之民入籍河北的历史现象，长芦盐区的人口与生产也经历了漫长的恢复期。明政权继承了元末统一管理长芦盐区的做法，"置北平河间盐运司，后改称河间长芦所，辖分司二，曰沧州、曰青州，批验所二，曰长芦曰小直沽，盐场二十四，各盐课司一，分隶于沧青两司，均十有二"⑦。为了为迁都北京做准备，永乐二年设立了天津卫，两年后，朱棣下诏迁都北京，同时形成了直属六部各府的北直隶。明代的北直隶括进了河间府，从而将长芦盐区整合到统一的管理机构中去。

明代中后期长芦盐区生产出现了重大革新，即从煎煮向滩晒过渡，据记载至少在嘉靖年间有福建人来海丰场传授了滩晒法。滩晒法极大地提高了产量。盐引是相对固定的，引额的增加说明销售量的增加，也可以间接反映出产量的增加。"洪武时，岁办大引盐，每引四百斤，共计六万三千一百五十三引三百斤另。弘治（1488—1505）时，改办小引盐，每引二百斤，共计一十八万八百七引一百八十八斤另"，粗算约为2526万斤和3616万斤⑧。

明末清初盐引数，《天津府志》记载，顺治元年七月，天津总督骆养性建议将明代的大引650斤一分为三，改为250斤。明代的大引为二十三万九千八百五十引，约为15 590万斤，今后应定为小引七十一万九千五百五十引，约为17 988万斤⑨。清代康雍乾三代的引额，还是呈增

---

① 《元史·食货志》载"太宗二年始行盐法，每盐一引重四百斤"。
② 《元史》食货志盐课，《元史二种 新元史》，上海古籍、上海书店，1987年，第345、346页。
③ 李洵：《明史食货志校注》，中华书局，1982年，第147页。
④ 《明史·成祖纪》，中华书局，1975年。
⑤ 明嘉靖《南宫县志》卷二十二，成文出版社，1976年，第743页。
⑥ 《盐山新志》法制略二建置盐场，成文出版社，1975年，第245页。
⑦ 乾隆《沧州志》卷六《盐政》，成文出版社，1975年，第481页。
⑧ 《天津府志》卷十三，天津通志点校本，天津市地方志编修委员会，第228页。
⑨ 《天津府志》卷十三，天津通志点校本，天津市地方志编修委员会，第229页。

加的趋势。清代每一引原为225斤，康熙十六年八月户科给事中余国柱条奏清查割没部议额引七十七万三千二百九十二引每引加盐二十五斤，变成250斤，总计约为19 332万斤。盐引折算的量虽然无法准确，但增长的趋势是明显的。

从明代开始，另一个变化就是盐的生产开始北盛南衰。有材料认为是河道变迁改变了运输条件造成的。《盐山新志》记载"明初南所为运同北所为运判，尚有重南轻北之意，万历互调之时，北盛南衰已自可见。此后海丰仅一大使驻之，以迄于今"。所谓"万历互调"是指万历二十一年（1593），姚思仁奏请与北所运判互调，谓"北所产多，事繁，同知法令易行；南所产少，事简，运判已足催办，请将两司所辖地方印务互调。于是以运判驻羊二庄者十余年及三十九年运判乃移驻长芦"①。至于河道的变迁，《盐山新志》认为"至其盛衰之源皆由运道通塞之故，非昔产而今竭也。南所之盛，其机操之于河道，而柳河最为要津。柳河西通长芦、深州一带衡漳之水，本通渠也……唐代之无棣、马颊为南场之南道，而柳河为其北道，故南场犹盛。后南道皆湮而北道独存，益为南场命脉所系……元代开惠民河此邦，横河皆纵断之，柳河之塞在长芦之截地。于是南场运路断绝，而北场有蓟云南运诸河以为委输，相形日绌，南场盐业大衰，灶户皆归籍改业，不惟滩荒灶废，并灶课亦多无从追呼"。就是说海丰镇附近曾经有过一条由西向东流入大海的大河，连接漳、衡二水，名为柳河，然而元代开凿了南北走向的惠民河。这条河截断了柳河的水，使柳河航运废弃，导致南场盐运的断绝。万历三十六年（1608），御史李应魁题本证实了这种状况："南北两所水陆异运，每引十万北所七分，南所三分。运司分派相沿已久，弟北所水运甚便，又日晒产肥，于商较利。故虽七分，引尚不足，而盐有余。南所陆运最难，又锅煎产瘠，不利于商，故虽三分引犹有余，而盐不足。以致南所积引亏课病商为甚。故南北分隶旧虽定制，地势远近商民之便不便。"②明代万历年除了将南北所的运判运同互调外，从明代后期开始就开始裁并南北司的盐场。隆庆年，长芦二十四场减为二十场，南场减并三场，北场减并一场。到清代康熙年长芦二十场又减到十六场，南北各减并二场。雍正元年（1723）莽鹄立调任长芦巡盐御史时，长芦盐区出现了"长芦诸商行盐地，有额引不能销者，有额外多销者"现象③。实际就是南场的盐无盐商愿意认，产销失衡，造成坨地积盐过多，私盐盛行。雍正十年（1732），"巡盐御史鄂礼奏言，利民、阜民、利国、富民、海盈、阜财六场滩坨久废，从不煎晒，各灶户皆散处原籍。各州县请将六场灶户归各州县管辖，其灶课银两即归州县征解运司衙门奏销"④。于是雍正十年南场再减六场，长芦盐区只剩十场。此后道光十一年（1831）又废富国场，二十二年（1842）兴国场并入丰财场，剩下八场。与这种消长相对应的是，康熙七年（1668）和十六年（1677），长芦巡盐御史署、长芦盐运司，分别从北京、沧州移驻天津。摊晒技术的普及和盐产量的增加，意味着南北场的生产都可以充分满足需求，而北场具有河运的优势，即便于管理又便于建立新的运输体系，长芦盐的生产和运销的北移为

---

① 民国《盐山新志》，成文出版社，1976年，第144页。
② 《畿辅通志》卷三十六《盐政》，商务印书馆，1934年，第4056页。
③ 雍正《长芦盐法志》卷一《谕旨》，第8页。
④ 民国《南皮县志》，成文出版社，1968年，第707页。

大势所趋。于是天津海河北岸出现了巨大的盐坨地，从那里出发，以北河（北运河、蓟运河）系、淀河（大清河）系、西河（子牙河）系、御河（南运河）系为骨干，辅以陆路，基本覆盖了整个直隶省和河南的部分地区。包括直隶的九府、六直隶州、一百三十五州县、二营。河南的六府、一直隶州、五十三州县。据雍正《长芦盐法志》统计，直隶全省通过西河（子牙河）转运天津坨盐的共有四十六个州县、通过淀河（大清河）转运天津坨盐的共有三十一个州县、通过北运河转运天津坨盐的共有十五个州县、通过御河（南运河）转运天津坨盐的共有二十三个。另外，除天津县用车运天津坨盐外，用车运沧州坨盐的共有四个州县、用车运蓟永汉沽各场引盐的共有十四个州县[①]，其中从天津盐坨通过河运或部分河运运出占百分之八十三以上，这说明天津已经成了长芦盐的运销中心。运销中心北移最重要的后果是盐商聚集天津，据道光二十六年（1846年）《津门保甲图说》统计天津县共有大小盐商401户。大批盐商聚集天津，意味着大量财富向此聚集。

长芦盐区的整合提升了天津的地位，给了天津重大的发展机会。因为经济的重要性，天津才有了行政级别。明代建卫初期，天津没有领地，其下属的千户所和屯堡，都分散在天津卫城以南的静海、青县、沧州、南皮等县，以及沿运河附近的地区。清初天津建制还是卫。康熙年三个卫合成一个卫，雍正三年（1725），天津改卫为州，静海县划归天津州。雍正八年（1730），天津卫管辖的屯地就近归县，静海县管辖的十五村划归天津州。雍正九年，天津升州为府，府县同城，静海成为天津府的属县。在行政级别提升的同时，城市人口不断增加，1846年，天津城区人口发展到20万左右。

清代初期华北地区商品经济并不发达，长芦盐路向直隶省腹地的辐射，实际是对华北商路的开发，互动的盐业经济的第一次推动了京津冀的整合，推动了的清代直隶省的经济发展。长芦盐业带动了天津商品经济的发展，长芦盐提升天津地位，四通八达的河道，则赋予天津商品集散中心的色彩。开埠以后的天津，开始出现新的经济要素，漕运和盐业已经逐渐淡化了经济支柱的地位，天津的地位继续提升，进一步突破了京津冀三地的行政格局。但是不可否认的是，长芦盐区的整合为近代天津成为北方的中心准备了条件，预示着近代天津开埠以后，进一步与直隶省腹地的经济融合，是天津近代崛起的先声。

---

① 雍正《长芦盐法志》卷十《转运》，科学出版社，2009年，第167页。

从环境的视角简析海盐业的兴衰
——以长芦南北场为例

张利民

（天津社会科学院历史研究所）

摘　要　本文第一部分简述长芦盐的兴起与最初区分南北场的依据；第二部分描述了明代以后南场衰北场盛的状况；第三部分从自然环境和人文环境的视角分析南北场兴衰的原因。

关键词　明清时期；长芦盐；环境史

一、长芦海盐的兴起和南北场之分

西汉以后，沧州附近海滨盐场林立；十六国时期的《魏地皮记》中记载，现今盐山县境内的高城，"民咸煮盐为业"。"北魏迁邺置灶，独沧州多至4884灶，是为沧盐之极盛"[①]。在宋代，山东和河北等生产海盐地区的盐政，就不同于解州盐，有的是放行通商，有的是输纳租钱，即拥有商税盐的自由流通权，一些产盐区官不立课，官不贮盐[②]，进而促成盐业的生产。

北宋以后，海盐生产普遍实行官营。北宋朝廷对海盐产量的统计主要在淮南、浙江、闽、粤，而对北方海盐的统计是要看金代。据推算，金代前期山东和河北地区政府掌握的海盐产量是1.4亿斤，后期增加到1.8亿斤以上[③]。元代，山东和河北一代开始采用滩晒生产，这是海盐生产技术的一大进步，是工艺上的一大变革。

明洪武二年（1369），置长芦盐运司，设立河间长芦盐运使，下辖沧州、青州分司作为盐业管理机构，不同的是管理南场沧州分司的是官阶从四品的同知衔运司，而管理北场青州分司的是官阶从六品的通判衔运司，进而"尚有重南轻北之意"。沧州分司辖12个盐场，是为南场；青州分司辖位于今天津、唐山、秦皇岛等地的12个盐场，是为北场。后来因为青州分司所管的北场

---

① 民国《盐山新志》。
② 参见郭正忠主编：《中国盐业史》古代编，人民出版社，1997年，第358、359页。
③ 参见郭正忠主编：《中国盐业史》古代编，人民出版社，1997年，第408—410页。

产盐丰厚，且南场因为私贩多、距离驻守沧州的运司有千里之遥，明万历二十一年（1593）两者互调①。

南北场始于设置新仓镇（宁河），即芦台，时间是五代后唐同光三年（925），以及越支盐场（丰南）。在民国五年（1916）编纂的《盐山新志》中，也有五代金辽建立新仓（宁河）"为北场发轫之始"的记载。

南场兴起早于北场，"盖南场盛于元以前，衰于明，仅存于清"。南场最早是"角飞者海丰镇"，"北魏迁邺置灶，独沧州多至4884灶，是为沧盐之极盛"。宋代以沧州为中心的南部盐场增长较快，为长芦盐业的主要产地，金代大定初年在沧州设置盐使司，管理沧州盐业。元代以后，长芦盐政增加到24场，在盐山县内的有海丰、阜民、利国、海盈、富民、海润、阜财、益民，后多有合并，清康熙十年（1671）时，南场"所谓12场者尽归盐境，利民之外，虽谓南场尽在盐山可也"，后多合并于海丰场。

北场多出现在金元时代。辽代时已有北场，但受到战争所限，难以运出，大定十三年（1173）在宝坻设置了盐使司。如天津附近除了芦台外，多在金元时期设置盐场，即有的县志讲天津"金元以前向不产盐"。三叉沽盐场设置较早，大约在元太宗八年（1236），据碑文称，是年该场"办课五百余锭，比之他场几倍之"②。以后天津附近有设置了丰财等四个盐场，共计有六个盐场，占北场之半，从课税上看，北场的产量相当于南场的一半。到了明代，天津附近的产盐数量仍然不占主导地位，长芦盐业仍然是以南场为主。

二、南衰北兴之势的形成

民国时期的《盐山新志》曾经断言，"盖南场盛于元以前，衰于明，仅存于清"。之所以多处用《盐山新志》的提法，是因为编纂该志的是贾恩绂，他是盐山县人，对当地的人文，尤其是盐业发展有深入的研究。他曾经就学于莲花书院，得桐城派真传，28岁中举人，在河北省的多所学堂任教，1903年盐山香鱼书院改为高等学堂，他出任董事长，熟悉当地的历史文化。清末民初，他还是直隶通志局总裁之一、北京政府财政部盐法志总纂和临时执政府的顾问；民国后编纂了《盐山新志》以及定县、南宫、新苑枣强等县的县志；他自民国初年就参与了《直隶通志稿》的修撰，20世纪30年代作为河北省通志馆的成员，撰写了盐业志部分，并于《河北月刊》上连载；1947年夏河北省再次组建通志馆，组织学者编纂《河北省通志》时，贾恩绂任总纂，是年82岁，猝发中风，翌年在通志馆去世。他编纂的《河北通志稿》盐务部分，查阅和引用了大量的文献资料，仅明清部分就有近4万字正文，注释和征引书目各自近千条，是研究河北省盐务翔实系统的第一手资料。

受元末连年天灾、战争以及明初燕王朱棣与建文帝争夺统治职位的"靖难之役"的影响，南场盐民逃散，人口锐减，遍布盐碱地荒芜。贾恩绂在《盐山新志》中讲，明代燕军来往沧盐南场，

---

① 民国《盐山新志》卷五之四。
② 嘉庆《长芦盐法志》附编"三叉沽创立盐场旧碑"。

"民多抗拒之,燕军赤其地,海丰诸场就荒河南淡。永乐初,迁民之重立场灶,有山西李柳西者始迁于此",于是盐业又开始兴盛。他说的就是明初战争时期,沧州地区被军队劫掠,盐民大减,盐滩荒芜状况。永乐帝迁都北京后,长芦盐场再次担当重任,时人有诗描述盐场出产的壮观局面:"万灶青烟皆煮海,一川白浪独乘风。"因为距离京师较近,沧州的青盐、白盐,也被选为贡盐,足见南场的重要性。

但是,自明代中期以后,南场的数量陆续减少,呈现出北场兴盛、南场衰败的趋势。在清代各朝的奏折中多有表述。如乾隆初年,严镇"有东西两滩,每滩约俱周围四五十里,产盐之时,遍地皆盐"[1]。但是,五六月是晒盐时期,"正值农忙之候,灶户一时觅夫不得,所产盐斤不能随运归坨堆,积滩中缺人巡守之故"[2];看滩役人太少,又兼护送运盐和守护盐坨,致使私枭多从事私盐贩卖。乾隆三年(1738)政府对各盐场重新造具图册,与12年前的雍正三年(1725)相比,兴国、富国、沧州、南皮、宁津、交河、东光、乐陵、严镇、海丰等州县场,"共迷失灶地1340.79顷",东光和严镇多出31.12顷[3]。雍正年间南场六场灶户"既不在场晒盐,弃滩改业,各归原籍"[4]。嘉庆年间北场的八个盐场的灶课钱粮"历来均系年清年款,并无拖欠",但是,南场所在地的沧州、南皮、盐山、交河、东光、衡水六州县和严镇、海丰两场,自十二年到二十二年(1807—1817)拖欠灶课银8458余两[5]。道光十六年(1836)、二十六年(1846)南场也有拖欠灶课的记载[6]。

结果,南场的数量逐渐减少,明代有12个盐场,后由于一些盐场荒废,为便于管理,裁撤了诸多盐场,如清雍正十年(1732)裁撤了利民等6个盐场,到了清末南场仅余严镇、海丰2个盐场。沧州"自元设盐运使,至清康熙十六年始移署于天津",只有分司,长芦沧州运判于道光十二年(1832)被裁汰,"仅存批验所严镇场两大使",后"两大使一并取消,所有盐地概行停止煎晒,长芦盐官之名虽存,而沧县全境从此无盐政之可言矣"[7]。

1930年金陵大学调查盐山县的农业,以县城东2里、东北5里、南18里的吴家庄、郭家庄、杨帽庄为调查村,有的村中"有多数晒场,属村人共有,且所有晒场,多系利用荒废碱也"。在计算该县农家费用中"概无食盐之一项,盖因盐山农民自己皆可由碱滩提制食盐也"。这时,有很多农民则以到天津和东三省谋生为出路,已经没有生产海盐的意识了(图一、图二)。

---

[1] 巡视长芦盐政安宁为严镇场酌添摊役以杜私枭事奏折,《清代长芦盐务档案史料选编》,天津人民出版社,2014年,第40页。

[2] 巡视长芦盐政安宁为严镇海丰两场滩盐被盗拨兵巡缉事奏折,《清代长芦盐务档案史料选编》,天津人民出版社,2014年,第39页。

[3] 《清代长芦盐务档案史料选编》,天津人民出版社,2014年,第608、609页。

[4] 《清代长芦盐务档案史料选编》,天津人民出版社,2014年,第607页。

[5] 长芦盐政延丰为查明长芦各州县场未完灶欠银两请豁免事奏折,《清代长芦盐务档案史料选编》,天津人民出版社,2014年,第325页。

[6] 《清代长芦盐务档案史料选编》,天津人民出版社,2014年,第383、412、434页。

[7] 民国《沧州县志》,卷五,第106页。

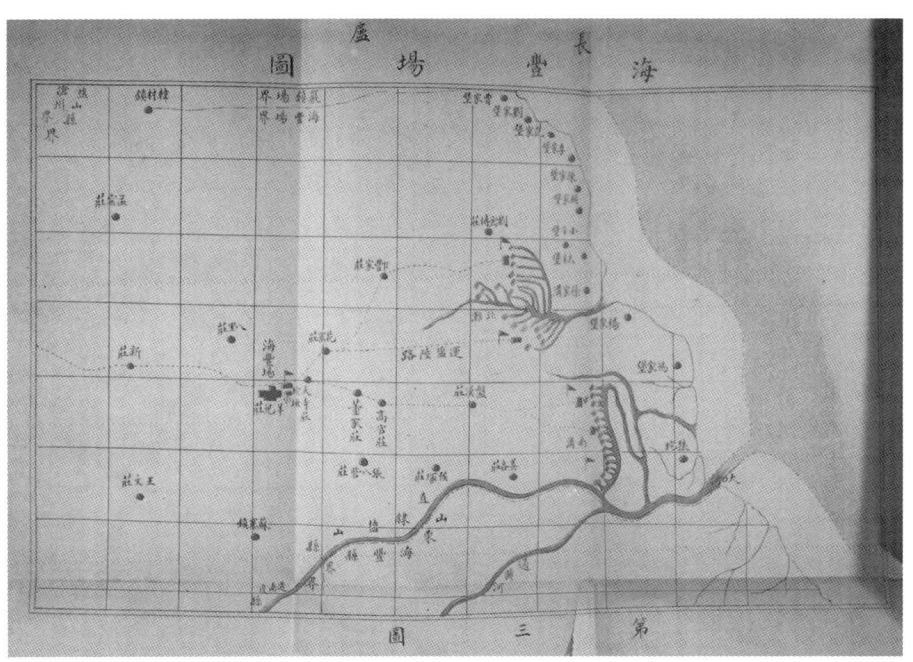

图一　1914年海丰盐场图

（总共585副滩地，盐山县羊儿庄仅有38副滩地。采自《盐政杂志》1914年）

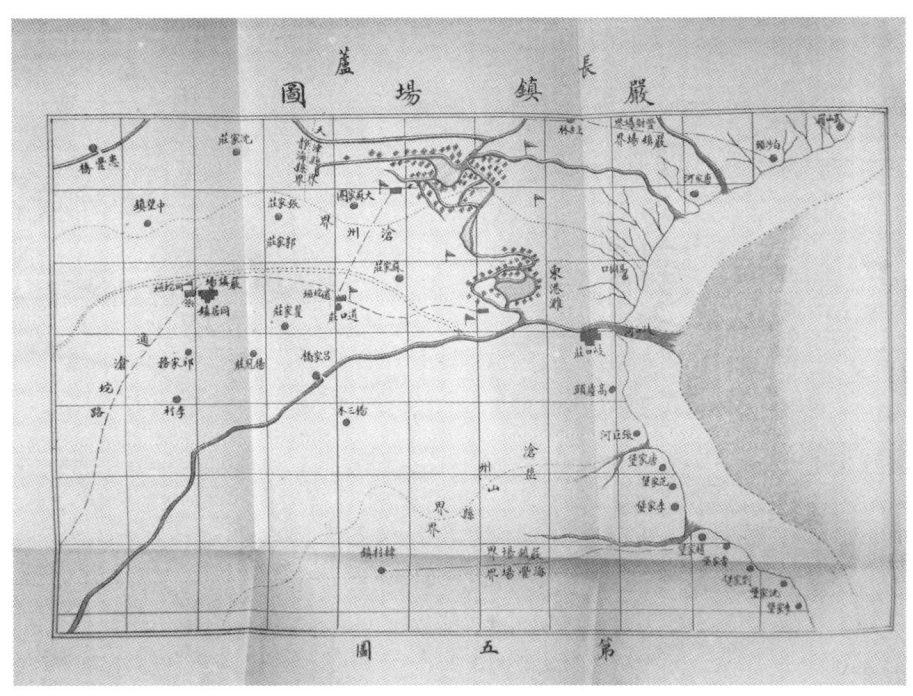

图二　1914年严镇盐场图

（沧州还有87副滩地。采自《盐政杂志》1914年）

三、从环境视角简析兴衰之势的原因

关于长芦盐业各盐场南衰北盛的原因,历史上和当代有多位学者进行过阐释。如贾恩绂在《盐山新志》中总结为,首先是运道尽失,"盛衰之源皆由运道塞之故,非昔产而今竭也,南所之盛其机操之于河道,而柳河最为要津"。原来有"无棣马颊为南场之南道。而柳河为其北道,故南场犹盛,后南道皆湮而北道独存,益为南场命脉所系",即"大河徙而柳县废,柳河绝而南场废"。元代,"开惠民河,此邦横河皆纵断之柳河之塞在长芦之截地,于是南场运路断绝",北场有诸条河道之便,于是"南场盐业大衰,灶户皆归籍改业"。其次是盐商大减。刘洪升教授等专门撰文论述了长芦盐业北移的状况,认为运道和滩晒技术是长芦盐业北移的主要原因,也有学者从明清时期天津盐业的角度对此进行了论述[①]。

本文同意上述观点,并试图从另外一个视角——环境进行简单的分析。本文涉及的是宏观上的环境,既包括地理、气候、河流、海岸等自然环境,也包括人口、管理、经营和盐商等人文环境。

从自然环境上看,南场有气候与地理上的劣势。诸多南场下雨较为集中,造成盐坨经常被冲,盐滩也多由于海拔较低,经常被潮汐冲进淤泥,所以从历年奏折之常常看到"海潮淫雨""海潮下落",盐滩坨地被冲荡淤没等词句[②],以致"滩地荒废,盐业日衰"。而且,滩晒制盐也需要临近海边,还要有广阔的滩地来开辟层层晒池,这样可以便于获取海水,南场以往主要靠卤地制盐,并不一定靠近海边,适用于煮盐。北场春秋两季气候干燥,多风少雨,日照时间长,地处内海,很少受到台风和潮汐的侵袭;沿海地势地平,便于引潮水入滩,且有广阔的滩涂,可以开发大规模的晒盐场地,而且盐滩经过长期碾压,场地地质紧密,渗透力小,有利于产量的提高。

河道变化使得南场的产品难以通过河运销往各地,也造成了运输成本的增加。如上所述,原来南场依靠马颊河等运销产盐。但是元代初年,京杭大运河全线修通,会通河拦截了上游水源,又由于黄河南迁入淮,致使徒骇、马颊等河水源枯竭,河道逐渐淤废,明代虽多次疏浚,但淤断如常[③]。

从人文环境上看,则有更多可以阐述的原因。首先,从人的视角。一方面北场占据临近首都之利,聚集诸多的人口,需要更多的消费。1153年金代建都燕京(北京),河北北部地区由往日的战场变为人口集聚之地,进而带动了周边盐业的生产,出现了新仓镇,设立了宝坻县,并列为上县,说明人烟繁庶,井肆林立,富商大贾云集,当时即总结道是"大率资渔盐之利"。元代以后,首都一直在北京,城市人口达到近百万人,还有守卫的官兵和驻守边防的军队,食盐需求量增加;加之又有河流运销之便,带来了北场盐业的发展。而南场自元末以后,经常遭受天灾,以及

---

① 刘洪升:《试论明清长芦盐业重心的北移》,《河北大学学报》2005年第3期;参见张毅:《明清天津盐业研究(1368—1840)》,天津古籍出版社,2012年,第40页。
② 《清代长芦盐务档案史料选编》,天津人民出版社,1994年,第368页。
③ 参见邹逸麟主编:《黄淮海平原历史地理》,安徽教育出版社,1993年,第153、154页。

改朝换代期间的战争，时常造成阶段性的人口锐减，灶户逃散。如明代燕军来往沧盐南场，"民多抗拒之，燕军赤其地，海丰诸场就荒河南淡"，影响了盐业持续稳定的生产。还有值得重视的是，明代以后，华北地区人口增加较快，需要开垦更多的耕地，以生产更多的粮食来维持生存。据不完全统计，元代河北省的人口，按照现今河北省的129个县计算，有497 850户，114.8293万口；明万历六年（1578），按照现今河北省的96个县计算，有316 187户，335.5365万口；清嘉庆二十五年（1820），按照现今河北省的126县计算，有3 309 146户，1434.1368口。另据清政府户部统计，清道光二十年（1840）直隶的人口为2264.6万人，咸丰二年（1852）为2349.2万人，光绪九年（1883）为2193万人，其中青县30余万人、沧州32万余人、盐山县19万余人。虽然，以上人口统计并不一定十分准确，但是从元代以后，尤其是明清以后河北省人口迅速增加是不争的事实[①]。原有的耕地难以承受人口成倍增加的压力，为了生存，当地的农民和灶户等不得不拓荒地为耕地。而盐业生产滩晒技术的进步，使得原来的草地、芦荡等成为失去盐业生产上的作用，为开垦为耕地面积提供了条件。进而南场的滩地逐渐减少，灶户多改为耕田的农民。《盐山新志》曾经讲到，清代以来，灶户多改业，子孙"盐者十九归农"，"南场多荒，灶地尽垦。南场向制晒盐，又无取于草煎"。

从盐业管理即盐政的角度看，机构的北移也使得南场的盐政疏于管理，很多学者对此都有阐述[②]。这里仅从清代经常看到的要求增加管理机构和加强缉私的奏折做简单地叙述。长芦都转运盐使司（长芦运司）康熙十六年（1677）北移天津后，巡盐御史刘安国在康熙十八年就上疏要求请复设沧州分司，因为"南十场地方辽阔，相距北十场道里遥远，青州分司势难分身兼顾"，"查沧州分司，向系运判之印，无分司字样，原与运司一同驻扎沧州"，长芦运司移天津后，"惟存运判独驻沧州，是昔日之芦运判，实今日之沧州分司"，现在私贩盛行"必须专用料理，此沧州分司诚不可一日无官者也"[③]。雍正元年（1723），巡盐御史针对沧州南场"岁约晒得盐十万余包，告引之商不过数家，此可销盐一万有奇，其余之盐露堆海滩，是以灶户得任意私买"的现象，建议设立"专司收买场盐，不许在滩露堆，尽运官坨筑包、堆码、苫盖、收管，陆续发商告运"[④]。另外，滩晒制盐占有大量的盐滩地，不仅易于计算税收和管理，也便于稽查私盐。而刮卤地煮盐则难以丈量和核定税收，助长了私盐的泛滥，也致使官盐产量的下降。

盐业产销的管理方式、产品运销不畅和陆路运费趋高不下，也抑制了南场的盐商兴起和发展。《盐山新志》曾经言道，历代长芦盐法税收，以场灶为主，灶丁为辅，销盐则以官买为主，商运为辅。明代以前，税收重在灶而不在商，清代以来重在商，"其课遂归商而不归灶"。加之，南场产

---

① 参见王明远主编：《河北省志 人口志》，河北人民出版社，1991年，第16—20页。
② 参见张毅：《明清天津盐业研究（1368—1840）》，天津古籍出版社，2012年，第23、42、180页。
③ 清代长芦盐务奏疏长编，《清代长芦盐务档案史料选编》，天津人民出版社，2014年，第601、602页。
④ 清代长芦盐务奏疏长编，《清代长芦盐务档案史料选编》，天津人民出版社，2014年，第605页。

盐陆路运销成本高，无利可图，商人越来越不愿承揽盐业运销，所以在南场清代以后没有出现大盐商，原来的盐商也转营他业。雍正元年（1723）南场的盐商"不过数家"，仅销盐一万有奇。民国元年（1912）青、静、沧、盐、庆五县共计有2021道盐引，均无商承运，于是收归官运总局承办。

综上所述，长芦盐业的南衰北盛的原因是多方面多层次的，且在不同时段其作用力与表现亦不尽相同。因此，在数百年间是由各种因素推动下完成了长芦盐业南衰北盛的定局。

长芦盐业重心由沧州北移天津原因探析

刘洪升

（河北省社会科学院历史研究所）

摘　要　长芦盐业自"汉以来率皆注重沧州"，沧州不仅是"盐产总汇之处"，而且为"盐运汇集之所"，管理长芦盐业的机构——长芦盐运司又驻其地，因此，直至明中叶，长芦盐业的重心一直在沧州。但明中叶以降，长芦盐业的重心逐渐北移，到清代，天津则取代沧州成为长芦盐业的重心。运道的变迁和晒盐技术的推广是长芦盐业重心北移的关键。

关键词　长芦盐业重心；沧州；天津；运道；制盐技术

明清时期，长芦是全国仅次于两淮的大产盐区，每年数十万两的盐课是封建王朝重要的财政收入，每年数十万以致后来近百万引的盐产，更是直接维系直豫两省186州县（营）民食的正常消费。因此，长芦"盐筴之设，上裕国计，下便商民"，长芦盐直接与封建国家的国计民生相攸关。然而，学术界对长芦盐业研究，迄今仍是一个薄弱环节。本文拟就明清以来长芦盐业重心的北移作一探讨，以求证于专家学者。

一、明朝以前的长芦盐业

长芦，即沧州。长芦，原系古漳河一条支流的名称，因两岸多芦苇而得名。北周大象二年（580）于水旁置长芦县，治所在今沧州市西，唐开元十六年（728）移于今沧州市内。唐贞观时，长芦县隶属沧州，北宋废县为镇，并入清池县。清池，唐时即为沧州治所，宋、金、元皆因之。明洪武二年（1369年），省清池县入沧州，并徙沧州治所于长芦，以"长芦为盐产汇集之所"，遂将设在该镇的北平河间都转运盐使司改称河间长芦都转运盐使司，旋省"河间"二字，称长芦都转运盐使司，故直隶之盐以长芦名。长芦盐区，滨（渤）海环居，迤北而南，起直隶临榆县（今秦皇岛市山海关），尽山东海丰县（今无棣县），延袤千数百里，盐业资源十分丰富，是中国著名的海盐产区之一。

长芦盐业历史悠久，是中国最早生产海盐的地区之一。《周礼·地官·职方氏》："东北曰幽州，其利鱼盐；河东曰兖州，其利蒲鱼。"昔日之长芦盐场实跨幽、兖二州地。幽州燕境，当春秋时代，自今盐山以北，迄辽宁兴城、绥中以西皆属于燕，故燕以"辽东之煮"[①]著于时。而兖虽只

---

① 《管子·轻重》甲篇云："燕有辽东之煮。"

以鱼利著称，然而地为齐境，周初太公赐履，北至无棣，今盐山、海兴、黄骅、庆云属焉，四地皆芦盐产区。《史记·齐世家》言：太公至国，通工商之业，便鱼盐之利，人民多归。则齐在周初，盐业已盛极一时。故《中国盐政沿革史·长芦》称："长芦盐产发源最古"，至今已有近三千年的历史。西汉中叶以后，长芦盐业生产有了较为迅速的发展，朝廷规划产盐场区，凡出盐多的郡县设置盐官。据《汉书·地理志》记载，西汉中叶至王莽时，共在全国产盐集中之36地设置盐官，其中长芦盐区即有4处，一在勃海郡章武县（治所在今黄骅市故县村北），一在渔阳郡泉州县（治所在今天津武清区城上村），一在辽西郡海阳县（治所在今滦县滦州镇南），一在钜鹿郡堂阳县（治所在今新河县新河镇），盐官数量仅次于山东，居全国第二位。四盐官中除堂阳为土盐产区外，其余均为海盐产区。四盐官所辖，大体包括了以后长芦盐区的基本范围。由于官营盐业的兴盛，章武县境内"盐场林立"。流经柳县的柳河成为官盐西运冀州等地的主要通道，商业因之兴盛，柳县成为"市舶要冲"与"河海交错之大埠"①。东汉继设盐官于四地。历经魏晋，章武盐业一直在国家盐业中占据重要位置。因盐产丰饶，章武境内的一座孤山也被称为盐山。

汉以降，长芦盐业"率皆注重沧州"，不仅是"盐产总汇之处"，且为"盐运汇集之所"②。319年，后赵石勒占领河北以后，即于柳县建角飞城，派王述煮盐于此。角飞城即漂榆故城之俗称③，为今黄骅市海丰镇。《魏氏土地记》称："高城县（治今盐山县盐山镇）东北百里，北尽漂榆，东临巨海，民咸煮海水，藉盐为业"④，即指此城。北魏以来，长芦盐产日旺。北魏孝昌二年（526）"因丰润近海，可煮为盐，遂置盐监司"⑤。东魏"自迁邺（今河北临漳县东南）后，于沧、瀛、幽、青四州之境傍海煮盐。沧州置灶一千四百八十四，瀛州置灶四百五十二，幽州置灶一百八十，青州置灶五百四十六，又于邯郸置灶四，计终岁合收盐二十万九千七百二斛四升，军国所资，得以周赡矣"⑥。形成了以沧州为主，环绕渤海的广阔盐区。

唐初置河北道，幽、平、沧、瀛产盐州郡皆隶河北，故其所产盐称为"河北盐"。《唐书·程日华传》曰：沧州十县濒海，有鱼盐利自给，而沧州之清池、盐山两县尤特以有盐著⑦。天宝末年，安史之乱爆发后，河北招讨使颜真卿率军抵敌，因"军费困竭"，"真卿收景城盐，使诸郡相输，用度遂不乏"⑧。沧州在唐又名景城郡，在战事纷扰的情况下，景城郡存盐的销售可以维持河北军队所需要，由此可见平时沧州盐业生产之盛。

后唐同光三年（925），后唐庄宗命幽州节度使赵德钧镇守芦台军。德钧"因芦台卤地置盐

---

① （民国）《盐山新志》卷一。
② 盐务署：《中国盐政史》，场区第三，长芦。
③ 郦道元：《水经注》，漂榆邑。
④ 郦道元：《水经注》，漂榆邑。
⑤ （隆庆）《丰润县志》，纪事。
⑥ 《魏书》卷一百一十《食货志》。
⑦ 《新唐书·地理志》载："河北一道滨海各县，惟沧州所属清池、盐山两县皆注有盐。"
⑧ 《新唐书》卷一百五十三《颜真卿传》。

场"，此即天津最早的盐场——芦台场（今天津汉沽盐场前身）。又令于附近"高阜平阔"之地置盐仓，以贮其盐，名为新仓，并创置"榷盐院"，以征盐税。"复开渠运漕盐货于瀛、莫间，上下资其利，遂致饶衍，赡于一方"①。芦台场的建立使唐后期以来严重衰落的幽州盐业得到恢复，也标志着海河沿岸天津盐业的发端。

后唐同光初年，契丹入寇，攻取平州。后晋天福初年，后晋高祖石敬瑭将燕云十六州割献于辽，以报援立之恩，幽州亦在其中。由是长芦产区，如平州之海阳，幽州之芦台，悉为辽有。辽拥有芦台场后，于故地置"新仓镇"，广榷盐，以补充用度。随着盐业的发展，新仓镇市井繁伙，人烟稠密，又在武清县孙村，"度地之宜，分武清、潞县、三河之民，置香河县"②，新仓榷盐院也改为香河榷盐院。为了管理幽州盐业生产、贮运等曾设置幽州榷盐制置使司。据郭正忠研究，该司"或初设于后晋割让燕云十六州前后。该司在辽时，曾下辖芦台军盐场，新仓榷盐院，或许也辖有永济院"③。另据郭正忠研究，为管理平州盐产曾设有"永济盐院"。但该院正史失载。考诸碑碣地志资料，知在玉田（今丰润）县永济务，"乃我朝煮鹾之场"④。永济院盐，号称"永盐"。该时期，长芦北场盐业得到了较大发展。辽穆宗应历三年（953），辽芦台军使兼幽州榷盐制置使张藏英率内外亲属及所部士兵千余人、煮盐户长幼七千余口、舟数百艘航海归周，至沧州⑤。盐户一次归周者即达七千余人，可见芦台制盐业之兴盛。张藏英此举，无疑对芦台场盐业生产造成重挫，而对沧州盐业生产注入更多劳动力。

入宋以后，沧州成为宋政权所控制的六大海盐产区之一，与辽控制下的幽、平二州盐业构成了长芦盐区的两个部分。这一时期，沧州盐业也呈增长之势。沧州初与滨州（属山东盐区）合为一场，后滨州分四务，又增沧州三务。据《宋史·食货志》称陕州录事参军王伯瑜监沧州盐山务，则沧州三务，其一在盐山县，其他二务不详。又据《太平寰宇记》，沧州无棣县（今山东无棣县）有月明沽，为"煮盐之所"⑥。又载盐山县有碱土，四周一百五十里，"地带海滨，其土碱卤，海潮朝夕所及，百姓取而煎之为盐"。则宋代沧州煮盐之地在盐山县一带。仁宗皇祐年间又设沧州监。按宋代场务制度，大者曰监，中者曰场，小者曰务。沧州初与滨州合为一场，后增三务，最后设监，说明沧州盐业生产规模在逐步扩大。另据《宋史·食货志》记载，沧州盐场每年卖盐9145石（每石50斤），与全国其他盐场比较起来数量较小，属于中型盐场。此外，在河北中南部的深、冀、邢、洺等10多个州府土盐生产还较盛，产量可观。辽控制的幽、平二州盐则保持了更快的增长速度，并因此不断倾销宋之雄州、保州、安肃军等地。宋熙宁十年（1077），权三司使沈括所奏称外盐日贩于宋境，中原之钱日流于辽东，说明了幽、平二州盐产的增长。

---

① （嘉庆）《长芦盐法志》附编，援证九，历代文艺，《新仓镇改宝坻县记》。
② （嘉庆）《长芦盐法志》附编，援证九，历代文艺，《新仓镇改宝坻县记》。
③ 郭正忠主编：《中国盐业史》（古代编），人民出版社，1997年，第377、378页。
④ （光绪）《丰润县志》，文苑，《大辽景州陈宫山观鸡寺碑铭》。
⑤ 《宋史》卷二百七十一《张藏英传》。
⑥ 《太平寰宇记》卷六十五"月明沽在县东界，西接马谷山，东濒海，煮盐之所"。

金承辽宋之后，以宝坻、平滦盐隶中都路，以沧州盐隶河北路，因设沧州、宝坻两盐使司。大定三年（1163）即置沧州盐使司，"以重其事"，管理南部沧州盐业。大定十一年（1171），因北部的"新仓盐榷日盛，于其地置宝坻县"，"以盐乃国之宝，取如坻如京之义"①，形成一个盐业中心的同时还形成了一个宝坻县。加之"以芦台产盐日旺"，大定十三年（1173）又置宝坻盐使司，同时将平滦盐场隶属之。后又在静海县新设沧盐场。"行盐各有分界"，沧州盐行销河北东西路、大名府、恩州、南京（今河南商丘）、睢、陈、蔡、许、颍诸州，兼有直隶、河南二省境；"宝坻盐行销中都路，平滦之盐行本州，别设副使于马城县（治今滦南县马城乡）置局征课，以隶于宝坻盐司"②。金世宗大定年间全国每岁共征盐课6 226 636贯，其中，沧州盐司岁入1 531 200贯，约占金政府盐课总收入的25%；宝坻盐司岁入887 558贯，约占金政府盐课总收入的14%；章宗承安三年（1198），全国盐课总额10 774 512贯，其中沧州盐司2 766 636贯，约占全国盐课总收入的26%；宝坻盐司1 348 839贯，约占全国盐课总收入的12%③。另据专家研究，成安三年（1198）十二月前，金代七盐司年产盐182 911 913斤，其中沧州盐司37 346 341斤，占全国年产量的20.4%；宝坻盐司20 640 897斤，占全国年产量的11.24%；成安三年（1198）十二月后，金代七盐司年产盐242 510 682斤，其中沧州盐司52 697 828斤，占全国年产量的21.7%；宝坻盐司25 692 171斤，占全国年产量的10.5%④。需要指出的是，宝坻盐司所辖还包括平滦等地盐场，其中其所领之越支场（位于今河北省唐山市丰南区）盐课收入居使司半数⑤。从行盐范围、盐课岁入及年产量分析可以看出，南场沧州一带仍为长芦主要的盐产区，北场宝坻、静海一带盐产远逊于沧州。故民国《盐山新志》称："迄于五代金辽，南场之盐犹复遍给北方，泉州虽自汉置盐官非其敌也。"

元统一后，大规模的扩展长芦盐产，长芦盐获得进一步发展。元代，长芦共置盐场22处。"当其起始征盐，重在清、沧"⑥。《元史·食货志》记载：河间之盐于太宗庚寅年（1230）始置盐场；大都之盐于太宗丙申年（1236）始置盐场。"此则规划之初，实以清、沧二州为重要产区"⑦，故22场分隶三路，属大都路2场：芦台、越支；隶永平路3场：石碑、惠民、济民；而河间一路则多达17场，即利国、利民、海丰、阜民、阜财、益民、润国、海阜、海盈、海润、严镇、富国、兴国、厚财、丰财、三叉沽、富民。河间各场又以沧州盐山所属居多数，至有12场之多，居长芦半数以上。而属天津者仅6场，属平滦者4场。有元一代，长芦盐场数量仅次于两浙、两淮，居全国第三位。元代长芦盐产量有了快速发展。世祖末年，全国盐产量为170余万引⑧，天历年间

---

① （嘉庆）《长芦盐法志》附编，援证九，历代文艺，《新仓镇改宝坻县记》。
② 《中国盐政沿革史》，长芦。
③ 《金史》卷四十九《食货四》。
④ 郭正忠主编：《中国盐业史》（古代编），《金代七盐司诸场产盐量统计表》，人民出版社，1997年，第408页。
⑤ （雍正）《畿辅通志》卷九十七，艺文，《越支场重立盐场记》。
⑥ 左谦：《河北省盐务志·元》，《河北月刊》第二卷第一期，1934年1月。
⑦ 《中国盐政史》，场区第三，长芦。
⑧ 《元典章》卷九，官制三，场务官，盐场额办引数。

（1328—1329）达256.4万引①，每引重400斤，计102 560万斤。大都盐运司盐产量缺乏记载。河间盐运司，太宗十二年（1240），岁办盐34 700袋（每袋400斤），至元二十二年（1285）办盐29万引，二十七年（1290）办盐35万引。与大都盐运司合并后，至大元年（1308）增至45万引。延祐元年（1314）因亏损盐课，减产5万引。此后至天历年间，皆岁办40万引。每引重400斤，合计16 000万斤，约占全国总产量的16%②。延祐元年之后，长芦每引盐价为中统钞3锭，大都河间盐运司所产盐折价为120万锭。天历年间全国盐价钞为766.1万锭③，长芦的盐课收入占全国近六分之一，比例是很大的。"国家经费，盐利居十之八"④。盐课收入约为全国现钞收入的82%⑤，据此可知，长芦盐业生产在全国财政中的地位也是至关重要的。

二、长芦盐业重心由沧州北移天津

明初，长芦盐场循元之旧而稍有增加。洪武二年（1369）增置海盈（于旧有海盈场加深州二字以示区别）和归化二场，并将场区规划为南北，各置分司以领之，南曰沧州，北曰青州，南北各辖12场，共24场，形成了长芦盐区场数最多，规模最大的时期（表一）。

表一 明初长芦二十四场表

场名		场署所在地		隶属分司
		旧称	今称	
南场	利国场	盐山县韩村	黄骅市城关	沧州分司
	利民场	沧州毕孟	黄骅市毕孟	
	海丰场	盐山县杨儿庄	黄骅市杨二庄	
	阜民场	盐山县常葛镇	黄骅市常郭镇	
	阜财场	盐山县高家湾	海兴县高湾	
	益民场	盐山县范二庄	海兴县大范庄	
	润国场	盐山县常葛附近	黄骅市常郭附近	
	海阜场	盐山县羊儿庄附近	黄骅市羊二庄附近	
	深州海盈场	盐山县苏基镇	海兴县苏基镇	
	海盈场	盐山县苏基镇	海兴县苏基镇	
	海润场	盐山县板塘	黄骅市冯家铺附近	
	富民场	盐山县崔家口	山东省庆云县崔口	

---

① 《元史》卷九十四《食货志二》，盐法。
② 全国盐产量以天历年间的256.4万引计，见《元史》卷九十四《食货志二》，盐法。
③ 《元史》卷九十四《食货志二》，盐法。
④ 《元史》卷九十四《食货志二》，盐法。
⑤ 天历二年，全国现钞收入为929.78万锭，见《元史》卷三十三《文宗纪二》。

续表

场名		场署所在地		隶属分司
		旧称	今称	
北场	严镇场	沧州同居村	黄骅市同居村	青州分司
	富国场	静海县咸水沽（后移天津城内）	天津市津南区咸水沽镇	
	兴国场	静海县咸水沽（后徙高家庄）	天津市津南区咸水沽镇	
	厚财场	静海县高家庄附近	天津津南区高家庄附近	
	丰财场	静海县葛沽	天津市津南区葛沽镇	
	三叉沽场	天津卫大直沽	天津市河东区大直沽	
	芦台场	宝坻县芦台	天津市宁河区芦台镇	
	越支场	丰润县越支（后移宋家营）	唐山市丰南区越支村	
	石碑场	乐亭县石碑庄（后移闫各庄）	乐亭县石碑村	
	惠民场	昌黎县蒲泊	昌黎县大浦河	
	济民场	滦州柏各庄	滦南县柏各庄	
	归化场	抚宁县盐务镇	秦皇岛西盐务	

此时，长芦南北各12场，北与南遂成对峙局面。但随着盐业的发展，盐务的变迁，这种对峙局面逐渐被打破，呈现出北盛南衰的趋势。这一趋势可从部分盐场的盐课改折、裁革合并以及南北二司官阶品级的变更等事实来看出。

明成化六年（1470），长芦运司在深州海盈、益民等13场实行盐课改折。在改折的13场中，属于南司所辖者即有深州海盈、益民、阜财、富民、润国、海盈、海阜、海润8场。改折的原因是由于"陆路弯远，商人不支盐课，遂致盐斤堆积，年久消折"①。商人不去支盐，盐斤卖不出去，说明盐业已很不景气。到了隆庆年间，南司的衰落更为明显了。总理屯盐都御史庞尚鹏指出："南北二场（即南北二司），趋舍互异，盖以地利言也。南场多陆路，不通舟楫，脚价视盐价不但三倍，故中引商人皆愿领价告买补于北场。灶丁煎盐，弃置不用，今惟一二近河者仍其旧业，余皆改事农商，纳折色于运司以给商人矣。"②所以隆庆三年（1569）始有裁革盐场之议，以长芦所辖24场，课额多逋，中多有场无户，乃并润国于阜民，并益民于阜财，并海阜于海丰，并三叉沽于丰财。由是，北司原辖12场并为11场，南司原辖12场并为9场，两司平衡的局面被打破了。随之而来的便是两司官位的互调。万历二十一年（1593），巡盐御史姚思仁以青州分司所辖数多事繁，同知法令易行，沧州分司所辖数少事简，设判官已足催办，请将两司所辖地方印务互调。于是以运知移驻北司，而以运判驻南司。运知，即同知官阶四品，运判，即判官品级较轻，明初南司驻同知，北司驻判官，尚有重南轻北之意，今南北互调，北盛南衰之势已显然可见。

万历三十六年（1608）长芦巡盐御史李应魁奏称，严镇一场，虽隶北所而去北所反有二百四十

---

① （雍正）《畿辅通志》卷三十六《盐政》。
② 庞尚鹏：《答王总制论屯盐书》，《明经世文编》卷三百六十。

余里之远，且运从陆道，脚价倍于盐价，凡派该场商引多就近买于北场，赴严镇者甚少，遂致场盐囤积，私贩日炽。欲通南引宜改北场。查严镇场距南所止九十里，脚价减半，运载为便。而南所止有海润、富民、海丰三场出盐，往往盐少引多，应将严镇场改隶南分司，非惟场盐得售，商民两便，而盐引得通，私贩可止，亦于国用有裨①。因将严镇拨归南场，南北各10场。这种措施并没有改变盐业重心北移的趋势。北场优势继续凸显。"青州辖场十，与沧州分司等，而输赋三倍。青州延袤千里，产盐甚饶，而沧州甚诎也。青州海流与运道接，方舟而载，大者引百余计，小者亦数十计；沧州场一牛车牵挽，不盈十，为力劳而费倍也。青州一航无所不之，沧州场则经天津，寻至他邑者半也"②。

清代以降，北盛南衰之势进一步加剧，天津代沧州成为长芦盐业的重心。生产重心向北部，尤其是向天津的丰财、芦台二场集中。清初，长芦盐区南北各10场。康熙十八年（1679），整理场务，将"有场无丁"的厚财并入兴国，惠民并入归化，海润并入阜财，深州海盈并入海丰，南北各存8场。雍正十年（1732），以沧州分司所辖利民、阜民、利国、富民、海盈、阜财六场，滩坨尽废，从不晒盐，而各场灶户皆散处于原籍直隶各州县，并山东乐陵、海丰、阳信等县，弃滩改业，并不在场③，予以裁撤。道光十一年（1831），因北场富国场"滩荡久已迷失，并无灶丁在场晒盐，灶户均散处直隶、山东原籍"，予以裁撤，次年，又将北场的兴国并入丰财。至此，长芦盐区尚存8场，即"所谓的北六场，南二场"，终清之世，"遂为定制"。北场数量超过了南场。北场不仅盐场数量多，而且产多、销广，北场特别是天津的丰财、芦台二场发展成为长芦盐业的产、销中心（表二）。

表二 清末三年（1909—1911）长芦各场年均产、销量比较表

场名 类别	产量（万斤）	占总产量百分比	销量（万斤）	占总销量百分比
丰财场	15 312	32.6%	15 672	26.5%
芦台场	23 147	49.3%	29 520	59.7%
石碑场	6133	13%	6200	10.5%
越支场	590	1.3%	266	0.45%
济民场	640	1.4%	600	1%
归化场	127	0.3%	127	0.2%
海丰场	299	0.6%	282	0.5%
严镇场	706	1.5%	706	1.2%
合计	46 954	100%	59 026	100%

资料来源：根据盐务署《中国盐政史》，场区第三，《长芦清末八场产数表》整理。

---

① （嘉庆）《长芦盐法志》附编，援证七，历代奏疏。
② （民国）《天津县新志》卷二十四，碑刻，《青州分司署碑记》。
③ （嘉庆）《长芦盐法志》卷十五，奏疏上。

由表二看出，北场约占长芦总产量的97.9%，其中天津的丰财、芦台两场占总产量的82%；南场只占2.1%；北场占长芦总销量的98.3%，其中天津的丰财、芦台两场占总销量的86%；南场仅占1.7%。就配运来讲，情况也是如此。销盐有定地，配盐也有定场。清代"各场配运，例有定制，越支、济民、石碑、归化地处极北，产盐无几，惟永平七属及乐亭等县在此配运；海丰、严镇地处极南，惟河间府属及南皮等县在此配盐，其余直隶、河南销区皆在丰（财）、芦（台）配盐"①。据（嘉庆）《长芦盐法志》卷十，转运下，"顺天直隶转运表"及"河南转运表"统计，长芦盐行销直隶、河南184州县2营，其中在天津盐坨称掣转运者有156州县2营；在天津属芦台场掣配者7州县：三河、遵化、玉田、宁河、宝坻、平谷、蓟州；在天津、沧州两处盐坨掣配者9州县：河间、献县、交河、阜城、景州、吴桥、东光、静海、青县。由此可见，长芦盐经天津称掣转运者多达172州县2营，几乎占总数的94%。因此，长芦巡盐御史余缙在其所撰《天津盐坨厅碑记》中称："津门滨北海，岁运长芦盐七十余万引。"②天津不仅发展成为长芦盐业的产、销中心，且为芦盐的称掣转运中心。"昔供河北诸路而有余"的南场盐业衰落。

随着北场盐业的发展，长芦盐业的管理机构也逐渐移至天津。早在明万历年间，青州、沧州二分司分别向天津地区靠拢、移驻，沧州分司由南向北，移驻唐官屯（今天津静海唐官屯），青州分司由北向南，移驻天津。乾隆四十六年（1781）巡盐御史伊龄阿奏言：青州分司驻扎天津，而名为青州，无所取义，且山东本有青州，易于含混。鉴于该分司管辖四场俱在天津境内，应将之改名为天津分司，以昭信守。遂从其议，改青州分司为天津分司。道光十二年（1832），裁撤沧州分司归并天津分司兼管。

清初，长芦"巡盐御史衙署在崇文门外，膺斯任者并不出京，每年春秋两季赴（长）芦（山）东巡视"。巡毕即回京，"有事则进衙门料理"③，"无事则退居私室"④。康熙七年（1668），巡盐御史孟戈尔代认为如此恐生弊端；又天津为"盐务总汇之地"⑤，驻于京城鞭长莫及。因此，"轸商灶之艰难，念吏弊之丛蠹"，奏请改驻天津，以便于"整饬厘别之""朝夕经纪之"⑥，从其请。于是，长芦巡盐御史遂改驻天津。随之，长芦盐运使也由沧州移至天津。"长芦盐运使司衙署，向在沧州新城内西南隅，邻南熏门，左倚察院，右接运判衙署。康熙十六年，因商人告运居北所者众，督催引课道远非便，遂移至天津，赁民房以居"⑦。长芦"向设批验二所，北所在天津之小直沽，南所在沧州。自盐场裁并以后，北所掣盐十之七，南所掣盐十之三。运司等亦以天津掣盐

---

① 盐务署：《中国盐政史》，场区第三，长芦。
② （乾隆）《天津县志》卷二十，艺文，《天津盐坨厅碑记》。
③ （雍正）《畿辅通志》卷三十六，盐政。
④ （嘉庆）《长芦盐法志》卷十九，营建。
⑤ （民国）《天津县新志》卷十七，职官一，右驻城官。
⑥ （乾隆）《天津县志》卷二十，艺文，《重修天津卫儒学碑记》。
⑦ （雍正）《新修长芦盐法志》卷五，公署。

为便,皆改驻焉"①。天津取代沧州,成为长芦盐业的管理中心。至此,"长芦盐务遂以天津为总汇之区"②。

三、长芦盐业重心北移天津的原因

长芦盐业重心由沧州北移天津,原因是多方面的,但深层次的原因主要有二:

首先在于运道的通塞,也即交通运输上的问题,交通运输便利者兴旺发达,相反则衰落荒废。贾恩绂在其所纂民国《盐山新志》中指出:"至其盛衰之源,皆由运道通塞之故,非昔产而今竭也。南所之盛,其机操之于河道,而柳河最为要津。柳河西通长芦、深州一带,衡、漳之水本通渠也。唐薛大鼎浚无棣,民颂之曰:'新沟通舟楫,利属沧海鱼盐,至美哉,薛公德滂被。'盖唐代之无棣、马颊为南场之南道,而柳河为其北道,故南场犹盛。后南道皆堙,而北道独存,益为南场命脉所系……元代开惠民河,此邦横河皆纵断之,柳河之塞在长芦之捷地,于是南场运路断绝,南场盐业大衰,灶户皆归籍改业,不惟滩荒灶废,并灶课亦多无从追呼。"③过去南场之盛,是由于有马颊、无棣、柳河三条河道,运输便捷,后来这三条河道或淤塞或断流,运路断绝了,南场的盐业也便随之衰落了。而北场则与之相反。天津"地无崇山巨险,而襟河枕海,拱卫京畿,且当南北往来之冲,实为切近扃钥"④。天津"地当九河要津",北河(北运河)、淀河(上西河)、西河(子牙河)、东河(蓟运河)、御河(南运河)等诸河环绕,水运发达,交通便利。尤其是大运河修复后,天津成为北方的交通枢纽。交通的便捷,运输成本的低廉,使得商人乐于行盐。"顾天津以舟楫之便,商人乐于行官盐"⑤,进而刺激了盐业生产,如此良性循环,最终成就了天津芦盐转运中心的地位。

其次是晒盐技术的推广。长芦制盐技术,在明嘉靖以前大抵沿用传统的煎煮法,嘉靖元年(1522)或稍早南场的海丰、深州海盈二场创行晒法制盐,尔后渐次向北传播,约于万历年间北司所属一些近海场区如兴国、富国、丰财、芦台等场已经部分采用了晒法,至清前期长芦制盐技术完成了由煎到晒的过渡。由煎煮改为晒制,是盐业生产技术的巨大进步,与煎煮法相比,晒盐不需要锅灶,不用柴薪,成本低,产量高,只要选择适当的地方,纳海水于修好的滩池中日晒即成,减少了操作程序,提高了生产效率,因而对长芦盐的发展有着重大的作用和深远影响。"改煎为晒,煎锅尽废。开辟滩场,必于近海之处。近海远者,即有卤土,亦不适于晒制"⑥。晒盐,使北场特别是丰财、芦台二场较南场拥有得天独厚的自然条件,非常适合晒盐:其一,春秋两季气候干燥,多

---

① 《皇朝政典类纂》卷七十,盐法。
② 张茂炯等:《清盐法志》卷三十,建置门一,官廨。
③ (民国)《盐山新志》卷五,法制略,建置篇。
④ (道光)《津门保甲图说》卷首。
⑤ (雍正)《重修长芦盐法志》卷十四。
⑥ 盐务署:《中国盐政史》,场区第三,长芦。

风少雨，日照时间长，又地处内海，很少受台风和潮汐的侵袭，非常适合盐业生产；其二，"沿海各岸类皆平沙浅滩"，"开沟引潮，尤属利便"，成本低廉，且有广阔的滩涂，可供开发大规模的晒盐场地，滩涂紧密，渗透力小，非常适合滩晒；其三，丰财、芦台两场"卤根层积"很厚。这是因为北塘口、大沽口一带，受黄海潮汐影响，形成了长约数十里淤泥沉淀的浅滩。黄海潮汐，自朝鲜南岸至庙岛入渤海岸，受到岛、屿、岬角阻拦，潮汐涨落，故卤根积层很厚，这是丰财、芦台两场产量高、质量好的一个重要原因。明代就有"芦台玉沙"的美誉，备受人们的青睐，产品销量大。故"芦盐产额丰、芦称最者，地利然也"[①]。此外，天津沿岸海水含盐量较高，每十斤海水含盐一两五钱。原料充足，取之不尽，用之不竭。优越的自然条件使得北场很快跃居于主导地位。而南场虽然率先引进晒法，终因"海潮下落，河道淤塞"等，未能持续下去，以致"滩地荒废，盐业日衰"[②]。

---

① 盐务署：《中国盐政史》，场区第三，长芦。
② 盐务署：《中国盐政史》，场区第三，长芦。

长芦盐运使严禁越境卖盐告示浅析

秦进才

（河北师范大学历史文化学院）

摘　要　长芦盐运使及其所属场署的告示、布告，是长芦盐运使等向盐商、灶户等公布政令、法令和上情下达的重要载体，是具有法律和教化双重功能的官文书，为了解长芦盐务与当时的社会提供了不可多得资料，具有历史文物、珍贵档案等多种价值。本文选择长芦盐运使乾隆十四年（1749）严禁越境卖盐的告示，移录全文，标点整理，解释其中的词语，从文书学角度探究其中所体现的清代告示规范，分析其史料价值，探讨长芦盐政与盐运使关系，考察元明清时代一脉相承的越境卖盐现象等。

关键词　长芦盐运使；严禁越境卖盐告示；浅析

河北省档案馆长芦盐务档中收藏了一些清代民国年间的告示、布告以及其底稿。其中，有长芦盐运使发出的告示等，还有长芦盐运使司所属的机构发出的告示等，以及相关告示、布告张贴情况的呈报等资料，体裁多样，内容丰富，篇幅长短不一，纸张大小不同，因事而异。从内容方面来看，有颁布的制盐特许条例等行业法规，有增加盐税、禁止私贩私制、禁止私淋硝盐等行政规定，有办理皮硝销售手续等程序，有长芦盐运使称谓、征收灶课丁课、停止春晒废除旧滩、限定产额、芦纲公运改为长芦公运事务所等通告，还有直隶总督曹摊征食盐捐、督办直隶军务善后事宜兼省长褚征收税务用省钞的布告等。从表达语言来看，既有表述严谨准确清楚的公文告示，也有通俗易懂的白话布告。从制作的方式来看，有毛笔书写的告示、布告及底稿，也有油印、铅印的告示、布告等。从制定公布告示、布告程序看，有长芦盐运使奉命公布的国家法规政令；有长芦盐运使司所属场署针对具体事务拟定告示初稿，经呈报长芦盐运使批准后，以场署长官名义公布的规定；也有由长芦盐运使针对具体事宜制作告示文本发给下属场署，以长芦盐运使名义发布的，或授权以下属场署长官名义发布的告示、布告等。这些告示、布告，是长芦盐运使等向盐商、灶户等公布法令、政令和上情下达的重要载体，是具有法律和教化双重功能的官文书，为了解长芦盐的历史与当时的社会提供了不可多得资料，具有历史文物、珍贵档案等多重价值。因为告示、布告多张贴在民众聚集的区域，历经风吹日晒，很多早已经销声匿迹了。现在我们有幸看到268年前、保存良好的乾隆十四年五月十三日（1749年6月27日）的长芦盐运使司运使叶严禁越境卖盐的告示，高135.5厘米，宽66.5厘米，白纸，十行。长芦盐务管理局档案卷宗号为680-12-1431，已经选入《中国档案文献精粹·河北卷》①（原件图片附录于文后）。这张告示，不仅文字清晰，纸张坚韧，保存良好，而且包含着丰富的历史内容，体现着清朝的文书制度程式规范，具有多方面的参考价值。笔者不揣浅陋，试对这张告示作标点整理，解释其中难懂的词语，分析其史料价值，考察其文书学特征，探讨盐政与盐运使关系，探究元明清时代一脉相承的越境卖盐现象等，抛砖以引玉。

一、告示录文标点与注释

长芦盐运使严禁越境卖盐告示，文字不多，语言通俗，对于研究者来说，理解的难度不太大，对于一般读者来说，恐怕没有标点，读起来也有些困难。因此，先移录全文，并进行标点，以便阅读。文字尽量保持原状，每行单独标明，词语、人物等解释放在脚注中。

第1行　特授长芦都转盐运使司运使　勒管盐法道事加三级叶② 　抄蒙

---

① 清代文书图录132亦收录此告示，题目作《长芦盐运使叶某严禁商伙违法行盐告示——乾隆十四年五月十三日》（裴燕生主编：《历史文书》，中国人民大学出版社，2009年，第296页）。清代文书图录，笔者尚未见到，录此以供参考。

② **叶**：即叶昱。光绪《嘉定县志》卷一六《人物志一·宦绩·叶昱》载："叶昱，字炳南，一字东湖。乾隆丙辰进士，举博学鸿词未赴。授户部四川司主事，转云南司，迁贵州司员外郎，充《大清会典》纂修官、戊辰会试同考官。癸亥、甲子间，淮扬诸郡大水，督抚奏请蠲赈，下部议，同曹执例驳诘，昱力恳堂官题免积逋五十余万。迁陕西司郎中，擢长芦盐运使，忤大府，引疾归。家居三十年，以诗文自娱，书法遒劲，画墨菊有别致。卒年八十四。"（《中国地方志集成·上海府县志辑》，上海书店出版社，2011年，第8册，第333页）大府，指直隶总督方观承。嘉庆《直隶太仓州志》卷三一《人物志·志行·叶昱》载："用荐授长芦运使，洁己奉公，商民交颂，三载秩满，即请告归，葺邻家废园以居，闭门却扫二十余载，年八十四卒。"（清嘉庆七年刻本，第13页A面）邻家废园，指嘉定县南翔镇的嘉树园。太仓州志与光绪《嘉定县志》相比记载具体了些。《清代官员履历档案全编》载："叶昱，江南人。年四十八岁。由进士。现任户部郎中。乾隆十三年四月，内奉旨：补授直隶天津盐运使。"（华东师范大学出版社，1997年，第1册，第550页）嘉庆《长芦盐法志》卷一四《职官下》运使行乾隆十三年格载："叶昱，江苏嘉定人，进士。"又载：乾隆十六年"卢见曾，山东德州人，进士"（科学出版社，2009年，第280页）。中国第一历史档案馆等编《清代长芦盐务档案史料选编·乾隆朝·谕内阁著永平知府卢见曾补授长芦盐运使事》乾隆十六年正月十三日载："乾隆十六年正月十三日，内阁奉上谕：长芦盐运使叶昱着仍以部员用，其员缺着永平府知府卢见曾补授。钦此。"（天津人民出版社，2014年，第61页）据上述资料，叶昱，江苏嘉定（今上海市嘉定区南翔镇）人。乾隆十三年（1748）四月，叶昱四十八岁，据此推算当生于康熙四十年（1701）。卒年八十四岁，当卒于乾隆四十八年（1783）。自乾隆十三年四月，到乾隆十六年一月，在长芦盐运使任三年。乾隆十四年五月十三日发布告示时，叶昱正在长芦盐运使任上。

第2行　钦命署理长芦等处盐政兼管天津关务运使加一级纪录二次丽①　为严禁越境卖盐，侵灌邻封②，以疏官引，以裕

第3行　国课事。照得③商人认地行盐各有疆界，自应按照定价准秤销卖，办纳国课，岂容侵灌滋弊。讵④访得正定、顺德府属之平

---

① **丽**：即丽柱，《清实录·清高宗实录》卷三一一乾隆十三年三月乙巳日载："伊拉齐人甚庸劣，举止疎慢，不称长芦盐政之任，著革职，令在圆明园工程处效力行走。所遗员缺，著盐运使丽柱暂行署理。"（中华书局，1986年，第13册，第87、88页）丽柱由此开始暂行署理长芦盐政。《清实录·清高宗实录》卷三七〇乾隆十五年八月戊寅日载："谕军机大臣等：据长芦盐政丽柱奏请动用运司库贮商捐银两修理天津城垣一折，著抄寄方观承，令其将折内事理，详悉议奏。"（第13册，第1093页）可知，丽柱当时尚在长芦盐政任上。嘉庆《长芦盐法志》卷一四《职官下》运使行乾隆十二年格载："丽柱，满洲镶黄旗人，监生，四月二十六日任。"同卷盐巡御史行乾隆十三年格载："丽柱，由运司任。"又载：乾隆十五年"高恒，满洲镶黄旗人"（第279、280页）。光绪《重修天津府志》卷十二《职官三·长芦巡盐御史》载："丽柱，满洲人，十二年四月任，十三年、十四年留任。高恒，满洲人，十五年任，十六年留任。"（《中国地方志集成·天津府县志辑》，上海书店出版社，2004年，第1册，第237页）把丽柱十二年四月任长芦盐运使当成了任长芦盐政，似误。《清代长芦盐务档案史料选编·乾隆朝·署理长芦盐政丽柱为加恩给长芦盐斤谢恩事奏折》，时间为乾隆十三年四月十三日（第56页）。同上书《署理长芦盐政高恒为欣逢皇太后万寿圣诞请准进京庆贺事奏折》，时间为乾隆十五年十一月十二日（第61页）。由上述可知，丽柱在乾隆十二年四月至十三年三月，任长芦盐运使。十三年三月，署理长芦盐政，至十五年八月后、十一月十二日前，由高恒接任。十四年五月，丽柱正在长芦盐政任上。

② **邻封**：本为相邻的封地，泛指相邻州县、邻地等。如《清实录·清高宗实录》卷六九乾隆三年五月载：常平仓买谷，"本邑价平，则买于本邑。邻封价贱，则买之邻封。如时价皆贵，停俟下年价平再买"（中华书局，1985年，第10册，第119页）。《清实录·清宣宗实录》卷一四七道光八年十一月乙卯载："山西平鲁县勒休知县汤可受，代邻封朔州相验尸伤。"（中华书局，1986年，第35册，第249页）（清）梁恭辰撰《北东园笔录续编》卷六《莱芜令》载："（莱芜县）因征粮激变，几成大狱。上宪檄委邻封新泰某令往查办，某令即单骑前往弹压。乡民持械，蜂拥而前。某令独立牛车上，剀切劝谕，众始知其为邻县某父母也。数语解纷，舆情帖然，其事遂解。"由上述可知，邻封指相邻州县。告示所言邻封，指各县盐商盐销地而言。

③ **照得**：意为经查而得。宋代以来下行公文告示中叙事处的开头语。如（宋）曹彦约撰《昌谷集》卷一六《豫章苗仓受纳榜》曰："今照得所在郡县受纳苗米加耗数目，已失祖宗之旧。"（《景印文渊阁四库全书》，台湾商务印书馆，1986年，第1167册，第193页）（元）王恽著《王恽全集汇校》卷九一《司官不胜任者即行奏代事状》载："照得条画内一款：'按察官声迹不好者，即行奏代。'今南北察司廿道，每司正官与首领人员，除新任未满者，是迁调员数尝几乎半。"（中华书局，2013年，第3744页）（明）王恕撰《王端毅奏议》卷三《参镇守官跟随人员扰害夷方奏状》载："据湾甸州印信缅书译该告禀，照得洪武年间将湾甸州衙门给与金牌诰命勘合底簿，一年该办差，发银一百五十两，递年上纳并不曾拖欠。"（《景印文渊阁四库全书》，第427册，第500页）（清）陆陇其撰《三鱼堂外集》卷五《垦荒示》载："为劝民垦荒事。照得务本力穑乃备荒之上策，硗瘠之土苟可播种，皆足资生。"（《景印文渊阁四库全书》，第1325册，第263页）照得，作为宋代以来公文告示的开头语，其位置并非一致，但在叙事开始处则是相同的。

④ **讵**：岂料。（清）丁宗洛编《海康陈清端公年谱》卷上康熙四十二年癸未"欺贫废婚等事审语"载："康熙三十九年六月间，〔欧〕预曾在龙溪县乞照，携男渡海完婚，讵厦门得病殒身，而崇礼亦已即世；人命修短不可知，而婚姻之离合从此隙矣。"（《北京图书馆藏珍本年谱丛刊》，北京图书馆出版社，1999年，第87册，第189页）朱彭寿著《安乐康平室随笔》卷二载："窃意后起多英，他日必有膺首选者。讵甲辰后科举停止，不复举行，而始终之说，竟成谶语矣。"（中华书局，1982年，第184页）上述记载的"讵"字例证，与告示中的"讵"字意义相近，即为岂料、不料、想不到之意。

第4行　山、井陉、赞皇、获鹿、元氏、阜平、邢台等县与晋省接壤①，有等不法商伙希图多销，肆无顾忌，或明加斤秤，或暗减价值，招集

第5行　奸枭越贩货卖，甚至百十成群、驴驮背负络绎不绝。缉私兵役纵容行走，漫无觉察，以致私贩日炽，邻封受害，殊堪发指。

第6行　除密访拿究外，合行出示严禁，为此示。仰②商伙人等知悉，嗣后止许。各按疆界遵用准秤、定价卖与本境民人食用，倘敢

第7行　仍蹈前辙，或经访闻，或被拿获，定行按法重究。缉私人等胆敢疎玩纵

---

① **与晋省接壤**：乾隆《大清一统志》卷一八《正定府》载：井陉县，西至山西平定州界三十五里；平山县，西至山西平定州盂县界一百二十里，西北至山西代州五台县界一百八十里；阜平县，西至山西代州五台县界九十三里，北至山西大同府灵丘县界七十里；赞皇县，西至山西平定州乐平县界八十里（《景印文渊阁四库全书》，第474册，第347—349页）。以上井陉等四县说"与晋省接壤"是有根据的。而获鹿县（治今河北石家庄市鹿泉区）、元氏县，清代四周围都是属于直隶正定府、赵州的州县，根本不与晋省（今山西）接壤。同上书卷二〇《顺德府》载：邢台县，西至辽州和顺县界一百六十里，西北至山西平定州乐平县界一百六十里（《景印文渊阁四库全书》，第474册，第391页）。长芦盐运使严禁越境卖盐告示所说的七县中，五县与山西府州接壤，山水相连，获鹿、元氏两县不与山西府县接壤，应当引起注意。

② **仰**：公文、书信中的常用敬语。在上行公文中，在仰字后常加祈、恳、请等字，表示尊重、恭敬之意。在下行公文中，在仰字后常加即、将、候等字，表示命令、希望的意思。既可以用于下对上，又可以用于上对下。下对上用仰表示尊敬、恭敬之意，如（梁）萧子显撰《南齐书》卷二二《豫章文献王嶷传》载萧嶷上书皇帝，曰："别奉启事，仰祈恩照。"（中华书局，1972年，第409页）（宋）欧阳修撰《欧阳修全集》卷一四四《书简》卷一《与韩忠献王·三十二治平□年》："仰烦台慈，特赐慰恤，岂任哀感之至。"（中华书局，2001年，第2344页）（清）汤斌撰《汤子遗书》卷二《题恳大沛蠲恤疏》曰："故士民之呼吁倍切，仰恳特恩将宿迁县九厘地亩一项破格全蠲，以广皇上巡幸恩泽，实千载盛事也。"（《清代诗文集汇编》，上海古籍出版社，2010年，第102册，第272页）（明）姜南撰《蓉塘诗话》卷一三《仰字》曰："今官府文移，以上临下，皆用仰字。按：《北齐书·孝昭纪》：'诏定三恪礼仪体式，亦仰议之。'用仰字始此。"（《续修四库全书》，上海古籍出版社，2002年，第1696册，第19页）其实，上对下用"仰"字，有早于《北齐书·孝昭帝纪》者，说始于北齐不准确。如《尚书注疏》卷十八《毕命》载周康王曰：毕公"嘉绩多于先王，予小子垂拱仰成"孔氏传曰："我小子为王垂拱，仰公成理。"（《十三经注疏》，中华书局，1980年，第245页）东汉人已引用其义，如刘庆言："仰明主，垂拱受成。"（《后汉书》卷五五《章帝八王列传·清河孝王庆》，中华书局，1965年，第1802页）即使《毕命》篇是东晋人梅赜造伪，也比北齐早。上对下用仰表示命令、希望之意。如（后晋）刘昫等撰《旧唐书》卷一八下《宣宗纪》载制曰："官健有庄田户籍者，仰州县放免差役。"（中华书局，1975年，第624页）《张之洞全集》卷一五九《批署雷琼道王之春禀军火安抵琼防》曰："据禀军火炮位安抵琼防为慰。仰即会同刘署镇相机布置，勤加操练。"（河北人民出版社，1998年，第4527页）《中国长芦盐务档案精选》民国元年《滦州官运局告示》载："为此示。仰阖邑绅民人等一体知悉毋违！"（国家图书馆出版社，2011年，第145页）"仰"，作为官府、长官等对于臣民命令的敬语，从皇帝到基层官府、长官都可以使用。

放，察出一并重处，俱不宽贷。各宜凛遵①，毋贻后悔。凛之，慎之，须至②告示者。

　　第8行　右仰知悉！

　　第9行　乾隆拾肆年③伍月十三日

　　第10行　告示

告示全文，分十行，每行字数多少不等，共三百八十七字。篇幅不长，字数不多，但其中蕴含着丰富的文书学、长芦盐业、官制、缉私等多方面的内容，笔者试为探析。

二、告示文书学特征的考察

长芦盐运使严禁越境卖盐告示，保存至今日，非常珍贵，从文书学的角度看，它像一滴水反映整个世界一样，带着清代乾隆年间下发文告示程式的信息，可以反映出其基本特点。

1. 官衔姓氏的标注

清代官员在给皇帝、上司的奏折、禀、呈、详等上行文中要写官衔、姓名，并加上跪奏、谨奏、禀等字，而在对辖区内发布的告示、或对下级的批示、牌、票、令等下行文中只写官衔、姓氏而不写名字，将应当写名字的部位留为空白，称为空字，或空名讳。在同级移会、咨等平行文件中亦如此。长芦盐运使严禁越境卖盐告示，属于下发文件，"特授长芦都转盐运使司运使 勒管盐法道事加三级叶　"、"钦命署理长芦等处盐政兼管天津关务运使加一级纪录二次丽　"，就是把发布告示长官的官衔、兼职、加级、纪录标注的很清楚，而对于姓名，则只写了姓氏，名字空两格，用空名讳。叶昱自己用空名讳，以表示自尊；对于长芦盐政丽柱用空名讳，以表示谦恭。上述开头所标注的官衔、姓氏，称为前衔，或称为署前衔。

2. 标朱制度的显示

所谓标朱，又称加标，就是在下行文书的一定部位，用朱笔做一些特定的标记或写上一些通用

---

① **各宜凛遵：** 有时作"一体凛遵"等。古代告示、布告等公文的习惯用语，意为要严格地遵循，或要严肃地遵行。

② **须至：** 古代公文及执照等结句的习惯用语。（宋）朱熹撰《朱子全书·晦庵先生朱文公文集》卷九九《减木炭钱晓谕》载："窃恐乡村人户未能通知，须至散榜晓示者。"（上海古籍出版社，2002年，第25册，第4592页）（清）翟灏撰《通俗编》卷六《政治·须至》曰："《朱子文集》公移榜帖末多用'须至'字，如云'须至晓示者'、'须至晓谕约束者'，看定文案申状亦云：'须至供申者。'按：今公文中习为定式，问其义，则无能言之。据《欧阳公集·相度铜利牒》云：'无至悮事者。'《五保牒》云：'无至张皇卤莽者。'亦俱用之篇末。大抵戒之曰'无至'，劝之曰'须至'，其辞仅反正不同耳。"点校本又引"黄侃：'须至'乃告下吏使奉行文书之辞。"（中华书局，2013年，第79、80页）又是一种说法。

③ 《中国档案精粹·河北卷》公布了这份告示，定名为《关于严禁越境卖盐的告示》。说："这份乾隆二十四年（1759）的档案对于研究清代食盐专卖制度有重要价值。"（香港零至壹出版有限公司，1999年，第74页）"乾隆二十四年"，当作"乾隆十四年"为是。

的字。目的在于显示上司的权威,并提示文书的重点所在和防止添改作弊。从长芦盐运使严禁越境卖盐告示来看,"运使",加有小朱圈,标明了发文者为运使。"为严禁越境卖盐""为此示",两处的"为"字右肩加朱点,前者标明告示的事由是严禁越境卖盐,侵灌邻封,以疎官引,以裕国课。后者是告示为严禁越境卖盐而采取的具体措施,是本告示的重点所在,这也就是"凡各事晓谕军民人等告示,两'为'字用朱笔标写"的规则[①]。"人等知""胆敢踈玩"用朱圈,提示胆敢踈玩者注意,这与一般在"宜凛遵字用朱笔一大圈"[②]的格式提示的重点有所不同。"慎之。须至告示者"上朱书一"空"字,标明全文结束,以下是空白,以防增添作弊。"右仰知悉"加一朱直,表明本告示的要求、目的,这是"右仰字用朱笔一直"[③]的规矩。朱书"十三",称为判日,标明日期,判日当由长官签署,有时由幕僚代笔,作为长官责任和权力的标志。长芦盐运使严禁越境卖盐告示,在遵循标朱制度规范的同时,也有自己的特点,在运使上标朱,朱圈的位置,这两处与习见不同。

长芦盐运使严禁越境卖盐告示体现了标朱制度。下行文书上标朱的做法,行文者在事由、发文目的及文件的关键词语上用朱笔加上圈圈点点,使受文者在收到文书后,对上司的要求重点一目了然,有利于下属理解上司意图,迅速落实。乾隆年间的标朱制度,为后世基本上继承下来,也有些改变与简化。对于研究者来说,标朱标出了告示的重点,有利于了解其重点内容,是应当引起注意的地方。

3. 抬头制度的体现

抬头,又称跳行,指古代书信、行文的一种格式。在行文中涉及尊长、对方称谓、命令、机构等时,按照一定的格式,提格、提行来书写,以表示尊敬;也指书信、公文等的行文抬头制度。是秦汉以来中央集权君主专制制度的特征在文书上的体现,也是传统礼仪制度的内容之一。到清代规定得更为详细,分为四抬、三抬、双抬、平抬,以及空抬等。长芦盐运使严禁越境卖盐告示中的"特授""钦命"用双抬,"勅"字用空抬。"国"字,一用单抬,一用空抬。具体体现了清朝告示的抬头制度。

4. 钤印制度的反映

官印,指古代帝王、官吏使用的印章,体现了其身份、地位和权力,是发号施令的凭证。因此,对官印的制作、使用、保管要特别慎重。两汉以来,各级官吏的官印都有一定的规制。按形制分,有印、关防、钤记、图记等。清代县级以上政府印为正方形,印文多为满汉文合璧,长芦盐运使司盐运使,属于从三品,告示上面钤盖的"长芦盐运使司之印",宽8.5厘米,高8.4厘米,接近于正方形。关防、钤记为长方形,印文多是汉文,图记形状各异。文书何处用印、关防、钤记、图

---

① 《宦乡要则》卷一《标朱笔式》,第7页B面。
② 《宦乡要则》卷一《标朱笔式》,第7页B面。
③ 《宦乡要则》卷一《标朱笔式》,第7页B面。

记等，都有规定。钤印也有讲究，一般讲"骑年盖月"（又称为"盖年齐月"），要盖在文书中的年代处，否则就是不符合定制①。从长芦盐运使严禁越境卖盐告示看，"长芦盐运使司之印"，就是盖在乾隆二字下的"拾肆年"上，符合规范，反映了乾隆年间的告示钤印制度。

5. 名称与签字花押

长芦盐运使严禁越境卖盐告示的左上角的"告示"二个大字，是本身文书种类名称的显著标示。下面"㐃"字是长官草书的签字花押，表示同意，标志权威。

以上是从文书学的角度，考察了长芦盐运使严禁越境卖盐告示，在程式上完整地体现了官衔、姓氏、标朱、抬头、钤印等制度，可以视为清代乾隆年间告示制度的具体体现。时至今日，记载告示文字内容的书籍不少，不仅公文档案里有，而且官员文集中也有，还有汇编成册的《古代榜文告示汇存》十册等。但在收入官员文集等书籍雕版印刷时，职衔、标朱、姓氏、判日、钤印等，限于体例、习惯，多已删去，无法了解告示的本来面目。再加上很多告示贴在城乡等处墙壁上，风吹日晒霜打雨淋，多数早已荡然无存。还有即使保存在档案中的告示，底稿比较多，而实物比较少。因此，历经二百余年保存至今的长芦盐运使严禁越境卖盐告示，具体生动地反映了告示的本来面目和程式规范，具有重要的历史文物价值，是一份难得的珍贵档案，使得我们有可能因小以见其大，由微而知其著。

三、告示是目前所知年代最早的长芦盐务档案资料

长芦盐区，南起河北海兴县，中经天津塘沽、汉沽，东至秦皇岛山海关，蜿蜒千里。长芦盐销售区，清末涉及京津冀豫一百八十三个州县，民国年间达到二百三十七个县。在广阔的区域、长期的盐务经营活动中，长芦盐运使司系统留下了丰富的档案资料。在重要的收藏者中，中国第一历史档案馆保存有长芦盐运使司从乾隆三十三年（1768）至1914年的档案5082卷403 100件②；天津市档案馆收藏有长芦盐务管理局从1921—1949年档案96卷③；河北省档案馆收藏有长芦盐务档案从乾隆四十二年（1777）到1949年1月33 697卷④。

与上述三个档案馆所收藏的长芦盐务档案资料年代断限相比较，乾隆十四年五月十三日（1749年6月27日）的长芦盐运使严禁越境卖盐告示，是目前所发现保存完整、合乎清代文书制度规范、

---

① 民国元年九月二十六日，因香河官运分局把钤记盖在香河官运局局长朱文萃上面，长芦官运总局批中指出："文内盖用钤记，须用正印，并在年月日间盖一钤记，以符定制。仰即遵照。"（长芦盐务管理局档案）可见对于钤印的位置也有制度规范。

② 傅振伦《清代档案聚散和集中概略》载：1957年8月，接收食品工业部盐务总局移交的清长芦盐运使司档案五千余卷，计403 100件（《中国历史博物馆馆刊》第18、19期合刊，1992年）。中国第一历史档案馆编《中国第一历史档案馆藏概述》六《长芦盐运使司档案》（档案出版社，1985年，第175—177页）。

③ 天津市档案馆编：《天津市档案馆指南》，中国档案出版社，1996年，第271、272页。

④ 河北省档案馆历史处：《长芦盐务及档案简介》，《档案天地》1995年第6期。

品相甚好、年代最早的长芦盐务档的实物资料。有严禁越境卖盐告示的存在，可以把河北省档案馆收藏的长芦盐务档案年代的上限提前28年[①]，可将现在所收藏的长芦盐务档案的年代上限，提前19年[②]。这是就长芦盐务档案所收藏的文件主体而言，实际上，河北省档案馆收藏的长芦盐务档案中还有比长芦盐运使严禁越境卖盐告示年代更早的资料，如康熙三十四年（1695）十二月邓子宁卖高沙岭店铺与海岸网地的契约，因为不是作为单独文件存在，也没有文件的原件，只是一张照片，故暂且不论。

四、从告示看长芦盐政与盐运使关系

长芦盐业的管理机构，从明朝的北平河间盐运司、长芦都转运盐使司到民国初年的长芦盐运使司、1937年开始的长芦盐务管理局等，机构、名称有过多次的变更。职官有长芦巡盐御史、长芦盐政、长芦盐运司运使、长芦盐务管理局局长等，品级、职责不同的官员。严禁越境卖盐告示，涉及"特授长芦都转盐运使司运使　勒管盐法道事加三级叶　""钦命署理长芦等处盐政兼管天津关务运使加一级纪录二次丽　"，两个不同的官员，笔者对于此稍作分析。

1. 钦命与特授的不同

钦命，皇帝的诏命。长芦盐政属于钦命官，又称钦差。如清高宗言："徵瑞驻劄天津，距海口较近，且盐政职系钦差，将来贡使到后，该盐政率同地方官带赴热河，更为妥协。"[③]特授，超越常规授予某项官职，长芦盐运使属于特授官。清代属于钦命官的长芦盐政，及其前身长芦巡盐御史，据嘉庆《长芦盐法志》卷十四《职官下·官表》记载从顺治元年（1644）到嘉庆九年（1804）一百六十一年间，巡盐御史（长芦盐政）一百一十四人，其中有莽鹄立、伊拉齐、西宁、董椿四人再任，三任者征瑞一人；运使六十一人。从籍贯来看，巡盐御史籍贯属于满洲旗人者有七十人，占61.4%，属于汉人者有三十人，占26.3%，不清楚其籍贯的十四人，占12.3%。运使籍贯属于汉人者有四十二人，占68.9%，属于旗人者有十九人，占31.1%。由此可见，钦命的长芦盐政籍贯中满洲旗人占了绝对多数，特授的长芦盐运使中汉人占多数。

不仅长芦盐政与运使旗人与汉人所占比例不同，而且与皇帝的关系也不同，就以严禁越境卖盐告示中的长芦盐政丽柱与长芦盐运使叶昱为例，据《清实录·清高宗实录》记载乾隆十三年至十五

---

① 《长芦盐务及档案简介》言：长芦盐务"档案起止时间，上限是清乾隆四十二年（1777），下限是1949年1月"（《档案天地》1995年第6期）。《河北省档案馆指南》载：长芦盐务"档案起止时间为1777—1949年"（中国档案出版社，1998年，第64页）。《中国档案精粹·河北卷》亦载："河北省档案馆藏有乾隆四十二年（1777）至1949年，纵贯一百七十余年的长芦盐务档案"（第71页）。长芦盐运使严禁越境卖盐告示与上述三者年代断限相比早了28年。
② 《中国第一历史档案馆馆藏概述》六《长芦盐运使司档案》载："该全宗档案包括乾隆三十三年至民国三年的文件"（第176页）。乾隆十四年长芦盐运使严禁越境卖盐告示与上述记载相比较年代断限相差19年。中国第一历史档案馆藏长芦盐运使司全宗，是现存长芦盐务档案最早者，因此也就将长芦盐务档案年代断限提前了19年。
③ 《清实录·清高宗实录》卷一四二八乾隆五十八年五月戊戌日，中华书局，1986年，第27册，第100页。

年（1748—1750），长芦盐政丽柱上奏五次，长芦盐运使叶昱一次都没有，两人相同的是乾隆十五年七月乙巳都受到了皇帝谴责，当然丽柱受谴责的次数更多些。据《清代长芦盐务档案史料选编》记载乾隆十三年至十五年，长芦盐政丽柱上奏七次，长芦盐运使叶昱也是一次都没有。当然，上述所据以统计的两种文献，并非是朱批奏折全书，遗漏的肯定很多，但据此也可以知道钦命长芦盐政上奏次数比特授长芦盐运使叶昱多应当是没有问题的。这是由清朝盐官体制所决定，皇帝颁长芦都转盐运使司敕曰："凡行盐之地，事关稽查、勾摄、销引、催课，经管州县皆有统属，不得违禁玩令，自干参处。所属各官，如有贪污溺职，纵役侵渔，应提问者先行提问，州县等官应劾奏者，转报巡盐御史劾奏。敕中开载未尽事宜，尔酌呈巡盐御史停当施行，仍听该御史考成举劾。"①这是顺治元年九月十一日的官衔敕书②，不仅是长芦盐运使职掌如此，其他如两淮等盐运使职掌亦是如此。乾隆二十九年（1764）内阁议定有所修改，敕书改为："凡行盐地方，该管州县悉听管理。所属各官，如有贪污溺职，纵役侵渔，应审问者先行审问，应劾奏者，呈报巡盐御史劾奏。敕中开载未尽事宜，有应斟酌损益、裕国便商者，呈报巡盐御史商确妥当，具奏施行。尔仍听巡盐御史并总督巡抚事考成举劾。"③主要精神没有变化，词语表述有所不同。正因为有关事情由长芦盐政劾奏、举奏，所以《清实录》等文献中只见长芦盐政的上奏，而不见长芦盐运使的上奏，是职掌使然，这也是钦命长芦盐政与特授长芦盐运使的区别之一。

2. 抄蒙体现的身份高低

长芦盐运使严禁越境卖盐告示载："特授长芦都转盐运使司运使　勒管盐法道事加三级叶　抄蒙钦命署理长芦等处盐政兼管天津关务运使加一级纪录二次丽　"，这里用了"抄蒙"二字。明清公文中下级抄录上司的指示为抄蒙。如明朝公文载："准本县知县王关查得正德四年十一月二十六日，本县抄蒙本府纸牌，抄奉钦差镇守江西等处太监王钧牌，差吏龚彰赍原发银一百两到县，备仰掌印官督同主簿宋海拘集通县粮里收买葛纱。"④都指挥佥事熊，"万历十三年二月十七日抄蒙钦差总督军务兵部尚书张宪票前事"⑤。再如清朝公文载："台湾县抄蒙台湾府抄奉布政使司曹宪牌：为宪教广敷等事。"⑥此件对于直接上司用抄蒙，对于更高级的上司用抄奉，用的很有分寸。宜乡老人言："一、凡奉行咨关牒曰准、准此，照会曰承准、准此，牌票案验曰抄蒙、蒙此，剖付曰承奉、奉此。"⑦由上述可见，在对于不同类型的上司公文中有不同的敬语用法，对于抄录直接

---

① 嘉庆《长芦盐法志》卷一三《职官上·职掌》，第257页。
② 雍正《新修长芦盐法志》卷一《诏敕·长芦都转盐运使敕》顺治元年九月十一日，台湾学生书局，1966年，第35页。
③ 嘉庆《长芦盐法志》卷一三《职官上·职掌》，第258页。
④ （明）王守仁撰：《王阳明全集》卷二八《续编三·庐陵县公移》，上海古籍出版社，1992年，第1031页。
⑤ 河北文物局长城资源调查队编：《遵化市修建马兰路鲇鱼口正关边墙碑》，《河北省明代长城碑刻辑录》，科学出版社，2009年，第105页。
⑥ 《台湾南部碑文集成》四《杨志申捐献学田碑记》（乾隆二十八年），《石刻史料新编》第三辑，新文丰出版公司，1986年，第19册，第397页。
⑦ （清）宜乡老人（张鉴瀛）辑：《宜乡要则》卷一《各文移式》，老古文化事业公司，1983年，第6页A面。

上司的牌票案验类公文用敬语抄蒙。抄蒙，不仅仅是一个公文敬语，而且由此反映出各自官职大小不同的身份。虽然，长芦盐政秩从五品，长芦盐运使秩从三品，但长芦盐运使叶昱在告示中对于抄录长芦盐政丽柱的公文用抄蒙的敬语，标志着丽柱的官场身份高于叶昱，也就是长芦盐政实际权力高于长芦盐运使。这也是源于官衔敕书的规定：长芦盐运使对于"敕中开载未尽事宜，尔酌呈巡盐御史停当施行，仍听该御史考成举劾"①。乾隆年间改为"敕中开载未尽事宜，有应斟酌损益、裕国便商者，呈报巡盐御史商确妥当，具奏施行。尔仍听巡盐御史并总督巡抚事考成举劾"②。长芦盐运使处于长芦盐政的监察之下，从五品的监察官长芦盐政，掌握着考成举劾从三品的长芦盐运使的权力，秩卑位微而权力重，特授长芦盐运使只得听命于钦命长芦盐政，对于其文件，只能用"抄蒙"的敬语。不仅长芦盐区如此，其他盐区也都相同。

钦命长芦盐政和特授长芦盐运使的钦命、特授，告诉了我们两者的不同，这种不同是出于制度的设计，也是两汉以来监察官位卑权重的具体体现，也是监察官逐渐转化为行政长官的一个例证。至于整个清代的长芦盐政与盐运使的关系，以及其他盐区盐政与盐运使的关系，那是另外的问题，因为一滴水可以了解世界，但整个世界毕竟不是一滴水，清代巡盐御史、盐政与盐运使关系的有着更为复杂丰富的内容。

五、告示所反映的元明清越境卖盐现象

长芦盐运使严禁越境卖盐告示所谓的越境卖盐一事，又称为越境贩盐、越境贩私、越境贩卖、越境兴贩、越境货卖、越境售卖、越境侵占、越境侵灌、别境犯界、别境犯界货卖、越境贩卖官盐、越境夹带兴贩、越境贩卖官司引盐等，诸如此类的不同称谓，都是用来表述越境卖盐这件事情的不同说法、不同称谓，既表明人们对于越境卖盐有着不同的认识和定位，也体现出越境卖盐事情的普遍性和内容的复杂性。所谓越境卖盐、"别境犯界货卖"等的主要含义，是"官盐售卖各定界，此境之盐不准卖之彼境，违者谓之犯界"③。所谓"定界"，又称为行盐地方、行盐地面、行盐地界、行盐纲地等，指以行政区划为基础，又根据地理、交通等情况进行调整的由政府划定的食盐销售区域界限。也就是长芦盐运使严禁越境卖盐告示所说的"商人认地行盐各有疆界"。盐商与食盐消费者在规定的食盐销售区域内买卖，超越其范围境域，就是犯界，犯界销售者，不仅私盐要受打击，而且官盐也变成了私盐，也要给予严厉的惩罚。

1. 元明清以来的越境买卖盐现象

唐、宋各盐场多有政府划定的行盐地方。从元代开始，实行随车随引载盐之法，采用食盐运销招商承办的办法，规定了更为明确的行盐地界，随之带来了越境贩卖食盐的事情，"比岁以来，

---

① 嘉庆《长芦盐法志》卷一三《职官上·职掌》，第257页。
② 嘉庆《长芦盐法志》卷一三《职官上·职掌》，第258页。
③ 〔日〕内藤乾吉原校：《六部成语注解·户部成语·别境犯界货卖》，浙江古籍出版社，1987年，第75页。

所司失于关防，以致私盐、犯界盐货生发，侵衬官课，涩滞钞法"①。如至元元年（1264）正月阿合马所言的"太原民煮小盐，越境贩卖，民贪其价廉，竞买食之"的现象②，制定了"诸犯私盐者，杖七十，徒二年，财产一半没官，于没物内一半付告人充赏。盐货犯界者，减私盐罪一等"③的法律。各盐司的盐只能在规定的行盐地面中销售，此疆彼界，不得侵越，越境到其他盐司的行盐地面，就是违法，就是"各人沿途食用不尽"的盐（少者不足一斤，多者二斤以上）携带过界也要受到惩罚④。为了避免犯界盐情况的发生，政府要求"于各管盐界首要路村店安立碑额，大字真书'ㅿ盐不得犯界'，使民易避"⑤。元代的做法为明朝所继承，并进一步发展。"凡将有引官盐，不于拘该行盐地面发卖，转于别境犯界货卖者杖一百，而买食者杖六十。不知者不坐，其盐入官"⑥。比元朝规定的更具体，惩罚力度由元朝针对越境所带食余盐一斤左右，"量情决四十七下""依例杖六十""量情拟决二十七下"⑦增加到"杖一百"。明朝所制定的法律规定也随着越境贩盐情况的变化而变化。如明宪宗成化三年（1467），"奏准凡越境夹带兴贩官私盐至二千斤以上者，不拘军民、舍余，俱充军。舍余系腹里者发边卫，系边卫者发铁岭卫，其经过官司及四邻里老，俱照例问罪，若马快粮舡夹带者，一体究治"⑧。这里规定的惩罚越境贩盐的起点是二千斤以上，明孝宗弘治十三年（1500）仍然坚持这种做法⑨。到了明神宗万历年间，则规定"越境兴贩官私引盐至三千斤以上者，问发附近卫所充军。原系腹里卫所者发边卫充军。其客商收买余盐买求掣挚至三千斤以上者，亦照前例发遣。经过官司纵放及地方甲邻里老知而不举，各治以罪。巡捕官员乘机兴贩至三千斤以上，亦照前例问发"⑩。说明越境贩盐的规模更大了，人数也就更多了，法不责众，只好提高了惩罚的起点，由二千斤提高到了三千斤。清朝则在明朝的基础上，逐渐形成了产

---

① 《元典章》卷二二《户部八·课程·盐课·盐法通例》，天津古籍出版社，2011年，第834页。
② 《元史》卷二〇五《奸臣传·阿合马》，中华书局，1976年，第4558页。
③ 《元史》卷一〇四《刑法三·食货》，第2647页。
④ 《元典章》卷二二《户部八·课程·盐课·犯界食余盐货》，第863页。
⑤ 《元典章》卷二二《户部八·课程·盐课·犯界食余盐货》，第863页。
⑥ （明）李东阳等撰，申时行等重修：《大明会典》卷一六四《刑部六·律例五·课程·盐法》，《续修四库全书》，第792册，第21页。
⑦ 《元典章》卷二二《户部八·课程·盐课·犯界食余盐货》，第862、863页。
⑧ （明）徐溥撰，李东阳等重修：《明会典》卷三六《户部二十二·盐法二·事例》，《景印文渊阁四库全书》，第617册，第394、395页。
⑨ 《明会典》卷三六《户部二十二·盐法二·事例》载：弘治"十三年奏准，越境兴贩官私引盐至二千斤以上者，问发附近卫所充军。原系腹里卫所者发边卫充军。其客商收买余盐买求掣挚至二千斤以上者，亦照前例发遣。经过官司纵放及地方火甲里老知而不举，各治以罪。巡捕官员乘机兴贩至二千斤以上，亦照前例问发"（《景印文渊阁四库全书》，第617册，第400页）。在对于越境兴贩官私引盐惩罚的起点，与成化三年规定相同。
⑩ 《大明会典》卷一六四《刑部六·律例五·课程·盐法》，《续修四库全书》，第792册，第22页。

盐有定场，行盐有定额，配盐有定地，运盐有定商，销盐有定岸，不许越境侵灌的格局①。并完善其法律规定，"凡将有引官盐不于拘定应。该行盐地面发卖转于别境犯界货卖者，杖一百，知而买食者杖六十，不知者不坐，其盐入官"②。"越境如淮盐越过浙盐地方之类。兴贩官司引盐至三千斤以上者，问发附近地方充军。其客商收买余盐买求挈掣至三千斤以上者，亦照前例发遣。经过官司纵放及地方甲邻里老知而不举各治以罪，巡捕官员乘机兴贩至三千斤以上，亦照前例问发。须至三千斤，不及三千斤，在本行盐地方，虽越府省仍依本律"③。这两条律文，沿袭了明朝的法律规定，根据清朝的实际情况，用注释的方法，阐述得更清楚，更具有可操作性。

清朝对于行盐地方的记述更为清晰。朱轼指出："有一省而各府所食之盐地方不同者，有一府而各州县所食之盐地方不同者。"④由此可想而知，同一盐区生产的盐，并不在同一地区销售，而是分散到各地。越境卖盐也就成了各地都存在的一种现象。尹会一指出："两淮纲地居腹心之中，邻盐交错，如河南则有长芦、河东之盐，江南则有芦浙之盐，湖广则有川粤之盐，江西则有闽浙广东之盐，其接壤处所，淮盐路远而价贵，邻私路近而价贱，势难画一。"⑤不仅省府级行政区划销售不同盐区的盐，而且还有越境贩卖而来的私盐，也就是邻私交错。同时，各州县也由不同的盐商包销，不仅造成了不同盐区的盐商竞争，就是同一盐区的不同县的盐商之间因为食盐销售，也有不可避免的纠纷。"商人行盐各有地方，州县销引原有定额，是以旧例不许越界买卖。但犬牙相错之地，有此县庄村插入彼县地界者，就近买食官盐即为犯禁，查拿拘系往往不免"⑥。这情况延续到民国年间，如东光县刘家辛庄、西小崔庄等，地理位置处于景州、东光两境"犬牙相错之地。有地属景州而民属东邑者，亦有地属东光而民寔景邑者，两境盐店交相争售，迫令强买。或持属人主义，或持属地主义，以故村民人等，有食景盐而被罚于东者，有食东盐而被罚于景者。每至季秋菜盐之际，巡役严为密查，边境之民食盐无所适从"⑦。给当地百姓带来了很大的困惑，制造了许多不必要的麻烦。民国元年十一月，有人将此事提交给东光县议会讨论，议决用"所有插花庄准食两

---

① （清）王守基撰《盐法议略·长芦盐务议略》载："销盐有定地，配盐亦有定场。"（《丛书集成新编》，新文丰出版公司，1985年，第26册，第682页）《盐法议略·云南盐务议略》载："配盐有定井，销盐有定岸。"（《丛书集成新编》，第26册，第695页）朱寿朋编《东华续录》卷二一三光绪三十三年十二月辛酉载："中国运盐有定商、销盐有定地，岁征盐课且有定额。"（《续修四库全书》，第385册，第673页）民国《鄢陵县志》卷一〇《政治志·盐法》载："产盐有定场，销盐有定地，运盐有定商。"（民国二十五年铅印本，第32页A面）马寅初著《财政学与中国财政——理论与现实》综合为："产盐有定场，行盐有定额，运盐有定商，销盐有定岸。"（《马寅初全集》第十三卷，浙江人民出版社，1999年，第247页）上述所言从不同角度反映了中国清代盐业的主要特点。

② （清）三泰、徐本纂，刘统勋续纂：《大清律例》卷一三《户律·课程·盐法》，《景印文渊阁四库全书》，第672册，第596页。

③ 《大清律例》卷一三《户律·课程·条例》，《景印文渊阁四库全书》，第672册，第596页。

④ 《皇朝经世文编》卷五〇《户政·盐法下》朱轼《请定盐法疏》，《近代中国史料丛刊》，文海出版社，1972年，第731册，第1800页。

⑤ 尹会一：《为遵旨密议具奏事》，乾隆二年十一月二十三日。

⑥ 《皇朝经世文编》卷五〇《户政·盐法下》朱轼《请定盐法疏》，《近代中国史料丛刊》，第731册，第1800页。

⑦ 《中国长芦盐务档案精选》民国元年《东光县知事呈长芦盐运使插花等庄是否准食两境之盐》，第2册，第544页。

境官盐"①的办法来解决。历史是凝固了的现实，现实是活动着的历史。严禁越境卖盐的法令性规定，并没有随着清朝的覆灭而烟消云散，在近几年发生在河南、陕西、江苏等地的跨区域用盐被罚②的事件上影影绰绰地可以看到元明清以来严禁越境买卖盐的影子，有的甚至与元代的"犯界食余盐货"很相似，也算是留下的一点历史痕迹吧。

长芦盐运使严禁越境卖盐告示，反映了这一现象，为我们追述其历史提供了线索，也使我们了解了有关的法令规则。法令规则是维持社会秩序的保障，但社会现象比法令规则更丰富多彩。作为明清时代的官僚、学者在实践中，有他们独特的做法，也提出了他们的看法。同样作为官僚，天顺五年（1461），两广用兵，陈俊督饷。针对"州县残破，帑藏殚虚"的实际情况，运用"弛盐商越境令，引加米二斗"的办法，使"军兴赖以无乏"③，完成了自己的使命。敕督两淮盐政兼治河道事刘伟，面对"巨商通贿私挟，乃至倍溢引额，而顽犷亡徒越境兴贩，甚与逻人拒敌，冒死不自顾，所司屈于豪有力不得尽法，乃至因循罔上而比周，以遂其奸，挠乱法为甚"的现实。采用"规其宿蠹，裁以宪章"的措施，针对弊端，严肃法纪，取得了"商毋冒禁，灶毋诡匿，私盐无逯盗，公盐毋归豪有力者，一时蓰政为清"④的政绩。陈俊、刘伟两人用截然不同的方式履行了自己的职责，都取得了可喜的成就丰富了越境买卖盐的内容。

2. 长芦盐区与越境卖盐的关系

长芦盐区，凭借着优越的自然条件，灶户运用先进的晒盐技术，生产出了优质的海盐，为赢得市场打下了良好的基础。长芦盐运使严禁越境卖盐告示中的一个"卖"字，说明了长芦盐区不是严防、堵截外来的邻私，而是严禁长芦盐越境买卖，侵灌邻封。之所以在此时颁布这个告示，是因为与长芦盐行盐地方的邻封——河东盐区发生了问题。"自乾隆八年盐政吉庆倡议定价，十年盐政众神保就见行贱价定为长额，不准增减而商人始困，迨后纷纷告退，无人承充"⑤。导致了河东盐区有些地方食盐短缺的局面。因此，靠近河东行盐地方的平山、井陉、赞皇、阜平、邢台等县的人，"百十成群，驴驮背负络绎不绝"地把长芦盐运输到亟需食盐的河东盐区，睁一只眼闭一只眼的"缉私兵役纵容行走"。越境销售的当是长芦官盐，可以想象长芦盐商在提供食盐货源方面，做了

---

① 《中国长芦盐务档案精选》民国元年《东光县知事呈长芦盐运使插花等庄是否准食两境之盐》，第2册，第544页。
② 参见《陕西户县餐馆西安买盐被罚 检查人员称属跨区域用盐》，《现代营销》2014年第5期。夏金彪：《"跨区域用盐"被罚考问食盐专营体制》，《中国经济时报》2014年10月23日第12版。胡明超：《从跨区域用盐被重罚谈行政内容的合法性》，《中国工商报》2014年11月18日第3版。廖保平：《古代也禁止"跨区域用盐"》，《文史天地》2015年第3期等。上述诸文对于"跨区域用盐"被罚现象，进行了思索，提出了自己的看法，但愿由此成为结束禁止越境买卖盐现象的先导吧。
③ （清）张廷玉等撰：《明史》卷一五七《陈俊传》，中华书局，1974年，第4303页。
④ （明）焦竑辑：《焦太史编国朝献徵录》卷九九《广东一·刘宪副传》，《续修四库全书》，第530册，第636页。
⑤ 刘锦藻撰：《清朝续文献通考》卷三四《征榷考六·盐法》（商务印书馆，1955年，第7875页）。《清史稿》卷一二三《食货志·盐法》亦载："河东自〔乾隆〕十年众神保就现行贱价，定为长额，而商始困。后池盐收歉，借配芦、蒙、花马池各盐，又开运城西六十里之小池。时民食缺少，商倒无人承充，乃令退商举报短商，五年更换，富户因受累多规避。"（中华书局，1977年，第3614页）两者记载大同小异，可以互相补充。

充分地准备。其实，长芦盐在越境卖盐地区，有为官府、百姓接受的基础，如山西平定州，"地隶河东，而池盐不至，又土宜不任熬煎，例食太原徐沟土盐，听自负贩。往时有议立商食长芦盐者，盖以近界，若直隶之井陉、平山、赞皇诸处皆有商运，事亦宜然。既又以引地难于更张，法卒不立"①。长芦盐具有地理优势和价格低廉等长处，但把平定州划归长芦行盐地方的设想没有成功，虽然如此，平定州没有放弃努力争取，"自吉池归公之后"，平定州"又于嘉庆十二年至十五年屡次奏明"，最终"奉旨平定三处，地隶河东，应领河东之引。境邻直省，应食长芦之盐，听自负贩，不立商运。至于应纳盐课，归于酌留土盐引税案内"②。以折中的办法解决问题——河东盐区得到了土盐引税，长芦盐商获得了越境负贩的合法依据，解决了平定州三县——盂县、乐平、寿阳食用长芦盐问题，一举而三得。从这个角度看，长芦盐运使禁止越境卖盐告示实际上没有取得纸面上的预期效果，后来反而获得扩大销售范围的结果，严厉的规定抵挡不住优质食盐的魅力。

其实，不止这一次，也不止是在河东行盐地方，在其他盐区行盐地方也可以看到长芦盐的身影。清世宗言："大约盐法之行，必以缉私为首务。两淮行盐地方江西河南有浙私、芦私之侵越，而湖广之川私、粤私为害更甚。"③两江总督陶澍言："黄安、麻城切近光山、固始及皖省英山等处，多被芦私侵占，接近淮北票盐之处，亦有阑入，皆因小民趋利若鹜，贪贱食私，缘山越岭辗转售卖。"④在长芦行盐地方以外销售长芦盐，就属于越境卖盐了，按照当时的观念被称为"芦私"。有些地方则公开主张改食解盐为长芦盐，如万历十六年（1588），吕坤代家乡的河南归德知府起草《盐法议》，提出"今天下私贩盐徒其多官商几倍，天下所食私盐其多官盐几倍。此何故哉？解盐苦于难行者，课多而盐少，价重而盐苦也。两淮、山东、长芦私贩盛行者，课少而盐多，价轻而盐美也。强民以河东之苦盐使价贵而不售，则不足者病；禁两淮、长芦、山东之甘盐使价贱而不售，则有余者亦病。今产盐之地，孰非王土？私贩之徒，孰非王民？使通融一处，则私食皆官盐，而私贩皆商矣。岂独河东积匮当一调停哉！开、归应改，事理甚明"⑤。论证严密，观点鲜明，底气十足，理直气壮地主张开封府、归德府改食解盐为长芦盐。有的主张改食淮盐为芦盐，乾隆初年，河南巡抚富德主张，"将上蔡等十四州县改食芦盐，开除淮引，增入长芦办课"⑥。诸如此类的改食长芦盐主张，有些因为当权者反对没有成功，有些地方则心想事成地把长芦私盐转化为官盐，如"万历十七年，部议仍遵旧制，以四十二万引为额，将开、归二府照会典改隶山东、长芦运司"⑦。吕坤《盐法议》的建议变成了现实。再如河南项城县，"旧例招商下淮买运。但项距淮二千余里，风波险阻，转运艰难，盐价腾高，小民食盐既苦，而长芦私盐充斥，额引难销，官民交

---

① 乾隆《平定州志》卷五《食货志·盐法》，清乾隆五十五年刻本，第58页B面—第59页A面。
② 光绪《平定州志》卷五《食货志·盐法》，《中国地方志集成·山西府县志辑》，凤凰出版社，2005年，第21册，第165页。
③ 《世宗宪皇帝圣训》卷七《圣治三》，《景印文渊阁四库全书》，第412册，第114页。
④ （清）陶澍撰：《陶文毅公全集》一八《会同两湖督抚筹议楚省盐务疏》，《续修四库全书》，第1503册，第91页。
⑤ （明）吕坤撰：《吕坤全集·去伪斋集》卷七《盐法议》，中华书局，2008年，第331页。
⑥ 光绪《两淮盐法志》卷四三《转运门·引界上》，《续修四库全书》，第843册，第462页。
⑦ 康熙《平阳府志》卷一五《盐法》，清康熙四十七年刻本，第7页B面。

病。于康熙二十六年知县顾芳宗，洞晰利獘，知会申详，□任巡抚都察院章轸念民艰，特疏吁请，奉旨改食芦盐，自二十七年为始，每岁额销长芦盐共二千六百九十三引，商人运销，任人自买，官民称便"[1]。由此可见，优质的长芦盐，物美价廉，受消费者欢迎，具有市场竞争力，但受盐专卖制度的制约，受严禁越境卖盐的限制，妨碍了其发展，在有些地方只能以长芦私盐的面目出现，因此，有些人为长芦私盐转化为官盐而呼吁，而在有些地方，则成功地实现了长芦私盐向官盐的转化。

越境卖盐现象的发生，来源于政府的盐专卖制度和税收制度，来自于盐商、盐枭、盐贩等对于盐业经营的最大利益追求，也与购买食盐者舍贵买贱、舍远求近的需求有关，并与盐业生产布局的不均衡也有关系，其背后有着错综复杂的形成因素，诸如这些，都不是一纸长芦盐运使严禁越境卖盐告示所能够解决的问题。但这一纸告示反映了当时的社会存在，包含着诸多的盐业信息，则是需要我们特别注意的。

六、结　语

长芦盐运使严禁越境卖盐告示，直接反映了清代食盐专卖制度等。从历史的角度看，食盐专卖制度，产生于男耕女织的自然经济的农业社会，产生于中央集权君主专制占主导地位的古代社会，盐政，上关国计，下系民生，政府通过盐专卖制度，控制了人们所必需的生活资料资源，变成了政府财政的主要来源。国家经费，盐利居其半。设立盐官进行管理，制定法令进行规范，划定行盐地方进行协调等，诸如此类都反映了国家对于盐业的重视。与之相适应，灶户、盐商、盐枭、官员、兵丁等都参与到盐产、盐运、盐销等活动中来，都是将盐视为利薮所在，要从中分一杯羹。随之带来了走私盐等活动，越境卖盐等现象，这些都是从上到下重视盐务的体现，长芦盐运使严禁越境卖盐告示正是这种历史大背景的产物，包含了这个历史时期的众多信息，并且可以折射出很多的社会生活影像。随着社会经济的发展，随着从农业社会向工业社会的转型，盐仍然具有多方面的重要价值，从仅仅作为食盐的范围，开发出越来越多的用途，但在国家财政收入体系中的比重，无疑占得越来越小，从汉武帝开始的盐铁专营制度，唐宋以来的食盐专卖制度，元明清以来的严禁越境卖盐等一系列的制度，都将逐步进入历史博物馆，与现代社会存在相适应的一系列盐业新制度将逐渐诞生，从这角度来看，长芦盐运使严禁越境卖盐告示，已经成为古代社会盐务制度的文物，并且随着时代的推移变得越来越珍贵。

---

[1] 乾隆《项城县志》卷三《田赋志·盐政》，乾隆十一年刻本，第17页B面—第18页A面。

附：长芦盐运使严禁越境卖盐告示图片

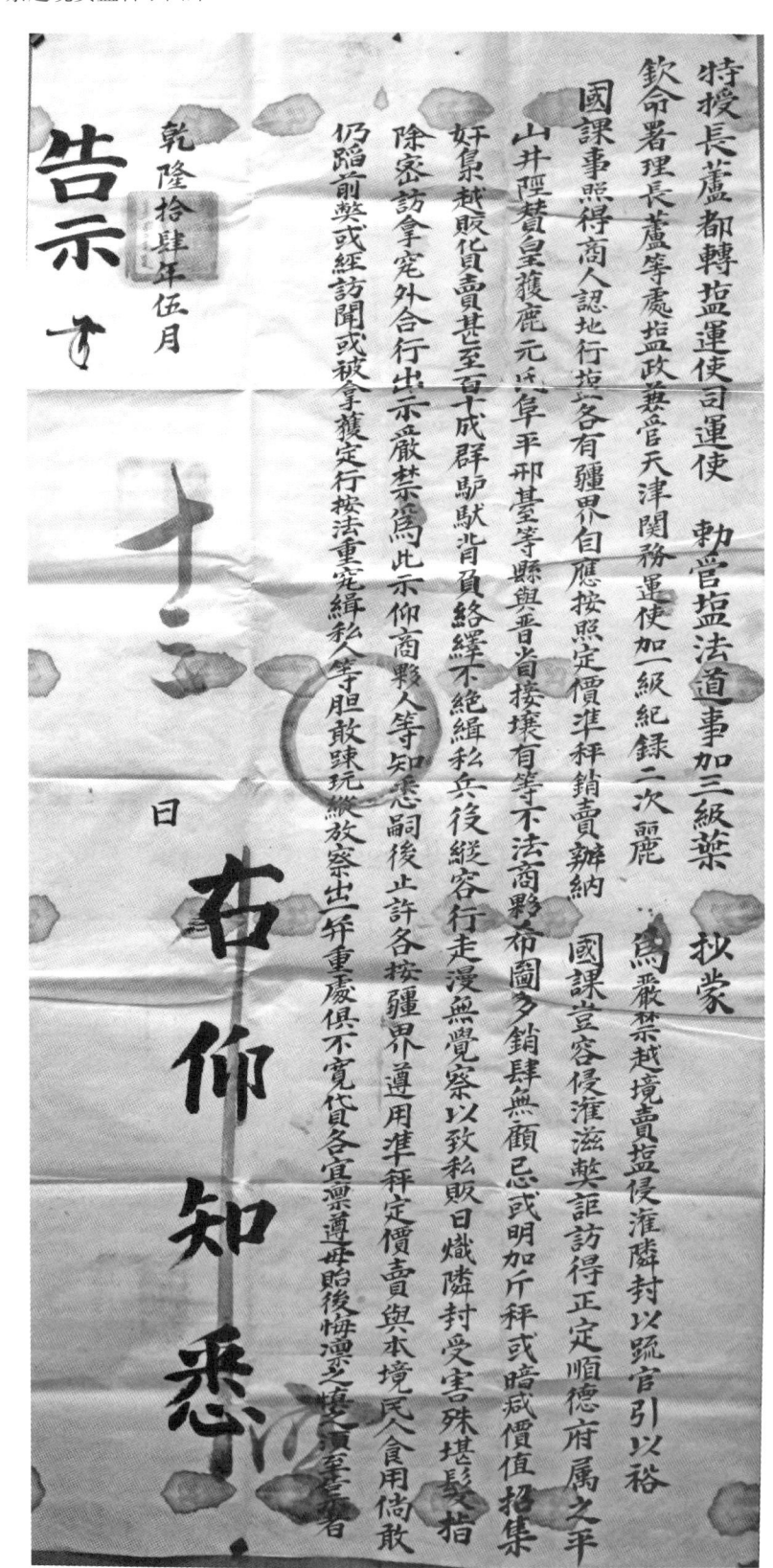

北洋政府时期长芦缉私营财务治理述论*

毕昱文

（河南科技学院马克思主义教育学院）

摘　要　北洋政府时期，在盐务稽核总所和分所没有成立前，长芦缉私营财务管理非常松散混乱。盐务稽核总所和长芦盐务稽核分所成立后，对长芦缉私营财务状况进行了整顿与改革：首先对长芦缉私营经费总额进行裁减；继而对乱象丛生的缉私营财务进行了整顿与规范，逐步形成一套严格、规范的财务管理制度；其三，为了杜绝款项虚糜、遏制腐败，盐务稽核所还制订了包括缉私营在内的盐务机关用款稽查制度。盐务稽核所对长芦缉私营财务管理的改革，加快了长芦缉私营的近代化步伐。

关键词　北洋政府时期；盐务稽核总所；长芦盐务稽核分所；长芦缉私营经费

长芦缉私营建制是仿照清末新军军制，给养保障也模仿了新军的部分后勤建制，比如统领部设有枪匠、辎重车夫、医官、长夫等负责营队后勤保障的兵种，马前营、马后营设有军医生和马医生等负责营队卫生救治兵种。但又不具备新军后勤组织那样较独立、较健全的后勤保障系统。正是当时缉私营的这种陆军编制兼警察职责的不确定身份及两兼定位，使得缉私营的给养保障体制也具有了双重特征。长芦缉私营经费是长芦盐区各项经费开支中的大宗。"善后大借款"后，北洋政府财政部下设盐务稽核总所，长芦盐区设立了长芦盐务稽核分所及丰财和芦台稽核支所。在稽核所的监督与控制下，长芦缉私营的经费及各项开支管理经过了一系列的改革，逐步走向规范化、近代化。

一、长芦缉私营前期财务状况

长芦盐区负责盐务缉私的组织，按照经费提供主体来划分，可分为三类：一类是盐务署命令设置、财政部出具经费、由盐款项下开支的长芦缉私营，包括步前营、步后营、步左营、马前营、巡河炮船等，其职责范围是保护长芦盐斤产制、配运、行盐安全及巡缉直隶、河南两省引岸的私盐，可称为"官费缉私营"；一类是芦纲全体盐商均摊经费、隶属缉私营管理的长芦缉私马后营，其职责范围与缉私营一样，可称为"商费缉私营"；一类是由各盐号出资经办的商汛，又称为"盐

---

* 2014年度河南省教育厅人文社会科学研究项目《中国近代行业性腐败与治理研究——以盐业为例》阶段性成果（项目号：2014-zd-024）。

巡"，受盐商管理。其职责范围是维护各盐店引岸范围内的销售、查缉其范围内的私盐。北洋政府时期，"官费缉私营"均是由北洋财政部供应、在盐款项下开支、由盐务筹备处（后改为盐务署）[①]核发。"官费缉私营"经费保障与新军有所相似的就是盐款项下开支的经费保障非常充足，很少发生经费短缺和延迟的事情。

长芦缉私营自1910年正式改名始，如其他盐区的缉私武装一样，财务管理就非常混乱，出现了缉私经费管理不严、虚糜浪费等情况。盐务稽核总所和长芦稽核分所成立之前，长芦缉私营经费为长芦盐务各机构经费开支中的最大宗。缉私营官兵的薪俸开支水平在当时是比较高的，年终津贴、旅费、杂费等基本上是随报随销，并无稽查、审核办法；军服、枪支弹药按缉私营所报官兵数目发放；房屋维修、船舰维修费用基本上也是按缉私营所报数额支付；对缉获私盐变价，长芦运使根本不知道缉私营每年所获私盐数目，更遑论其变价数额。缉私营上报长芦运署的账目，也一般只是造具"旧有、新收、开除、实在"四柱清册，每项花项只列其每月的花费总数，并无细目。各项花销均由缉私营自说自报，无需收据等凭据[②]。所以，早期缉私营的经费开支基本处于一种极度松散、缺乏监管、混乱粗放的状态。比如1915年10月，财政总长兼盐务署督办周学熙命令委员王敦铭赴芦东淮浙四盐区调查缉私营情形。经过调查，王委员发现了长芦缉私营浮支款项情况："至其开支额项一节，经调查其全部营制饷章细则，逐款核算，每年共支款三十八万八千零八十元，与钧部前发之营制饷章清单，每年支款四十八万五百三十九元七角八分四厘，两相比较，约多支十万有零。除该营所管军衣，在宋统领所开之军衣庄内设法调查，每年约需洋二万四千余元，核计仍多支七万五千余元，不知其是何用项。嗣经秘密访查，该统领部本年二月分报销共活支款项，有办公购置文具、消耗杂支、杂费等项，又有所设营造修缮、慰劳恤赏、房租地租、旅费及特别旅费等种种名目，是否即系此多支之数，未曾目观，难以臆断。"[③]缉私营在一年内及从财政部多支10多万元，其中除军衣开支一项2万余元外，其余7万余元均属巧立名目、以各种日常开销名目多支。可见，未经稽核总所整顿前，缉私营的经费管理相当混乱，官长大肆鲸吞缉私经费的现象真实存在。

长芦盐区缉私经费混乱，除了上级缺乏监管之外，其经费发放体制也是主因之一：盐务署把各营薪金及办公经费按月拨发给长芦盐运使，运使发给长芦缉私营统领，再由统领分发给长芦缉私各营，管带再分发给各棚官兵。这种个人掌控经费发放的体制直接导致了缉私营账目管理混乱、虚糜浪费、腐败丛生等问题；再加上长芦缉私营驻地绵延千里，私盐种类众多，情形复杂，"他区缉务，仅注重滩场，私盐即可敛迹。长芦不然，滩私之外，复有硝私蔓延七十余县，广袤千数百里，星罗棋布，节制维艰，比较城市警察之集于一隅，便于节制者，不可同日而语"[④]。长芦缉私兵终日里到处梭巡、频繁调动，有一营分驻几处者，也有几营共守一处者，有营兵驻防一地几月者，也

---

① 1913年1月，财政部内设立盐务筹备处与稽核造报所，将全国盐务收归中央掌握，统一事权。该年9月将盐务筹备处改为盐务署，稽核造报所改为盐务稽核总所。稽核所的职权主要是监督、审计盐税的稽核，同时负责领导盐务改革的一切事宜。
② "长芦缉私营账目情况参阅"，河北省档案馆藏档案，卷宗号680-7-609。
③ "长芦盐运使饬第九百号"，河北省档案馆藏档案，卷宗号680-26-679。
④ "长芦缉务情形纪略"，河北省档案馆藏档案，卷宗号680-22-1244。

有来即调往他处者，正如盐务署调查员王敦敏在调查长芦缉私营后所说："查长芦缉私全部计步队三营、马队一棚、耕荒队二十名，分布直豫两岸，计程二千余里，分驻二百余处……其每处所驻人数零星杂乱，多系凑合而成。及考其某处所驻某队共有若干名，虽无论如何辗转访查，亦难得其确数。盖长芦缉私积习，非但某官专带某队不能固定，即排长棚头亦可互相代理，有一处一棚者，有一处半棚者，有一处名为一棚而其实人数不足者，有名为三棚或两棚而其数尚多于额定者。推其原因，长芦缉私营队并非一气招成，均系陆续添募，沿袭已久，未经划一。"① 并且士兵替补又极其频繁，以致造成兵不识将、将不识兵，要想完全监督到位、实事求是、落实到人，殊非易事，这就为长芦缉私营官长贪污挪用、坐吃空饷等腐败问题提供了便利。这一现象在当时军事管理体制下，不可能根绝。

缉私营官长吃占空额、私吞经费不仅使缉私营上行下效、腐败滋生，败坏了缉私营军纪，"其身正，不令而行；其身不正，虽令不行"；更重要的是使缉私营各营队兵力不足，定制2700人左右的缉私营防守广延千里的芦盐产销区本属兵少任重、兵不敷调。如果各营队再出现大量空额、缺人现象，本已薄弱的芦盐产销区缉务防守更是雪上加霜、难上加难，严重影响了缉私效果。

二、长芦缉私营经费的裁减与整顿

北洋政府时期，连年争战，军费剧增，国家财政捉襟见肘，困窘异常，正如1919年财政总长兼盐务署督办龚心湛所称："迨至近年国家多故，各项税收因之亏短，而临时军费日见增加，以致收支相抵不敷甚巨。"② 盐课更为北京政府所倚重，正如大总统袁世凯所说："国家财政，田赋而外，以盐税为大宗。"③ 为了加强税收，北洋政府加强了对缉私经费的管理。长芦缉私营经费的整顿稽核主要由盐务稽核总所和长芦盐务稽核分所来执行。

（一）盐务稽核所的成立及职责

1913年4月26日，袁世凯以中国盐税为抵押，与五国银行团签订"善后大借款"合同，借款总额为2500万镑。根据合同第五款规定："中国政府承认，即将指定为此项借款担保之中国盐税征收办法整顿改良，并用洋员以资襄助。至如何办法，已由财政部定夺，即如下节所言，中国政府在北京设立盐务署，由财政总长管辖。盐务署内设立稽核总所，由中国总办一员、洋会办一员主管。所有发给引票、汇编各项收入之报告及表册各事，均由该总会办专任监理。又在各产盐地方，设立稽核分所，设经理华员一人，协理洋员一人（此二员之等级职权均相平等，即系英文所称华洋所

---

① "长芦盐运使饬第九百号"，河北省档案馆藏档案，卷宗号680-26-679。
② "财政部训令第三百六十七号"，河北省档案馆藏档案，卷宗号680-8-456。
③ "行唐县知事为详报事案"，河北省档案馆藏档案，卷宗号680-11-1185。

长）。该二员会同担负征收存储盐务收入之责任。"[①]

在五国银行团及其政府的压力下，北洋政府被迫同意设立盐务稽核所，任用外国人参与中国盐务管理。后来，在五国代表的干预下，《盐务稽核造报所章程》按照债权方的意思进行了修改，"盐务稽核造报所"也改称"盐务稽核总所"。1913年10月26日，新修订的《盐务署稽核总所章程》规定，盐务稽核总所的职权范围，是"审核所有一切盐款收支账目，以及凡为政府一切收买存储转运及销售盐斤之收支，并于呈报财政总长后，将该项收支按季造报颁布"[②]。

依照当时财政部制定的《盐务稽核造报所章程》规定，在财政部下设盐务稽核造报总所，在各主要盐区设稽核造报分所。在长芦盐区，长芦盐务稽核分所成立于1913年4月，设立于天津，为全国13处分所之一。首任华人经理严璩（严复长子），洋人协理为日本人郑永昌。是年11月，又设立长芦丰财、芦台稽核支所。《盐务署稽核分所章程》规定盐务稽核分所负责监理发给盐商引票和准单，可征收一切盐税盐课及各费，并监督他处征收上列各费及负责在盐区放盐、监督运使或运署所属人员等事务[③]。

根据善后借款合同设立的盐务稽核所，在洋会办丁恩的策划参与下，人员逐步增加，洋员的权力扩大，人事制度等初具规模，有自己独立的经费和人事任免权。它和盐务署成为财政部下面的两个平行机构，盐务署长兼盐务稽核总所总办，而稽核总所会办兼盐务署顾问。稽核所还取得了征收盐税、放盐和管理盐款存储提用、管控缉私事务、缉私经费管理的权力，从此各地盐运使不再征收盐税，改由各个盐区盐务稽核分所征收。

在长芦盐区，长芦缉私营的经费等各项开支全部置于盐务稽核总所和长芦稽核分所的监控之下。按照相关规章规定，长芦盐运使对长芦缉私营负有行政监督管理权，长芦缉私营对长芦盐运使负责。但实际上，由外国人操纵控制的盐务稽核总所、分所从对长芦缉私营的经费进行严密控制与监督，进而发展到插手干预缉私营的营制和缉务等，逐渐成为了长芦缉私营的实际管控者。

（二）盐务稽核总所对长芦缉私营经费的裁减

稽核总所和长芦稽核分所插手长芦缉私营经费管理的第一件事情，就是核定裁减缉私营经费数目。1912年，长芦缉私营的经费数额为银111 429元。1913年，缉私营经费经常门原列417 202元[④]。经财政部复核，梁士诒认为经费增长过巨，下令裁减缉私营经费10万元，定为317 202元，稽核总所也插手此事的处理。长芦盐运使杨寿枏接到命令后，因担心缉私事务受此影响，并不十分情愿，遂授意长芦缉私营统领宋明善，难于按令裁减经费："缘盐务已设稽核所，与地方款项不同，恐一

---

① 南开大学经济研究所经济史研究室：《中国近代盐务史资料选辑》（第一册），南开大学出版社，1985年，第104页。
② 南开大学经济研究所经济史研究室：《中国近代盐务史资料选辑》（第一册），南开大学出版社，1985年，第149页。
③ 南开大学经济研究所经济史研究室：《中国近代盐务史资料选辑》（第一册），南开大学出版社，1985年，第150、151页。
④ 以上两个数字均摘自"（信函）司长阁下敬肃者八月二十五号接奉公函内开"，河北省档案馆藏档案，卷宗号680-7-845。

经减定，稽核所即按照办理，不易更改也"①；"财政部已将核减该营之数送稽核总所，为总所照部减之数开支，窒碍必多，请速收该营自行核减之数呈部，并详叙为难情况，转知稽核总所"②。面对宋明善的延宕敷衍，盐务筹备处（后改为盐务署）态度强硬，表示必须按照要求裁减经费。并1913年9月14日，命令杨寿枏，两淮正拟增募缉私兵，长芦缉私营不能裁减经费即裁撤兵员人数③。9月26日，统领宋明善又一次抗争，陈述了缉私经费难裁、缉私巡兵难撤的各种理由。财政部仍不接受，表示必须按照原计划裁减。在这种情况下，长芦盐运使及缉私统领无计可施，9月，只好采取两种办法裁减经费：一是对缉私营步巡兵、马巡兵、马头目、备补兵、伙夫、马夫、长夫、枪匠、车夫、炮船头目、炮船驾兵的士兵的每月薪饷酌加裁减④；二是裁撤一些步巡兵人数，共裁步巡兵130名，拨赴两淮盐区。与兵弁薪饷减少相对照的是，步兵头目的月饷及马乾都略有增加⑤。10月，长芦缉私营裁减经费得到落实。从此之后，一直到1928年，只有宋明善因为兼任长芦及两淮盐区缉私营统领薪俸曾经增长，其他长芦缉私营各官长的薪俸一直未发生变动。有所变动的是巡兵、驾兵、步马头目、枪匠、正副舵、油工、火工、水手、伙夫、司机、司舵、管油、升火、马夫、辎重车夫等这些下级军官及各军种普通士兵的薪饷，他们的薪俸都被裁减，由8元下降至3元、6元下降至1元不等，薪俸在当时各兵种中算是比较低的。这次裁减，对减少缉私营一些冗兵冗员现象、精兵简政是有益处的，1914年，缉私营官兵从以前的3100多人减至2700人左右，此后一直保持人员数目的基本稳定，缉私营工作效率亦有所提高。

三、长芦缉私营财务管理的改革与稽核

1914年3月，稽核总所和长芦稽核分所发现长芦缉私营薪饷请领上存在浮支滥领问题。在这种情形下，稽核所对长芦缉私营经费整顿的第二件事情，也是最为重要的一项，就是在长芦缉私营经费管理上逐步建立起一套比较严格、全面的管控制度。

（一）近代化财务管理制度的建立

鉴于长芦缉私营经费开支的混乱状态，稽核总所成立之初，即对长芦缉私营经费使用、管理等情况展开了实地调查。后于1913年8月制定了盐务各机关用款规则，对包括缉私营在内的各盐务机关经费开支，包括薪俸、办公经费、膳费、旅费等经常费用，没有盐务稽核总所总会办核准，一律

---

① "函请盐务筹备处暂缓裁定缉私营经费 第一百四十六号"，河北省档案馆藏档案，卷宗号680-7-845。
② "长芦缉私营裁减经费说明书"，河北省档案馆藏档案，卷宗号680-7-845。
③ "地字第二百八十六号"，河北省档案馆藏档案，卷宗号680-7-845。
④ （无名称）"计开"，河北省档案馆藏档案，卷宗号680-7-845。
⑤ "计开"，河北省档案馆藏档案，卷宗号680-7-845。

不得随意开支①。

并且，各盐务机关未能按照上述规定按时依式完成有关经费项目的造报请领，造成后果即由各机关承担，稽核所则绝不迁就姑息、法外开恩。稽核总所总会办曾明白宣示说："所以拨款迁延之故，全由各运司未将正当之司员俸给表与办公费之概算送所核准，且有时因欲滥支国家公款而致。请参观本所民国二年八月二十六日第六号通函并十月十七日第十六号通函，若照此项训令办理发款，当不致迁延。"②这样，在经费管理上，各级稽核所秉公办事、铁面无私、不徇私情，规定一旦下发，即会按律执行，不打折扣。对此，当时财政部也表示支持："该两函（指"第六号通函"和"第十六号通函"——作者注）所订各项条文均尚平实易行，并非苛例。该运司等如均照此办理，所有按月经费自可无留阻之虞……凡已经照办者应仍查照赓续进行，其未经照办者嗣后务须按此恪切将事。"③

稽核所对盐务各机关用款的严格审核监督，对建立规范的财务管理制度是有裨益的。正如长芦运使杨寿枏所称："本署自奉设稽核造报分所以后，于支出款项监督綦严。近准函送总所核订收据月结各式，精密异常。又自审计分处成立，叠准函布章程格式，条理纷繁。究其要旨，不外于各种款目用途务求确当。"④为了使盐务各机关经费开支更加规范、精确，稽核造报所还下设了审计处，这使得缉私营经费管理体制更具近代化特征。1913年11月，长芦运署向长芦各机关下发了稽核所和审计处制定的"稽核总所核定俸薪收据单"、"办公杂费收据单"、"每月支出概算单式"、"收支款目月结清单"，及按照审计处章程拟订的"领款总收据联单"、"审计分处领款凭单式"、"补领凭单式"、"薪俸收据式"等。而这样规范细致的经费开支制度及单式在长芦盐政史上是从未有过的，正如长芦盐运使所称："而事属创办，各处承办未得要领，几若无所适从。自应规定画一章程，以为提挈纲领之用，庶办法不致歧误，领款亦免稽迟。"⑤为了使长芦盐务各机关经费支出与稽核所所定办法接轨，长芦运署制定了《慎重支出概算章程（六条）》，要求"嗣后各局、所长务须体念时艰，制节谨度，于用人购物一切费用，一一遵照此次所发章程办理"⑥。

长芦盐区虽然存在了千百年，但如此详尽、规范、细致的财务管理制度却从未出现过。原来各机关经费开支制度与稽核所所定规范相去甚远，所以，对于长芦缉私营来说，经费管理体制的形成是一个困难重重、缓慢行进但不断取得进展的过程，直到1917年，盐务稽核总所调查委员陆兆礽、长芦分所协理郑永昌等调查长芦缉私营账目时，其账目情况仍然不能令人满意："惟嫌其太欠详细，其发给各营之款项，登于账目内只有总数一项，并不分别各款系何种支款。"⑦稽核所为了加

---

① "长芦盐运司训令第八十一号"，河北省档案馆藏档案，卷宗号680-26-1131。
② "长芦盐运司训令第八十一号"，河北省档案馆藏档案，卷宗号680-26-1131。
③ "长芦盐运司训令第八十一号"，河北省档案馆藏档案，卷宗号680-26-1131。
④ "长芦盐运司训令第一千一百一十二号"，河北省档案馆藏档案，卷宗号680-26-1131。
⑤ "长芦盐运司训令第一千一百一十二号"，河北省档案馆藏档案，卷宗号680-26-1131。
⑥ "长芦盐运司训令第一千一百一十二号"，河北省档案馆藏档案，卷宗号680-26-1131。
⑦ "调查缉私营账目报告书"，河北省档案馆藏档案，卷宗号680-26-795。

强对缉私营各种开支的监督与控制，不断出台各种规定，上到大宗经费花项、下到每一种报表单据格式的填写方法，稽核所都作了明确规定和说明，引导督促包括长芦缉私营在内的长芦盐务各机关经费管理的规范化。在盐务稽核总所和长芦盐务稽核分所坚持不辍的督励和赏罚严明、严格细致的规范引导下，使得包括长芦缉私营在内的长芦盐务各机关的经费开支逐步走向制度化、规范化的轨道。以前的种种浮支滥报、账目不明等弊端得以逐步改变。

稽核总所、长芦稽核分所对缉私各营经费进行了严格控制，这不仅体现在对经费预算决算的严格审核上，还体现在对超出预算经费严厉的惩治上。长芦稽核分所向长芦运使称："嗣后不准再有超过额数之用款。其已用逾额之款数，应由各该主管员自行垫补，并将本分所此后不能核转各机关超过额数之用款账目一事，一并函请运使转饬遵办矣。"①在1915年12月份石碑场署经费开支超过了额定数目，稽核总所令石碑场各主管"均行垫补"②，长芦稽核分所不再核转所超费用。杀鸡儆猴，这使得长芦缉私营虚縻浮支款项的势头得到遏制。

（二）盐务稽核所对长芦缉私营财务的监督稽查

盐务稽核总所和各盐区分所对包括缉私营在内盐务各机关的用款，并不只停留在出台规定、章程、办法层面上。为了使盐款的使用达到精当确实、用不虚縻、清除腐败的目的，稽核所还建立起一套盐务机关用款稽查制度。为此，除了制定各种政策法规、规定各种办法、措施外，还定期派出人员跟踪调查缉私营的经费使用情况。1916年，长芦盐运使公署、盐务稽核分所会同制订了《长芦盐运使公署、盐务稽核分所巡视员服务规则》，依照此规则规定，长芦运署及稽核分所均可派员巡视盐务。巡视员的巡视内容为官盐销售情形、盐店售盐情弊、滩坨兴革事宜、盐产运销管理、硝盐土盐产销、私盐处置、行政稽核缉私营等事宜③。

对于巡查结果，巡视员要编具成文或以图表方式，上报运署或稽核分所。并对于巡视员制订了严格的巡视纪律。巡视调查人员要把调查结果汇编成文，上报稽核所。稽核所一般对调查委员的意见、建议都会特别重视，有些建议直接就被稽核总所和分所当成规章等发往处。对缉私营经费使用过程中出现的问题，调查稽核总所或稽核分所会勒令其限期整改或做出各种针对性处置，一般各种问题都会得到落实处理。此办法制定之后，稽核分所多次派出巡视员调查长芦盐务各机关各项事务。长芦缉私营经费开支体制也在这一次次调查与整改之后逐步走上正规化运行道路，开启了自己的近代化历程。

通过盐务稽核所推行的各项强有力治理措施，盐务财务逐步形成了规范化、精确化的管理模式。虽然稽核所的各项规章制度及措施不可能完全杜绝缉私营等行政机构经费管理上的漏洞和弊端，但比起民国初年盐务机关的财务情况，其改进的程度和效果还是非常显著的。

---

① "长芦丰财场公署 饬第五十五号"，河北省档案馆藏档案，卷宗号680-19-47。
② "长芦丰财场公署 饬第五十五号"，河北省档案馆藏档案，卷宗号680-19-47。
③ "长芦盐运使公署、盐务稽核分所巡视员服务规则"，河北省档案馆藏档案，卷宗号680-11-1375。

四、盐务稽核所财务整顿取得实效成因

（一）盐务稽核所责权不断扩大，实现在中国盐政合法性占领地位

1913年1月11日，财政部根据袁世凯的指令，拟定盐务稽核造报所章程及稽核造报总分所办事细则。4月26日签订"善后借款合同"后，中国政府征得五国银行团同意任命丁恩为稽核总所会办。丁恩于6月来华后，极力要挟中国政府扩大稽核所和洋员的各项权力，要求取消盐务署及其办公机构，华籍稽核总办和外籍稽核会办同应视为盐务管理的首长，只受财政总长的领导。他的意见得到了各国公使和银行团的支持。重重压力下，北洋政府于1914年2月9日颁布《盐务署稽核总所章程》规定，稽核总所总办应兼任盐务署长，会办应兼任盐务署顾问，总会办意见不同时，由财政总长核夺，从而使洋会办升为中国盐务的最高长官。这样，稽核总所不再隶属于盐务署，而是隶属于财政部的独立机构，有自己独立的经费和人事任免权，与盐务署成为财政部下属的两个平行机构，成为全国最高盐务机关。在各地稽核分所，《盐务稽核分所章程》规定，分所内经、协理等级职权平等。中国盐政管理逐步形成了由盐务稽核总所和稽核分所为主导来进行监督、控制的体制。如表一所示：

表一 北洋政府时期历年盐税收入及提支各项经费统计（1913—1928）

（单位：千元）

年别	税收数	经费		稽核各机关经费	行政各机关经费	缉私经费
		合计				
		金额	占当年税收百分比			
1913年5月21日至年底	19 044	3 891	20.43%	205	2 409	1 277
1914	68 483	6 096	8.90%	780	3 313	2 003
1915	80 503	6 839	8.50%	1 102	3 465	2 292
1916	81 065	7 852	9.69%	1 465	3 650	2 237
1917	82 246	9 096	11.06%	1 908	3 765	3 423
1918	88 394	9 773	11.06%	2 707	3 296	3 770
1919	87 823	9 978	11.36%	2 855	3 145	3 978
1920	90 052	11 204	12.44%	3 295	3 282	4 627
1921	94 883	12 230	12.89%	4 323	3 420	4 487
1922	98 107	11 494	11.72%	3 896	3 231	4 367
1923	91 047	12 231	13.43%	5 082	3 340	3 809
1924	97 909	12 976	13.25%	5 733	3 433	3 810
1925	91 932	12 795	13.92%	6 638	3 398	3 779
1926	86 317	14 131	16.37%	6 894	3 349	3 888

续表

年别	税收数	经费		稽核各机关经费	行政各机关经费	缉私经费
		合计				
		金额	占当年税收百分比			
1927	59 753	12 098	20.25%	7 438	2 160	2 500
1928	54 276	9 533	17.56%	5 867	1 826	1 840

资料来源：根据南开大学经济研究所经济史研究室编：《中国近代盐务史资料选辑》（第一册），南开大学出版社，1985年，第447、448页，"北洋政府时期历年盐税收入统计表"和"北洋政府时期盐税收入提支各项经费表"编绘。

据上表所示，稽核所成立后，北洋政府的盐税收入由1913年（5月—12月）的19 044 000元增长到1922年的98 107 000元，10年间几乎增长了5倍，而稽核机关、行政机关及缉私的经费比重则呈现出下降后的稳定趋势。但可以看到，随着行政机关、缉私机关经费的逐渐稳定，而由洋员掌控的稽核机关的费用却呈快速上升趋势，这显示出稽核机关越来越在中国盐政中占据了重要位置，中国的盐业在西方势力的管控下的确有了很大进步，管理也开始走向近代化。但不可忽视的是，资本输出国强行嫁接在中国盐务管理体制上的机制与机构，在当时中国与外国国家实力、话语权严重不对等的条件下，在中国盐务机关被迫性地支持下，野蛮性生长、发展，很快取得了中国盐政的主控权。新的机制与机构对各项财务治理政策的推行，起到了合法性基础的作用，是此后各项措施得以顺利推行的外在保证因素。

（二）盐务稽核所有自己独立管理、运行系统

与中国传统盐政不同，稽核所形成了"稽核总所—稽核分所—稽核支所"的独立直属管理体系。在稽核总所成立后，至1917年底，全国共设立了长芦、奉天、山东、河东、扬州、海州、松江、两浙、福建、广东、川南、川北、云南13个稽核分所。分所下面设立稽核支所，委派华洋助理员各一人负责。稽核总所又违反借款合同，随意扩大其所属机构，又在多地设立了稽核处、收税总局等。稽核系统与中国传统的管理系统"盐务署—盐运使司—运副—榷运局—引商"并行，成为当时中国盐政独立运行的两大系统。依照《盐务署稽核总所章程》规定，"该华总办洋会办专任监理发给引票、汇编各项收入之报告及表册各事"[1]，稽核所主管税收、放盐等事务；盐务署负责产制、运销、缉私等事务。实际上，一切盐务行政机关的设立及盐政的产、运、销、缉四政无非是为"盐税"服务，而由洋员掌控的稽核机关实际上成为中国盐政的最主要权力机关。稽核系统与地方行政机关、官员没有隶属关系，不会受到地方官吏和传统体制掣肘与干预，可保证其具有西方先进财务管理思想的措施得以顺利推行。

同时，稽核所有一套高效、严格、制度化的人事管理制度。人员任用上，稽核所除总办、会

---

[1] 南开大学经济研究所经济史研究室：《中国近代盐务史资料选辑》（第一册），南开大学出版社，1985年，第149页。

办、副会办不参加考试外,其他职员均通过考试形式录取,并不得录用各区主管人员的近亲属,使职员具备专业知识与较高的工作素质。稽核所对于其职员的任用、调动、辞职、降职、免职、复取等均有规定,盐务人员的工作不随长官的升迁调动而变更,可以保障工作的稳定性及连续性。工作职责上,有严格的职员工作服务职责规定,不得受贿、擅离职守等。稽核所职员无故不得被罢免。如被指控,均给予申辩机会。薪资待遇上,有优厚的薪金,还有各种奖金、津贴、奖恤金等。并建有凭资历、功绩合理有序的晋升制度和休假、养老金等保障制度。稽核分所和支所成立后,主动从各地的政治中心迁到了各盐区生产、运销中心,有的则直接驻于盐场,勤勉、严格、廉洁地工作,是稽核所的各项政令得以全面推行的内在因素。稽核所作风相较于中国盐政管理的粗陋、简单、低效、不专业、贪污受贿的传统不同,在盐务管理上树立了一个全新、专业、先进的形象。

(三)近代中国盐政窳败使盐政改革成为众望所归

民国肇兴,仍然承袭清朝引岸专商制,承清之弊,再加上社会动荡,各省各自为政,统系紊乱,盐政纲情疲敝,官引不兴,枭贩活跃。从盐税上看,盐税名目繁多,税率极高,几乎令人瞠目。以芦盐为例,名目多达二三十种。芦盐税目有灶课和商课两种。灶课即国家向灶户征收的税收,即场税;商课即向运销商人征收的税收,即引课。灶课和商课都属于正课,另外,还有各种附加杂捐,统称为杂课。在晚清时期,仅仅正课中的灶课,就包括丁盐、灶课、滩课、草荡、灶地、卤水盐折价、黑土课米银等;引课有正、杂课之分:正课税目除正课、加课外,还有纸红、赃罚、昌平牙税、赈济盐丁等;杂课税目除花红外,还有公费、盘费、将军养廉、都翰饭银、内阁饭银、督号、道号、平色、库养、领费、告费、铜斤脚价、河工银、参课、各帑生息、缉费、赔款加价等[1]。太多、太重的苛捐杂税,再加上引岸专商制的条块分割,官商勾结、贪污受贿、弊窦丛生,直接导致盐价过昂。百姓无法承受官盐价格过高现实,无奈淡食,或者铤而走险,贩私、买私、食私,从而造成私盐盛行,影响引盐销售。当局只得采取各种措施缉私,包括建立武装。然而,北洋政府的各种缉私措施,在政局动荡、财政困窘、盐税过高、盐价过昂、私盐盛行的社会现实面前,显得尤为苍白无力,缉私效果也难于显著。至1913年,"盐政腐败,已至极点"[2]。被人讥为"有盐无政"。

面对盐政窳败情况,各省与一些有识之士呼吁对盐务进行改革和整顿。早在南京临时政府时期,在南方地区,如四川、云南、两淮、浙江等曾自行发动盐政改革,纷纷起来破除引岸专商制。由于并无统一纲领,各省各自为政,改革遇到了极大的阻力和困难,有的取得了一定的成功,大部分则以失败而告终。

北洋政府时期,袁世凯也曾想起用张謇等盐务改革派改革盐政,但遭到引岸专商利益集团的强

---

[1] 长芦盐志编修委员会:《长芦盐志》,百花文艺出版社,1992年,第221—225页。
[2] 曾仰丰:《中国盐政史》,商务印书馆,1937年,第226页。

烈反对。至"善后大借款"合同签字后，合同第五款规定："用洋员襄助整顿改良中国盐税征收办法。"外国银行团为保证借款本息的偿付，希望中国改革盐政。北洋政府也希望借外人之力将各省各自为政、截留把持的盐税收归中央，从而强化中央对地方财税的有效控制。财政总长周学熙曾说："不将稽核权授诸外人，各省盐税决不能归诸中央。"①当时袁世凯已镇压了南方的二次革命，国内政局出现了暂时统一，中央集权重新建立。这为改革奠定了政治基础。正是在这种特殊的历史条件，北洋政府在丁恩的"襄助"下，自1913年下半年开始在全国范围内进行改革。会办丁恩排除重重阻挠，把盐务改革推行下去，并在直接关系到列强各国和北洋政府切身利益的盐税改革方面取得显著的成绩。从丁恩所进行的改革来看，成就最大的是建立稽核所机构和改革盐税征收制度两个方面，对后世影响也最大。

时至近代，工业文明对中国形成了巨大冲击，与中国的政治体系所不同的是，中国古老的盐政并没有很快步入"冲击—反应"过程，而是继续沿着自己的轨道缓慢运行。在鸦片战争发生的70多年后，西方列强侵略中国的严重后果日益凸显，中国政局陷入混乱无序状态。在西方世界的强权威胁下，作为当时财政支柱的盐业被迫性地开始了自己的近代化过程。该过程开始的重要标志，即是中国盐务在盐务稽核总所和稽核分所等机构对中国盐政的控制与改革。中国的政治体制及盐政的内部要素与资本主义文明的示范效应叠加，共同制约着中国盐务近代化的运行类型与历史走向。

---

① 景本白：《盐务稽核所存废问题》，《盐政杂志》第45期，1913年。

明清长芦严镇场考略

杨荣春

(新疆石河子大学政法学院历史与民族学系)

摘　要　严镇场，明清时期长芦盐区诸场之一，场署位于今河北省黄骅市同居村。其始建于元朝，明代粗具规模，有清一代，已成为长芦盐区的第二大盐场。通过对严镇场的生产、管理、灶课、运销等几个方面的考证，进一步探究明清时期长芦盐区盐业的发展历程。

关键词　长芦盐区；严镇场；盐业

长芦盐区，自古就是我国主要的盐产区之一。关于长芦盐区，前贤、学者进行了多方面、多视角的研究，而对于长芦盐区各场的专题研究还有待于考证。笔者以明清时期长芦盐区的严镇场为例，利用《元史》《明史》《清史稿》等正史的零星记载，更多的是利用《嘉靖河间府志》、《长芦盐法志》、《天津府志》、《盐法议略》、《沧州志》（乾隆八年版）、《河北省志·盐业志》等方志中有关严镇场的记载，尽力恢复严镇场的原貌，从而反映当时长芦盐区的盐业生产和发展状况。

一、长芦盐与长芦盐区

（一）长　芦　盐

"长芦"，即沧州也。北周大象二年（580）于汉参户县（今沧州市青县木门店）地置长芦县。隋大业三年（607），仍称长芦县。唐开元十六年（728），于沧州南运河东重建长芦县城，即沧州治所。宋熙宁四年（1071）省县，改为长芦镇，隶属清池县。元延祐元年（1314）五月，徙沧州治于长芦镇。"长芦"，从隋至宋虽历经县至镇的变迁，但一直是沧州的治所。

元代推行盐法，设司置官，据《元史·食货志》载："元太宗庚寅年（1230），始行盐法，每盐一引重四百斤，其价银一十两。"[①]初设大都、河间两都转运盐使司，"掌场灶榷办盐货，以资国用"[②]。至元二年（1265），改立河间都转运司。大德元年（1297），遂罢大都盐运司，并

---

① 《元史》卷九十四《食货志二》，中华书局，1976年，第2386页。
② 《元史》卷八十五《百官一》，中华书局，1976年，第2134页。

入河间。

明初，"置北平河间盐运司，后改称河间长芦"①。后省"河间"两字，改称"长芦都转运盐使司"（简称长芦盐运司）。因长芦为"盐产汇集之所"，长芦盐区所产之盐遂称"长芦盐"。又地处直隶，"故直隶之盐以长芦名"。

（二）长芦盐区

元朝，长芦盐区开始置场煮盐。自元太宗元年（1229）至至元二十四年（1287），先后在渤海湾畔置二十二场，自此形成长芦盐区。分别为："利国场，利民场，海丰场，阜民场，阜财场，益民场，润国场，海阜场，海盈场，海润场，严镇场，富国场，兴国场，厚财场，丰财场，三叉沽场，芦台场，越支场，石碑场，济民场，惠民场，富民场。"②元朝，长芦盐区各场的设置为明清长芦盐业的发展奠定了基础。

明承元制，明初仍设长芦盐运司（司署在沧州西南南薰门），并在管理和场分上有所改革。长芦盐运司下辖沧州、青州二分司，并将长芦场区划为南、北两部分，即南场和北场。南场属沧州分司（司署在今黄骅市羊二庄），下辖十一场，主管称"运同"；北场属青州分司（司署在今丰南县宋家营），下辖十一场，主管称"运判"。明洪武二年（1369），长芦盐区增置归化、海盈二场，至此长芦盐区共有二十四场（表一）。其中，在今河北境内十七场、今山东内一场、今天津境内六场。由此，形成北起直隶临榆县（今河北秦皇岛山海关），南至山东海丰县（今山东无棣县），广袤千里的长芦盐区。这一时期也是长芦盐区场数最多、规模最大的时期。随后，长芦盐区盐场有所裁并，"至明隆庆间，因有场无丁，裁为二十场"③。

清沿明制，将长芦都转运盐使司改称长芦都转盐运使司，驻沧州，下辖二十场分属沧州、青州二分司。关于长芦盐区，《清史稿·食货志》载："长芦旧有二十场，后裁为八，行销直隶、河南两省。"④长芦盐区盐场的大规模裁并是在康熙十八年（1679），"准盐臣刘安国题沧州一带南十场距北十场，道里辽远，不特青州分司势难兼顾……因复设沧州分司，就近董理以专责成，是年又南北二十场为十六，沧、青分司所辖者各八"⑤。又于雍正十年（1732）裁利国、利民、阜民、阜财、富民、海盈六场，长芦盐区遂为十场，沧州分司仅辖严镇、海丰二场（图一）。乾隆四十三年（1778），增置蓟永分司，下辖石碑、济民、越支、归化四场。又于乾隆四十六年（1781），青州分司改称天津分司，下辖兴国、富国、丰财、芦台四场。这样至此，长芦都转盐运使司下辖三分司（沧州、蓟永、天津）、十场（严镇、海丰、石碑、济民、越支、归化、兴国、富国、丰财、芦

---

① 《明史》卷八十《食货志四》，中华书局，1974年，第1932页。
② 《元史》卷八十五《百官一》，中华书局，1976年，第2135页。
③ （清）王守基：《盐法议略·长芦盐务议略》，中华书局，1991年，第1页。
④ 赵尔巽等：《清史稿·食货志四·盐法》，中华书局，1977年，第3603页。
⑤ 沧州方志办点校重印：《沧州志》卷六《盐政》（乾隆八年版），沧州地方志办公室，2004年，第119页。

表一 明洪武二年（1369）长芦盐区所辖24场简况表

场名		置场时间	场署所在地		隶属
			旧址	今址	
南场	利国场	元至元二年至七年（1265—1270）	盐山韩村	河北黄骅市黄骅镇	沧州分司
	利民场	元至元二年至七年（1265—1270）	沧州毕孟镇	河北黄骅市毕孟	沧州分司
	海丰场	元至元二年至七年（1265—1270）	盐山羊儿庄	河北黄骅市羊二庄	沧州分司
	阜民场	元至元二年至七年（1265—1270）	盐山常葛	河北黄骅市常郭镇	沧州分司
	阜财场	元至元二年至七年（1265—1270）	盐山高湾	河北海兴县高湾镇	沧州分司
	益民场	元至元二年至七年（1265—1270）	盐山范二庄	河北海兴县范二庄	沧州分司
	润国场	元至元二年至七年（1265—1270）	盐山常葛附近	河北黄骅市常郭附近	沧州分司
	海阜场	元至元二年至七年（1265—1270）	盐山羊儿庄附近	河北黄骅市羊二庄附近	沧州分司
	深州海盈	元至元二年至七年（1265—1270）	盐山县苏基	河北海兴县苏基镇	沧州分司
	海盈场	元至元二年至七年（1265—1270）	盐山县苏基	河北海兴县苏基镇	沧州分司
	海润场	明洪武二年（1369）	盐山县板塘	河北黄骅市冯家堡附近	沧州分司
	富民场	元至元二年至七年（1265—1270）	盐山崔家口	山东无棣县崔口	沧州分司
北场	严镇场	元至元二年至七年（1265—1270）	沧州同居	河北黄骅市同居	青州分司
	越支场	蒙古太宗八年（1236）	丰润县越支	河北丰南县越支	青州分司
	石碑场	元至元二年至七年（1265—1270）	乐亭县石碑	河北乐亭县石碑	青州分司
	济民场	元至元二年至七年（1265—1270）	滦州柏各庄	河北滦南县柏各庄	青州分司
	惠民场	元至元二年至七年（1265—1270）	昌黎县蒲泊	河北昌黎县大蒲河	青州分司
	归化场	明洪武二年（1369）	抚宁县盐务镇	河北秦皇岛市西盐务	青州分司
	富国场	元至元二年至七年（1265—1270）	静海县咸水沽	天津津南区咸水沽	青州分司
	兴国场	元至元二年至七年（1265—1270）	静海县高家庄	天津静海县高家庄	青州分司
	厚财场	元至元二年至七年（1265—1270）	静海县高家庄附近	天津静海县高家庄附近	青州分司
	丰财场	元至元二年至七年（1265—1270）	静海县葛沽	天津津南区葛沽	青州分司
	三叉沽场	元至元二年至七年（1265—1270）	天津卫大直沽	天津河东区大直沽	青州分司
	芦台场	元至元二年至七年（1265—1270）	宝坻县芦台	天津宁河县芦台	青州分司

注：此表来源于《河北省志·盐业志》和《嘉靖河间府志·盐政》。《河北省志·盐业志》表仅列明朝长芦盐区17场，在此基础上参照《嘉靖河间府志·盐政》长芦盐区之有关记载，增加富民、富国、兴国、厚财、丰财、三叉沽、芦台7场，复原明洪武二年长芦盐区24场简况。

台）、两所（长芦盐引批验所、小直沽盐引批验所）。道光十一年（1831）裁富国场。道光十二年（1832）裁兴国场并入丰财场，并裁沧州分司归并天津分司，严镇场也改隶天津分司。至清末，长芦都转盐运使司下辖天津、蓟永二分司，严镇、海丰、丰财、芦台、越支、石碑、济民、归化八场。

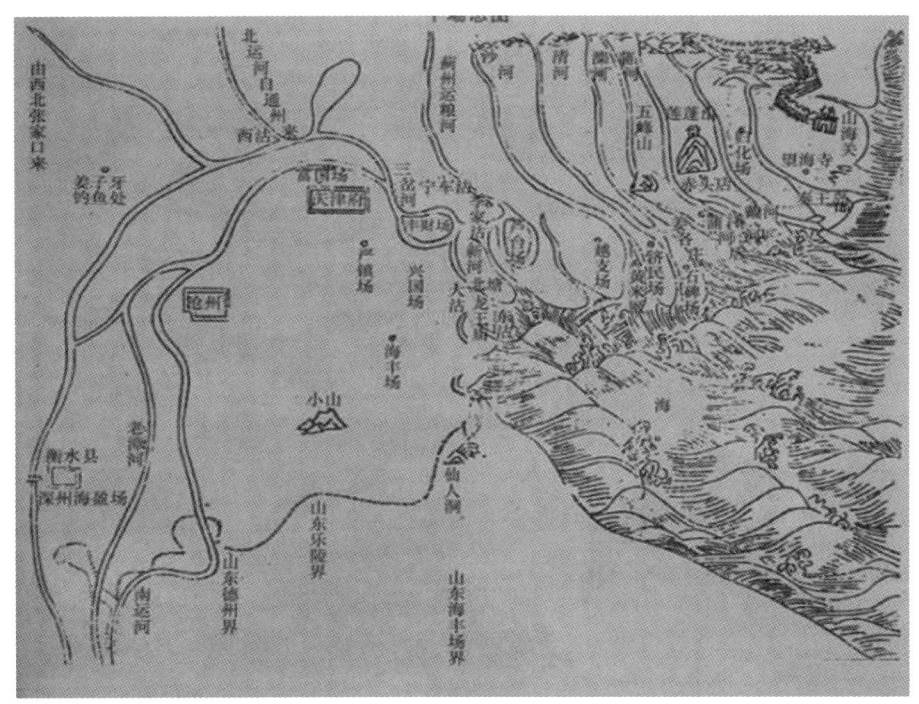

图一　清雍正十年（1732）长芦盐区十场图
［来源于清嘉庆九年（1804）黄掌纶纂修《长芦盐法志》］

二、严镇场概况

严镇场是长芦盐区规模较大的盐场，元朝至元二年至七年（1265—1270）置场。场署位于沧州同居镇，今河北黄骅市同居村。明初，隶属北场青州分司（北司）。明隆庆三年（1569），裁并南场三、北场一，所司不均，遂将严镇场改隶南场沧州分司（南司）。严镇场分布地区在今黄骅市北部沿海，所辖滩地"凡二村曰东港、曰北港，有运盐河一道"①。有坨地两处：道坨（今黄骅市道口庄附近）、同坨（今黄骅市同居村附近），所产之盐陆运至坨地储存出售。

清代的严镇场（图二），据《长芦盐法志》："距运司一百二十里，分司九十里。东近海，西界唐官屯，南抵利国，北连兴国、富国，广百二十里。户籍在玉田、武清、宝坻、丰润、沧州、南皮、盐山、宁津、交河、青县、静海、东光十二州县，原额灶丁五百十二丁，一百八十六户，共男妇大小六千九百一十八口。坨二，镬二十四，滩处场东北七十余里。"②关于严镇场大使衙署的情况，据《长芦盐法志》载："衙署在沧州同居镇。向无衙署，赁居民房。乾隆五十三年（1788），大使汪元阶捐贽自买民房二十间，重加修葺，共价银三百两，移交后任认银住屋，在同居镇东街。"③

---

① 续修四库全书编纂委员会：《续修四库全书·史部·地理类·重修天津府志》卷三十二《盐法》，上海古籍出版社，1996年，第642页。
② （清）黄掌纶等撰，刘洪升点校：《长芦盐法志》卷八《场灶》，科学出版社，2009年，第136页。
③ （清）黄掌纶等撰，刘洪升点校：《长芦盐法志》卷十九《营建》，科学出版社，2009年，第408页。

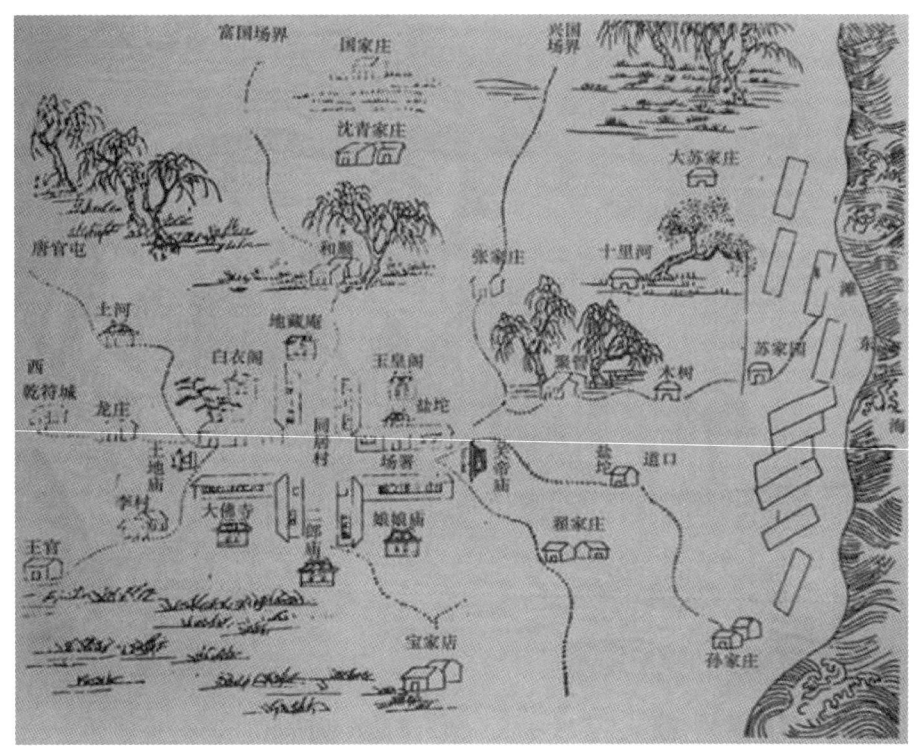

图二　长芦严镇场图（清）
[来源于清嘉庆九年（1804）黄掌纶纂修《长芦盐法志》]

三、严镇场管理

元代，长芦盐区先后置22场，自始盐场各有场界，派驻官员管理。严镇场建置管理也始自这一时期，"每场设司令一员，从七品；司丞一员，从八品。办盐各有差"①。

明沿元制，在长芦盐区各盐场设"盐课司大使、副使……并一人，俱未入流"②。场官，由元朝的"司令"改称为"盐课司大使"。严镇场亦设"盐课司大使"，驻沧州同居镇。

清初，严镇场设盐课司大使一名，秩正八品，驻同居镇。"场大使原秩未入流，皆于雍正六年改"③。俸银四十两。由运司、运同捐给养廉三百两。下设攒典一名，无衣食。青衣二名，铺兵一名。每名工食七两二钱。有礼部颁发的满汉篆文铜印一枚，文曰"严镇场记"，铜印详情，据《长芦盐法志》载："印长二寸五分，宽一寸五分，直纽。印背右正书如记文。又有礼部造三字。背左清文同，左侧正书乾字一万二千一百七十号，右侧正书乾隆二十三年十二月日。"④关于盐课司大使的职责，《长芦盐法志》载："掌催灶课，巡视锅团，督修场舍以豫凌阴，浚卤池以备煎晒。有

---

① 《元史》卷八十五《百官一》，中华书局，1976年，第2135页。
② 《明史》卷七十五《职官四》，中华书局，1976年，第1847页。
③ （清）黄掌纶等撰，刘洪升点校：《长芦盐法志》卷十三《职官上》，科学出版社，2009年，第261页。
④ （清）黄掌纶等撰，刘洪升点校：《长芦盐法志》卷十三《职官上》，科学出版社，2009年，第263页。

包纳折锱和土卖筹者，闻于分司禁治之。"① 关于明朝严镇场大使任职，仅考录清朝部分年份严镇场大使任职情况，以便于研究（表二）。

表二 清（康熙五十五年至嘉庆九年）长芦严镇场大使任职表

场名	任期	姓名	籍贯	任期	姓名	籍贯
严镇场	康熙五十五年（1716）	傅应标	不详	康熙五十六年（1717）	张廷辅	不详
	康熙五十七年（1718）	仇延祺	不详	康熙五十八年至雍正八年（1719—1730）	樊成大（吏员）	甘肃武威
	雍正九年至雍正十三年（1731—1735）	胡曾倬（增生）	浙江会稽	乾隆元年至乾隆二年（1736—1737）	章翼鲲（监生）	浙江会稽
	乾隆二年至乾隆十五年（1737—1750）	程继斌（吏员），乾隆二年由济民场调任	陕西镇原	乾隆十六年（1751）	王育贤（举人）	广西融县
	乾隆十七年至乾隆二十三年（1752—1758）	朱衣点（举人）	四川射洪	乾隆二十四年至乾隆三十年（1759—1765）	徐世佐（举人）	湖南湘阴
	乾隆三十一年至乾隆三十五年（1766—1770）	杨济（监生）	江西新淦	乾隆三十六年至乾隆三十七年（1771—1772）	何则书（举人）	广东南海
	乾隆三十八年至乾隆四十一年（1773—1776）	翟建屏（贡生）	山东淄川	乾隆四十二年（1777）	周彬如（贡生）	山东密县
	乾隆四十三年至乾隆五十年（1778—1785）	高光祖（监生）	山西洪洞	乾隆五十一年至乾隆五十五年（1786—1790）	汪元玠（监生），由兴国场调任	江苏砀山
	乾隆五十六年至嘉庆四年（1791—1799）	张云官（贡生）	浙江钱塘	嘉庆五年至嘉庆七年（1800—1802）	胡道垠（监生）	湖北孝感
	嘉庆八年至嘉庆九年（1803—1804）	董允怀（贡生）	河南信阳			

注：此表来源于清嘉庆九年（1804）黄掌纶纂修《长芦盐法志》、清乾隆八年（1743）《沧州志》。

由上表可以看出，清代严镇场大使来自全国各地，而不在沧州当地选任；身份有举人、贡生、监生、吏员；任期多则十年以上，少则一年，也会由其他场调任。说明清代在盐场的管理上是十分严格、规范的。

四、严镇场生产

自古我国的海盐生产为煎煮，史称"煮沸为盐"。长芦盐区各场自始亦采用"煎煮"方式，煎煮盐的首道工序是控淋制取卤水，即先制卤、后煎盐的两步制盐法。据《长芦盐法志》载："煎者，灶丁秋日刈荡草以煎盐，而藏其灰。至十一月凿海水藏之，待开春晴暖以后淋卤注锅煎之。周十二时为一伏火，成六锅，锅得盐百斤。诘旦出坑灰晒于亭场间，俟盐花浸入灰内，则仍实灰于坑以取卤。其试卤也，投石莲沉而下者淡，浮而横侧者半淡。煎皆耗薪，必浮而立于卤面者乃咸，以

---

① （清）黄掌纶等撰，刘洪升点校：《长芦盐法志》卷十三《职官上》，科学出版社，2009年，第261页。

此入锅，可顷刻成。将成时投皂荚数片，始凝为盐。"[1]明前期，严镇场也是"煎法"制盐，采用掘井取卤之法。在近海处或地下卤水丰富的地区掘井，待地下卤水集结于井中，吸出用来煎盐。至明朝中期，长芦盐区的海丰场（今河北黄骅市羊二庄）和深州海盈场（今河北海兴县苏基镇）易煎为晒，海盐生产由煎制改为滩晒，这是海盐生产技术上的重大变革。晒盐不用锅灶，不需要燃料，成本低，产量高，与其相邻的严镇场也受这一革新成果的影响很大。

清初，长芦盐区开始由南向北推行滩晒，也有仍行煎制者，据《盐法议略》载："十场产盐，由煎而成者三，为石碑、为济民、为归化；由晒而成者四，为兴国、为富国、为海丰、为严镇；若丰财、越支、芦台三场皆半煎半晒。"[2]至乾隆八年（1743），"南场裁留之严镇、海丰二场，皆滩晒，无锅煎"[3]。由此说明，清初严镇场已经在制盐生产工艺上做了重大的革新，弃煎为晒。这样既节约生产成本，又降低了劳动强度，盐产量也大幅度增加。

在盐产品上，长芦盐区各场因生产工艺不同，所产之盐的形制、味道也有所差异。煎制之盐，其形散，呈末状，称为"末盐"。晒制之盐，其形颗，成颗粒状，称为"鹽盐"。"鹽盐（鹽音gu）"其味次于"末盐"，"末盐"为上等。清代，严镇场滩晒之盐皆为"鹽盐"。

关于严镇场的晒盐生产，据《沧州志》（乾隆八年版）载："晒盐法，则近海之区预掘土沟，待海潮漫入，复于沟旁坚筑池九层或七层，自高而低俟潮退，两丁绳系柳兜，輎沟中碱水倾入最高一层池，注满晒之。然后放入第二池，又灌高地使满，逐层放至末池，投石莲试之既碱矣。乃趁晴暴一日，以木杷扒起堆贮如高埠，更以泥封覆其上，待商至而批发之，所谓鹽盐。"[4]这是海滩晒制方法。因我国北方冬季寒冷，不利于滩晒，天气、温度、蒸发均影响结晶，故严镇场与采用滩晒方法的长芦盐区其他各场生产季节均在春、秋两季。当然，根据卤源不同，晒制分为海滩、井滩、淋滩晒制三种类型。严镇场在采用上述海滩晒制的同时，还有井滩晒制，有井216眼。关于严镇场的井滩晒盐，据《河北省志·盐业志》载："掘井汲取地下卤水晒盐。井深根据地下卤水的深浅而决定，四五尺到一丈左右不等。井旁修筑晒池，用人力柳斗戽取井水灌入贮水池，依次放入白水圈、结晶池，也有直接放入白水圈或结晶池的，蒸发五六日至十余日结晶成盐。"[5]至清康熙十七年（1678），"长芦南所严镇场井盐、海盐晒滩二百八副"[6]。至此，严镇场的晒盐已粗具规模，使其成为继芦台场（晒滩二百二十二副半）后，当时长芦盐区的第二大盐场。

---

[1] （清）黄掌纶等撰，刘洪升点校：《长芦盐法志》卷十二《赋课下》，科学出版社，2009年，第226页。
[2] （清）王守基：《盐法议略·长芦盐务议略》，中华书局，1991年，第3页。
[3] 沧州方志办点校重印：《沧州志》卷六《盐政》（乾隆八年版），沧州地方志办公室，2004年，第122页。
[4] 沧州方志办点校重印：《沧州志》卷六《盐政》（乾隆八年版），沧州地方志办公室，2004年，第122页。
[5] 河北省地方志编纂委员会：《河北省志·盐业志》，中国书籍出版社，1996年，第38页。
[6] （清）黄掌纶等撰，刘洪升点校：《长芦盐法志》卷九《转运上》，科学出版社，2009年，第146页。

五、严镇场的灶课

盐课，即盐税，分为灶课和商课。灶有丁、户、滩、锅诸课，即灶课；商有引、目、廉、息诸课，即商课。本文主要考证严镇场，故以其所征的丁、户、滩、锅等之灶课为主，商课不在本文的探讨范围之内。

（一）明代严镇场灶课

灶丁课、灶户课，据《长芦盐法志》载："明初，创立盐法，设司于沧州，置场于近海，编户于州县，而佥民为灶，区画滨海地土，给灶户以为恒产，名为灶地；樵采草芻煎办盐课者，名为草荡；斥卤不毛之地，刮碱取土，盘煎池晒资以成盐者，名为滩地官锅。名虽不同，其为灶业一也，止办盐课，绝无民粮。"① "佥民为灶"即官府征迁民为灶籍，在灶籍的人户，即灶户，以专办盐。又按户计丁，即按人口多少确定煎盐人，即灶丁。灶户出丁数额不等，少则一户一丁，多则一户七八丁。灶户、灶丁的纳课各有标准，明初实行"按户课盐，即每户每年课盐30引"②。洪武二十三年（1390）改行"计丁办课"，即按灶丁数纳课。据《长芦盐法志》载："明代灶户纳盐之例，以四百斤为一引，官给米石兼支钱钞，以资工本。其间有丁产多而纳盐少者，有丁产少而纳盐多者。"③ 由此可知，明代灶户将所产之盐上交官府，官府给予工本，通常以米或钱钞代替。明代有大、小引之分，大引每引400斤，小引每引200斤，而官府给付标准见《河北省志·盐业志》载："正盐每引400斤，支工本米1石；余盐每引200斤，支工本米1石。后改给钱钞，以米价为准，每引给钞800文，至洪武十七年（1384）增为2贯。"④ 灶丁每丁征白盐若干，按丁规定产盐定额，"每丁岁办盐二引十四斤八两"⑤。

滩、锅、荡课，亦有相当严格的规定，"晒者征滩，与煎者征锅，半煎半晒者滩锅兼征，若滩废则包课，仍旧名"⑥。严镇场的滩、锅、荡课征收标准：对于晒盐，官府必定拨给灶户盐滩，对滩地征滩课，每亩纳盐三引，每亩折银一钱五厘；对于煎盐，官府供给煎盐之锅，征锅课，每面锅征银五分至二三钱不等；用于煎盐的荡草，亦由官府划拨草荡地，荡地征取荡课，每亩征银一二厘至一分不等。

---

① （清）黄掌纶等撰，刘洪升点校：《长芦盐法志》附编《援证》，科学出版社，2009年，第480页。
② 郭正忠：《中国盐业史·古代编》，人民出版社，1997年，第522页。
③ （清）黄掌纶等撰，刘洪升点校：《长芦盐法志》附编《援证》，科学出版社，2009年，第479页。
④ 河北省地方志编纂委员会：《河北省志·盐业志》，中国书籍出版社，1996年，第166页。
⑤ 郭正忠：《中国盐业史·古代编》，人民出版社，1997年，第524页。
⑥ 沧州方志办点校重印：《沧州志》卷六《盐政》（乾隆八年版），沧州地方志办公室，2004年，第122页。

另外，还有其他课目，如京山银[①]、黑土课米[②]、边布银[③]等皆列入灶课一并征收。并在此后，例定为灶课。

（二）清代严镇场灶课

清代灶课，"按各区生产方法的不同，分为滩课、锅课、井课等"[④]。严镇场之灶课，其征收方式：灶丁，每丁按征白盐；灶地，每亩按征课银；新增灶地，每亩按征边布银；滩地，每亩按征滩课银。为便于研究清代严镇场灶课，节录其主要课目如下（表三）：

表三 清长芦严镇场灶课表

场名	户	丁	灶地	新增灶地	草荡	滩	锅	合计
严镇场	原额户206户，实190户	512丁，每丁征白盐39斤12两6钱8分7厘5毫	州灶地739顷20亩3厘6毫，每亩征灶课1分2毫8丝5忽6微5纤1沙2尘1埃1渺4虚4漠2澄清5净5逡；县灶地466顷3亩6分8厘3毫，每亩征灶课1分1厘8毫1忽7微3纤8沙3尘4渺6漠5糊4虚5澄5净5逡2巡6梭6庚，遇闰每亩加征灶课1毫1忽2微2纤9纱3沙4尘7埃7渺8漠9糊7虚6澄7清9净9逡2巡6梭3庚。首垦灶地并丈出多地108顷28亩5分7厘5毫4丝1忽，每亩征灶课1分1厘6毫1丝6忽9微4纤5沙3尘3渺3漠5糊3澄4清5净7逡5巡8梭8庚，遇闰不加征	州灶地3顷56亩3分2厘，每亩征新增边布银4厘4毫8丝	无	原额滩209副；10顷1分7厘，每亩征滩课8分	无	共征白盐20 374斤；灶课银1300两3钱2分，闰加银12两2钱8厘，首垦灶地并丈出多地银125两7钱9分5厘；新增边布银1两5钱9分6厘；滩课银80两1分4厘

注：此表来源于清嘉庆九年（1804）黄掌纶等撰《长芦盐法志》。

除上表所列之外，诸多课目沿自明代。顺治十三年（1656），巡盐御史王秉乾清查长芦运司课额，以边布银、京山银原系前朝旧例，奏请分派各场地丁征解。严镇场"原额征边布银110两6钱6分7厘，新增征边布银1两5钱9分6厘；额征京山银52两1钱3分"[⑤]。乾隆八年（1743），"额征白盐折价银221两7钱9分5厘，遇闰月加银406钱1分6厘；额征盐砖折价银11两6钱3分8厘"[⑥]。因课目繁多，不利于统计和收缴。为便于统征，于乾隆十九年（1754），将"额征边布、京山、白盐折价、

---

① （清）王守基：《盐法议略·长芦议略》，中华书局，1991年，第2页。
② 河北省地方志编纂委员会：《河北省志·盐业志》，中国书籍出版社，1996年，第166页。
③ 沧州方志办点校重印：《沧州志》卷六《盐政》（乾隆八年版），沧州地方志办公室，2004年，第123页。
④ 郭正忠：《中国盐业史·古代编》，人民出版社，1997年，第785页。
⑤ 沧州方志办点校重印：《沧州志》卷六《盐政》（乾隆八年版），沧州地方志办公室，2004年，第124页。
⑥ 沧州方志办点校重印：《沧州志》卷六《盐政》（乾隆八年版），沧州地方志办公室，2004年，第125页。

盐砖折价、吏班银、裁并厚财等十场官俸银、裁汰心红纸张银、裁汰运司等衙门俸工银、裁汰俸粮银、裁并厚财十场青衣工食银、裁并利民等六场铺兵工食银、裁汰书办工食银共十二款，旧皆按额分数征收，酌归简易案内删并为一款，统名灶课"①。

从以上严镇场的灶课可以看出，明清两朝对灶户、灶丁的控制相当严格，负担很是繁重。

六、严镇场产盐的运销

明清时期，长芦盐运多系水道，以南运河、北运河、定河、大清河、子牙河等河道运输为主，土道运输为辅，分运各处。在沿河州、县，就近设立盐仓，盐船靠岸卸盐于仓。各盐场将所产之盐由坨地转运他处，称为落厂。长芦之盐，行销有定地，配盐亦有定场，居民不许越境买盐，商人不得高抬盐价，官府对盐的运销管理相当严格。首先来看，明代长芦盐之行销，据《嘉靖河间府志》载："顺天府（治在今北京市）、真定府（治在今河北正定县）、保定府（治在今河北保定市）、顺德府（治在今河北邢台市）、广平府（治在今河北永年县）、大名府（治在今河北大名县）、永平府（治在今河北卢龙县）、河间府（治在今河北河间市）、隆庆州（治在今北京延庆县）、保安州（治在今河北涿鹿县）、彰德府（治在今河南安阳市）、卫辉府（治在今河南汲县）。"②其次来看，清代长芦盐之行销，据《盐法议略》载："直隶……一百三十一州县，旧州、采育二营皆销卢盐。河南……共五十二州县，仅封一厅俱销卢盐。"③由以上史料记载可见，长芦盐主要行销今北京、天津、河北及河南部分地区。

关于明代严镇场之盐的运销，因笔者视野有限，未见到史料的相关记载，其运销区不详，此待考。为便于研究清代严镇场的运销，节录严镇场运盐落厂简表如下（表四）：

表四 清严镇场运盐落厂简表

起点	落厂	里程（华里）
严镇同坨	青县县城	70
严镇同坨	静海县城	105
严镇道坨	沧州坨	100

注：此表来源于《河北省志·盐业志》。

由上表看，清代严镇场先将所产之盐运至同坨、道坨两个场坨集中储存。同坨所储之盐，用骡马车载，沿土道直运距离较近的青县、静海县落厂行销。而道坨所储之盐，亦由骡马车载，沿土道运至沧州坨落厂，再由运河转运其他销区。另据《盐法议略》载："沧州、盐山、南皮、庆云、景州、东光、河间、宁津、吴桥、献县、枣强、青县、静海、交河、阜城十五州县配海丰、严镇

---

① （清）黄掌纶等撰，刘洪升点校：《长芦盐法志》卷十二《赋课下》，科学出版社，2009年，第225页。
② （明）樊深：《嘉靖河间府志》卷八《盐法》，天一阁藏明代方志选刊，1540年（嘉靖十九年），第33页。
③ （清）王守基：《盐法议略·长芦议略》，中华书局，1991年，第4页。

之盐。"[①]由此记载看,严镇场之盐的销区主要是在沧州、保定诸县及周边相邻县域,以便节省运费,就近配卖。

七、结　　语

严镇场,不仅是明清时期长芦盐区的诸场之一,而且也是我国古代北方海盐生产的一个缩影。通过对严镇场的考证,我们能了解明清时期长芦盐区的生产、管理、运销、盐课等方面的情况,也可进一步探究严镇场对后世盐业发展的影响。严镇场的盐业,给当时当地人民带来了生存、发展的机会,也增加了官府的财政收入。"佥民为灶"迁徙各地人民到苦海沿边、人烟稀少的沧州沿海制盐发展生产,并在此定居、繁衍生息,繁荣了地方。同时,严镇场所产之盐销往周边地区,解决了周边人民食盐之基本需求。

---

① （清）王守基：《盐法议略·长芦议略》,中华书局,1991年,第4页。

明清长芦海丰场续考

杨荣春

（新疆石河子大学政法学院历史与民族学系）

摘　要　海丰场，明清时期长芦盐区诸场之一，场署位于盐山县羊儿庄（今河北省黄骅市羊二庄镇）。文章通过对明清海丰场的沿革、场域、资产、管理、生产、灶课和运销等方面的考证，进一步探究明清时期长芦盐区的盐业发展状况。

关键词　长芦盐区；海丰场；盐业

明清时期是长芦盐业大发展时期，海丰场是这一时期长芦盐区南场之一。关于海丰场的研究，《黄骅海丰镇盐业兴衰史》[①]一文，对长芦海丰场的兴衰史做了概述；《长芦海丰场盐业考》[②]也对海丰场进行了粗浅的简述。以上两篇文章关于海丰场的论述不足之处在于其沿革、场域、资产、管理、官员任职、生产、灶课、运销和盐价等方面情况，甚至并未涉及。本文旨在通过考证明清和近现代方志有关海丰场的记载，全面反映明清时期长芦海丰场的管理、生产和发展状况，以海丰场为个案来"以小见大"，进一步探究明清长芦盐区盐业发展的大体状况。

一、沿　　革

"海丰场"是长芦盐区诸场之一，因地近山东海丰县（今山东省无棣县）而得场名。元代至元二年至七年（1265—1270）置场。明洪武二年（1369），长芦盐区划分为南北两部分，置分司管理，海丰场隶属南场沧州分司（南司），沧州分司运同驻盐山县羊儿庄（今河北省黄骅市羊二庄镇）东街以辖南场十二场。明建文帝（1398—1402），燕王朱棣起兵，燕军洗劫长芦盐区南场，海丰诸场荒废，明永乐年间，移民海丰场，恢复场灶。《盐山新志》载："明建文时，燕军来往沧盐南场，民多抗拒之，燕军赤其地，海丰诸场就荒，河南淡盐，永乐初迁民实之，重立场灶，有山西李柳西者，始迁于此，著杨二镬志。"[③]明隆庆三年（1569），海阜场（今河北省黄骅市羊二庄附近）并入海丰场。清康熙十年（1671），深州海盈场（今河北省海兴县苏基镇附近）并入海盈

[①] 张宝刚：《黄骅海丰镇盐业兴衰史》，《盐业史研究》2007年第2期。
[②] 杨荣春：《长芦海丰场盐业考》，《盐业史研究》2013年第2期。
[③] 孙毓琇、贾恩绂：《盐山新志》卷五《建置篇·盐场》，成文出版社，1916年（民国五年），第245页。

场（今河北省海兴县苏基镇）①。清雍正十年（1732），裁汰海盈场，并入海丰场。清道光十一年（1831），海丰场划归天津分司管辖。民国七年（1918）三月，海丰场滩坨裁废。

二、场域和资产

海丰场分布在沧州东部沿海地区，曾历明隆庆三年（1569）、清康熙十年（1671）、雍正十年（1732）三次归并，海阜场、深州海盈场、海盈场相继并入海丰场，场域逐步扩大（图一）。《长芦盐法志》载："海丰场距运司三百六十里，沧州分司一百二十里。东滨海，接山东海丰县境，故以名场，由刘家庄、姜各庄有运盐车道；南近马古山，有仙人洞；西归并深州海盈场；西北过孟洼至武帝台，接旧裁之富民、阜财两场界。其地有关帝庙、魁星楼、真武庙、大寺。"②又，海丰场有"坨一，镤十二，南北各六。海盈旧场所归并之滩荡久废"③。海丰场有坨地，即羊坨（今河北省黄骅市羊二庄附近）一处，每年春夏所产之盐由陆运至羊坨储存出售。"镤"即煮盐的大锅，"铁制。形如鼎，无足。容量较小，每镤成盐三十斤"④。据此，在海盈场归并海丰场之前，海丰

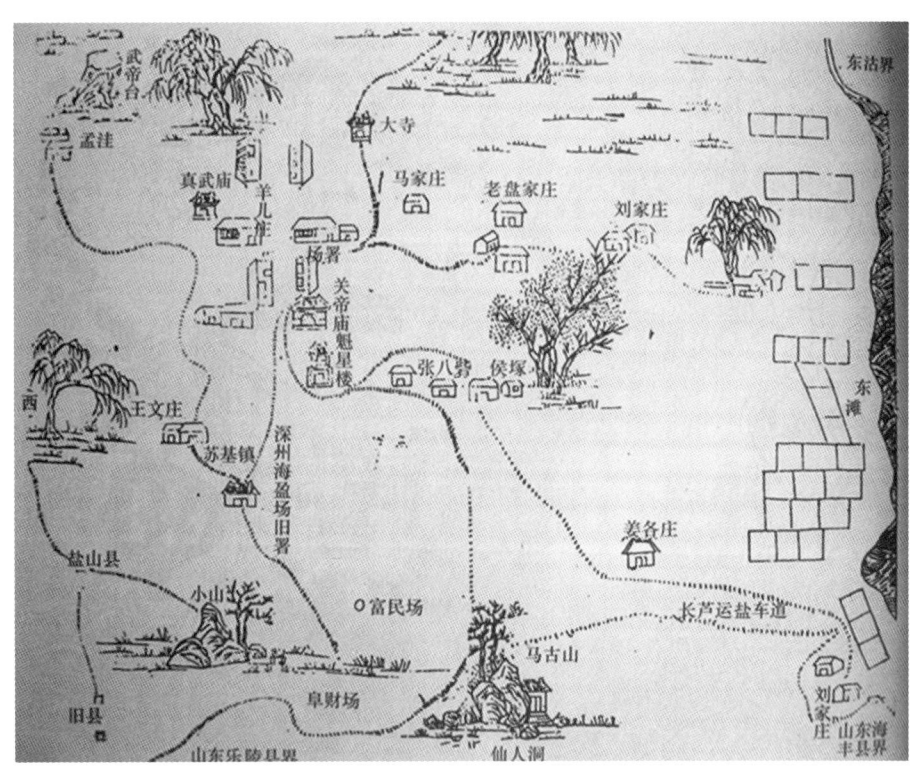

图一　长芦海丰场图（清）

[采自（清）黄掌纶等撰，刘洪升点校：《长芦盐法志》卷二十《图识》，科学出版社，2009年，第431页]

---

① 孙毓琇、贾恩绂：《盐山新志》卷五《建置篇·盐场》，成文出版社，1916年（民国五年），第244页。
② （清）黄掌纶等撰，刘洪升点校：《长芦盐法志》卷二十《图识》，科学出版社，2009年，第430页。
③ （清）黄掌纶等撰，刘洪升点校：《长芦盐法志》卷八《场灶》，科学出版社，2009年，第137页。
④ 宋良曦、林建宇、黄健、程龙刚：《中国盐业史辞典》，上海辞书出版社，2010年，第590页。

场仍然保留有"镬",所辖的南滩、北滩各六镬。

明代,海丰场有镬产和灶产之分。"灶产"所占斥地,起于盐山县汙湾头南(今河北黄骅市羊二庄镇东湾湾头村南),南至盐山县羊儿庄(今河北省黄骅市羊二庄镇)南河北岸,东至海,北连镬产,西南及南随斥为界;"镬产"所占在柳河潮道,东至海,西至则随潮为界,镬在柳河北。

清康熙十七年(1678),海丰场所辖场滩九十七副半、海盈场滩五十四副半(其中康熙十年深州海盈场并入七副滩)。雍正十年(1732),海盈场并入海丰场,海丰场滩一百五十二副。至嘉庆十年(1805),海丰场所辖滩地有两处,"凡两村曰南滩、曰北滩,原并海盈场滩地久废"①。滩地自东北刘家庄沿海如带状分布,南滩在羊儿庄东南四十里(今河北黄骅市新村乡附近),有滩二十副,进潮沟两道;北滩在羊儿庄东北三十五里(今河北黄骅市南排河镇附近),有滩十八副,进潮沟六道。至此,海丰场南、北滩共辖滩地三十八副。

三、管　理

关于海丰场的管理,明代海丰场置"盐课司大使",也称为场大使,主管一场之场务。《明史·职官》载:"盐课司大使、副使……并一人,俱未入流。"②清初,海丰场亦设"盐课司大使和副使",《重修天津府志·职官》载:"所辖各场盐课司大使、副使各一人。"③又,"海丰场置盐课司大使一名,秩正八品……场大使原秩未入流,皆于雍正六年(1728)改"④。据此可见,明清两朝在长芦各盐场的场官管理有所不同,明代的盐课司大使未入流,清代则纳入吏部选授管理,为正八品,说明清政府更为重视盐务管理,控制力大大增强。

关于海丰场属的吏和杂役,其设"攒典"一名,无工食银。"青衣"五名,原设二名,清乾隆六年(1741),准户部议海丰场在原设青衣二名的基础上,增设青衣三名,每名工食银七两二钱。"铺兵"一名,工食银七两二钱。

关于海丰场大使衙署的情况,据《长芦盐法志》载:"衙署在盐山县羊儿庄(今河北省黄骅市羊二庄)街东,赁居民房。"⑤清道光二十六年(1846),移至羊儿庄西街。

关于海丰场大使的俸禄,明隆庆元年(1567),"议准长芦运司并二十四场官吏本色俸给共银六百余两,于各场应纳滩价并盐商脚价银内支用,河间府免行编派"⑥。据此,明代海丰场大使俸银较少,大致银二十五两。清初,海丰场大使俸银四十两。雍正七年(1729),海丰场大使增加养廉银一项,"沧州分司所辖严镇、海丰二场加养廉银各二百两,俱于各场耗羡银两项内按季支

---

① (清)沈家本等:《重修天津府志》卷三二《盐法》,《续修四库全书·史部·地理类》,上海古籍出版社,1996年,第642页。
② (清)张廷玉:《明史》卷七十五《职官四》,中华书局,1974年,第1847页。
③ (清)沈家本等:《重修天津府志》卷三一《职官》,《续修四库全书·史部·地理类》,上海古籍出版社,1996年,第208页。
④ (清)黄掌纶等撰,刘洪升点校:《长芦盐法志》卷十三《职官上》,科学出版社,2009年,第261页。
⑤ (清)黄掌纶等撰,刘洪升点校:《长芦盐法志》卷十九《营建》,科学出版社,2009年,第408页。
⑥ (明)汪砢玉:《古今鹾略》卷一《生息》,《续修四库全书·史部》,上海古籍出版社,1996年,第41页。

发"①。至乾隆年间,海丰场大使养廉银增至三百两,由长芦运司、运同养廉银内捐给。

清代长芦盐区各场大使,均配有礼部颁发的满、汉篆文铜印一枚。海丰场大使亦有铜印,印文曰"海丰场记"。铜印详见《长芦盐法志》载:"印长二寸五分,宽一寸五分,直纽。印背右正书如记文。又有礼部造三字。背左清文同,左侧正书乾字七千五十一号,右侧正书乾隆十六年十一月日。"②关于盐课司大使的职责,《长芦盐法志》载:"掌催灶课,巡视锅团,督修场舍以豫凌阴,浚卤池以备煎晒。有包纳折锡和土卖筹者,闻于分司禁治之。"③实负责征税、巡查、场务、缉私等具体事项。

关于海丰场大使任职官员,明代尚待考证。仅考录清代部分年份海丰场大使任职,以便于研究(表一)。

表一 清康熙六十年至嘉庆九年海丰场大使任职表

场名	任期	姓名	籍贯	任期	姓名	籍贯
海丰场	康熙六十年(1721)	王世贞	不详	康熙六十一年(1722)	徐天锡	不详
	雍正元年(1723)	关廷柱	不详	雍正二年(1724)	韩书(吏员)	山东临朐
	雍正三年(1725)	郭玫(生员特授)	直隶清苑	雍正四年(1726)	范福(吏员)	山西祁县
	雍正六年至乾隆四年(1728—1739)	高兆麟(监生)	江苏上元	乾隆五年至乾隆十年(1740—1745)	王峣巍(举人)	陕西清涧
	乾隆十一年至乾隆二十七年(1746—1762)	潘志溥(贡生)	直隶望都	乾隆二十八年至乾隆三十二年(1763—1767)	王鋐(举人)	顺天大兴
	乾隆三十三年至乾隆三十八年(1768—1773)	李俭	河南临漳	乾隆三十九年至乾隆四十一年(1774—1776)	赵琳(监生)	直隶天津
	乾隆四十二年至乾隆四十七年(1777—1782)	冷绣瑞(监生)	山东胶州	乾隆四十八年至乾隆五十三年(1783—1788)	祝德尧(举人)	浙江德兴
	乾隆五十四年至乾隆五十七年(1789—1792)	周瑞熊(监生)	江苏长州	乾隆五十八年至乾隆五十九年(1793—1794)	王鼎台(监生)	江苏上元
	乾隆六十年至嘉庆五年(1795—1800)	黎文澜(拔贡)	湖南浏阳	嘉庆六年至嘉庆九年(1801—1804)	金作砺(举人)	江西奉新

注:此表来源于清嘉庆九年(1804)黄掌纶纂修《长芦盐法志》、清乾隆八年(1743)《沧州志》。

由上表可以看出,清代海丰场大使由吏部选任,来自直隶、山东、河南、山西、陕西、江苏、浙江、江西、湖南等地,秩入流,为正八品。场大使多经过科举考试选取上任,上表见有举人4人、贡生1人、监生5人、吏员2人、拔贡1人、生员特授1人;任期多则十年以上,少则一年,有如高兆麟任海丰场大使达11年之久。据此,清代在场官和盐务管理上进一步趋于完善、完备。

---

① 沧州方志办点校重印:《沧州志》卷六《盐政》(乾隆八年版),沧州地方志办公室,2004年,第120页。
② (清)黄掌纶等撰,刘洪升点校:《长芦盐法志》卷十三《职官上》,科学出版社,2009年,第263页。
③ (清)黄掌纶等撰,刘洪升点校:《长芦盐法志》卷十三《职官上》,科学出版社,2009年,第261页。

四、灶户与灶丁

灶户，即官府征迁民为灶籍，在灶籍的人户，以专办盐。长芦沧州分司所属各场，虽场域有界限，"若丁户，则分隶于附近各州县，并非一处。有事则聚于场，无事则散于籍"①。关于海丰场灶户之灶籍，《长芦盐法志》载："户籍则隶于沧州、盐山、青县、庆云、兴济及山东乐陵、海丰。"②据此，海丰场之灶户多属"括民为灶"，即编佥沿海及盐场附近县域的民户，入灶籍办盐。

灶丁，即煎盐劳力。采取按户计丁，按人口多少确定灶户出丁人数，数额不等，少则一户一丁，多则一户七八丁。海丰场原额灶丁三百六丁，八十二户。清雍正十年（1732），归并海盈场，原额灶丁七百七十八丁，六十九户。又"于乾隆五十六年（1791）拨出四十二丁归山东永利场，净止七百三十六丁。六十六户。二场共男妇大小一万五千六百八十八口"③。据此，至清乾隆五十六年（1791），海丰场有灶户148户，灶丁1042丁，男女老少15 688口。可见，明清两朝对于灶户、灶丁的管理之严格，做到"户有数、丁有额"，一一详列在册，此制是清廷为更有效地管控具有盐业生产技术的专门丁户，保证足够的劳动力来支撑国家的盐课税收。

五、生　　产

明代初期，海丰场的制盐生产方式为"煎法"。明中期，海丰场率先在长芦盐区海盐生产技术上进行重大革新，由煎制改为滩晒，开长芦海盐生产"易煎为晒"之先河。据《古今鹾略》载：

> 海丰等场产盐，出自海水滩晒而成。彼处有大口河（今河北黄骅港南）一道，其源出于海，分为五派，列于海丰（今河北黄骅市羊二庄镇）、深州海盈（今河北海兴县苏基镇）二场之间，河身通东南而远去。先年，有福建一人来传此水可以晒盐。今灶户高淳等，于河边挑修一池，隔为大中小三段，次第浇水于段内，晒之，浃辰（即12天）则水干，盐结如冰。其后，本场及深州海盈场灶户共五十六家，见此法比刮土淋煎简便，各于沿河一带择方便滩地，亦挑修为池，照前晒盐。共占官地一十二顷八十亩。所晒盐斤，或上纳丁盐，或卖于商人添色。虽人力造作之工，时天地自然之利，但遇阴雨其盐不结。每年或收三四分，或收六七分不常耳。④

---

① （清）王守基：《盐法议略·长芦盐务议略》，中华书局，1991年，第1页。
② （清）黄掌纶等撰，刘洪升点校：《长芦盐法志》卷八《场灶》，科学出版社，2009年，第137页。
③ （清）黄掌纶等撰，刘洪升点校：《长芦盐法志》卷八《场灶》，科学出版社，2009年，第137页。
④ （明）汪砢玉：《古今鹾略》卷一《生息》，《续修四库全书·史部》，上海古籍出版社，1996年，第12页。

明中期这种"滩晒"方法成本虽低，但受天气的影响较大，产量并不是很高。加之，明代官方对这一技术革新并未重视，故此法未能在长芦盐区全面推广，仍无法取代"煎法"。又据《古今鹾略》载："嘉靖元年（1522），题准长芦所辖场分一十二顷八十亩，民灶挑修共立滩池，以十分为率，三分补纳逃亡额数，七分给予各家偿其挑修等费。"① 据此，明代官府已经对长芦盐区的滩池征收课税。

清初，长芦盐区开始由南向北推行滩晒，也有仍行煎制者。据《盐法议略》载："十场产盐，由煎而成者三，为石碑、为济民、为归化；由晒而成者四，为兴国、为富国、为海丰、为严镇；若丰财、越支、芦台三场皆半煎半晒。"② 据此，清初海丰场已经在制盐生产工艺上弃煎为晒。至乾隆八年（1743），"南场裁留之严镇、海丰二场，皆滩晒，无锅煎"③。此"滩晒法"，利用风吹日晒，结晶成盐，既节约生产成本，又降低了劳动强度，盐产量也大幅度提高。

清代，海丰场的"滩晒"生产与明代有所不同，较之明代有较大的改进提高。据《盐法议略·长芦盐务议略》载：

> 晒盐之法，近海豫掘土沟，以待潮入，沟旁坚筑晒池，九层或七层，自高第下，潮退两人绳系柳斗，戽沟水入第一层池中，注满晒之。然后，放入第二池，则又灌首池使满，次第放至末池，投石莲试之，莲直立，卤成矣。于是趁晴曝一日，即成盐。以木扒推起，堆储池旁隙地，如高墉然。泥封覆其上，待商配运，而行销于各引地焉。④

据此，清代海丰场在生产技术上，由明代的"一池三段"池晒，改为"七至九层的晒滩"滩晒，逐层递进地增加海水浓度晒成卤；滩晒结晶时间上由明代的十二日成盐，清代提高为一日成盐。当然，这也和海丰场地处渤海湾畔，其地质坚实，气候干燥等自然条件有关，更适合滩晒。

关于清代海丰场年产量，《盐山新志》载："海丰场南北滩产额无定，两滩岁约出五六千包，五百八十七斤为一包。"⑤ 按此，清代海丰场的年产量在二百九十万斤至三百五十万斤之间。

六、灶　课

（一）明代海丰场灶课

古之盐法，盐课以场灶为主，灶丁为辅。明代以前重在灶，其课税亦在灶而不在商。明承宋元旧制，灶户产盐一律缴官，《长芦盐法志》载："明代灶户纳盐之例，以四百斤为一引，官给米石

---

① （明）汪砢玉：《古今鹾略》卷一《生息》，《续修四库全书·史部》，上海古籍出版社，1996年，第36页。
② （清）王守基：《盐法议略·长芦盐务议略》，中华书局，1991年，第3页。
③ 沧州方志办点校重印：《沧州志》卷六《盐政》（乾隆八年版），沧州地方志办公室，2004年，第122页。
④ （清）王守基：《盐法议略·长芦盐务议略》，中华书局，1991年，第3、4页。
⑤ 孙毓琇、贾恩绂：《盐山新志》卷五《建置篇·盐场》，成文出版社，1916年，第258页。

兼支钱钞，以资工本。"①洪武二十三年（1390），改为"计丁办课"，即按灶丁数纳课，按额输盐、额以丁计，以一丁出额盐四引二十斤，即为丁课。

明代，其滩、锅和草荡均属官府资产，分别征收滩课、锅课和荡课，亦均属灶课征收之列。海丰场的滩课，据《沧州志》载："明嘉靖元年（1522）十二月丙戌，直隶巡按御史卢瑷奏长芦运司所辖有海滩六十余里，布散海丰、海盈二场之间，向为灶民高登等买占，共立滩池四百二十七处，通计每年所得盐利十万余引，地出于官，利归于私，请十税其五，以补逃亡盐额。"②据此，明代长芦盐区征收晒滩的滩课，始于嘉靖元年时的海丰场，亦说明海丰场较早进行滩晒生产制盐。随后，滩课"每滩一亩科盐三引，每引折价三分五厘"③；锅课，每锅一面征银五分至二三钱不等；荡课，荡地每亩征银一二厘至一分不等。

另，海丰场还有边布银、京山银、黑土课米等项课目，也在灶课之列。边布银系灶课之一，始于明成化六年（1470），"长芦准海盈十三场（海盈、益民、阜财、富民、富国、海丰、海润、海阜、越支、济民、惠民、石碑、归化）陆路深远，商人不支，盐课自本年为始，每二大引合为四小引折阔白布（三丈二尺）征解"④。后又改征银三钱。京山银系灶课之一，始于明弘治六年（1493），京山十四藩王府就场支盐，骚扰周边州县，长芦运司将盐折银每引一两三钱三分解送藩府，是为京山银。黑土课米亦系灶课之一，明代长芦沿海贫民刮黑土淋卤煎盐，按引课米。至万历二十二年（1594），黑土课米改折课银，每石折征银五钱。

（二）清代海丰场灶课

清代，海丰场灶课承明代之所谓课，而悉以加之，主要有灶课银、丁盐、滩课银、荡地银、灶地银、黑土课米银、卤水盐折价银、更名食盐变价银等课目。清代，海丰场实行滩晒，无煎锅，亦无锅价课银一项。清雍正六年（1728），"减丁银以入地粮，但留白盐一项仍令留纳……灶地正赋统归县（盐山县）征，丁灶两课归县征者十之六七，归场官（海丰场大使）征者十之二三……灶户但出滩课，海丰场共七两有奇"⑤。为便于研究清代海丰场灶课，节录其主要灶课目见表二。

除表二所列的丁盐、灶课银、滩价银之外，海丰场还有"白盐折价亩征二厘三毫四丝七忽有奇；边布银亩征五厘七毫八丝三忽有奇；京山银亩征二毫二丝二忽有奇；盐砖银亩征二毫二丝一忽有奇；汰书办工食银亩征一毫一丝四忽有奇；青衣工食银亩征二毫七丝三忽有奇；铺兵工食银亩征一毫三丝六忽有奇，共亩征一分七毫有奇"⑥。另，海丰场的黑土课米，"岁征银三十二两九钱

---

① （清）黄掌纶等撰，刘洪升点校：《长芦盐法志》附编《援证》，科学出版社，2009年，第479页。
② 沧州方志办点校重印：《沧州志》卷六《盐政》（乾隆八年版），沧州地方志办公室，2004年，第118页。
③ 沧州方志办点校重印：《沧州志》卷六《盐政》（乾隆八年版），沧州地方志办公室，2004年，第122页。
④ （明）汪砢玉：《古今鹾略》卷四《会计》，《续修四库全书·史部》，上海古籍出版社，1996年，第36页。
⑤ 孙毓琇、贾恩绂：《盐山新志》卷五《建置篇·盐场》，成文出版社，1916年，第258页。
⑥ 孙毓琇、贾恩绂：《盐山新志》卷五《建置篇·盐场》，成文出版社，1916年，第265页。

表二　清长芦海丰场灶课表

场名	户	丁	灶地	新增灶地	草荡	滩	锅	合计
海丰场	原额户82户；归并海盈场实66户，共148户	306丁，每丁征白盐24斤11两6钱9分7厘3毫9丝9忽5微2纤7沙1尘7埃7渺7漠。归并海盈场原额778丁，于乾隆五十六年（1791）拨出42丁归山东永利场，净止736丁，每丁征白盐10斤6两6钱3分8厘2毫9丝7忽8微7纤2沙3尘4埃4渺3糊	315顷15亩5分4厘7毫，每亩征灶课1分3厘4毫1丝8忽1微2纤3沙1尘4埃4渺9漠4糊4虚5澄2清7净9逡2巡8梭3庚，遇闰每亩加征灶课1毫7丝9忽1微3纤6沙2尘9埃4渺2漠2糊。海盈场277顷10亩7分7厘2毫，每亩征灶课1分2厘6毫4丝8忽7微3纤4沙9尘6埃9渺8漠6糊，遇闰每亩加征灶课1毫8丝6忽5纤3沙7尘3埃1渺4漠8糊3虚9净8逡7巡5梭7庚	1顷5亩6分2分，每亩征新增边布4厘9毫6丝。又新首52亩，每亩征灶地银同前。又海盈场新首5顷35亩6分，每亩征灶地银3厘8毫8丝9忽4微	无	87亩1分9厘9毫5丝，海盈场4顷30亩4分5厘5毫，每亩征滩价9分	无	海丰场又并海盈场，共征白盐15233斤1两1钱9分2厘；灶课银773两3钱8分5厘，闰加银10两8钱1厘；新增边布银5钱2分2厘；新首灶地银2两3钱4分1厘；滩价银46两5钱8分9厘

注：此表来源清嘉庆九年（1804）黄掌纶等撰《长芦盐法志》。

六分，归天津府同知征收转解布政司交纳"[1]。为便于征缴，减少课目，乾隆十九年（1754），将"额征边布、京山、白盐折价、盐砖折价、吏班银、裁并厚财等十场官俸银、裁汰心红纸张银、裁汰运司等衙门俸工银、裁汰俸粮银、裁并厚财十场青衣工食银、裁并利民等六场铺兵工食银、裁汰书办工食银共十二款，旧皆按额分数征收，酌归简易案内删并为一款，统名灶课"[2]。尽管灶课课目减少了，但征缴灶课总额并未减少。通过以上对海丰场灶课考证可见，明清时期的灶课繁多，灶户、灶丁的负担繁重。官府对盐课征缴控制是相当严格的，以确保这一经济命脉。

七、运　销

明清时期的盐业运销，实行"产盐有定场、行盐有定额、运盐有定商、销盐有定岸"的制度。长芦盐运司设户房专门负责长芦盐的运销，至清代咸丰八年（1858）盐运销改由户二房负责管理。清末期，设长芦官运总局负责长芦盐的运销。

历代长芦销盐，以官买为主，商运为辅。明初立盐法，明洪武三年（1370），实行官收商销——开中法，即是官府划拨恒产（灶地、草荡、滩地）给灶户，盐场产盐官收，官府给付一定的工本费；商人运粮到边塞，按粮数折引支盐行销。

---

[1] 沧州方志办点校重印：《沧州志》卷六《盐政》（乾隆八年版），沧州地方志办公室，2004年，第126页。
[2] （清）黄掌纶等撰，刘洪升点校：《长芦盐法志》卷十二《赋课下》，科学出版社，2009年，第225页。

清初，实行官督商销即"引岸专商"，是官府只收盐税不征盐，商人和盐场灶户直接交易。清顺治元年（1644），长芦盐商组成"芦纲公所"，垄断长芦盐的运销。清代，盐场的盐产量、销区、销量以及运盐商人都由国家规定，海丰场亦设有两岸，一曰赵官庄（今河北省海兴县小山乡附近）、一曰高湾（今河北省海兴县高湾镇）。

长芦盐出场运销前要进行称掣，长芦盐务自移驻天津后，于天津建立掣盐厅，惟沧州分司所属海丰、严镇二场之盐仍在沧州配运盘掣。沧坨设有掣盐厅（图二），《长芦盐法志》载："沧坨掣盐厅，在沧州城西门外，南接盐坨，有栅栏，分生熟盐之出入，四围有巡房，厅有秤架，有官厅，旁有白衣庙。"① 关于掣盐情况，有生盐、熟盐之分，且南场与北场称掣不一。《盐法议略》载："南所六引为一码，北所九引为一码，数十码为一垛，皆编列号签，委官信手掣第几号，即称第几号盐包。每掣一包，过一小筹；掣二十包，过一大筹；掣过抬入新坨。内坨谓之熟盐，盖以防其混也。"②

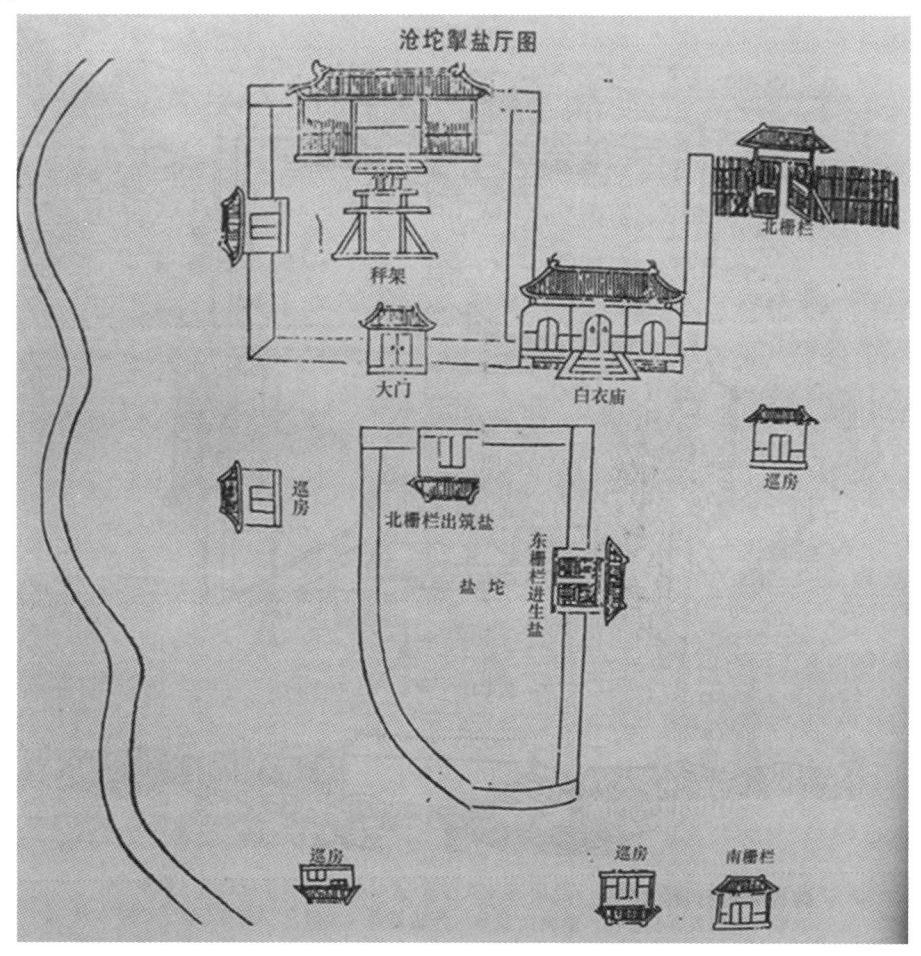

图二　沧坨掣盐厅图（清）

[此图采自（清）黄掌纶等撰，刘洪升点校：《长芦盐法志》卷二十《图识》，科学出版社，2009年，第434页]

---

① （清）黄掌纶等撰，刘洪升点校：《长芦盐法志》卷二十《图识》，科学出版社，2009年，第434页。
② （清）王守基：《盐法议略·长芦盐务议略》，中华书局，1991年，第4、5页。

关于海丰场的盐运，古以河道运输为主，陆路运输为辅。海丰场境内有港口、有码头、有河流。金元时期海丰场境内的海丰镇（今河北黄骅市海丰镇村南），是当时北方较大的贸易通商港口码头，它位于古柳河下游入海口。海丰场境内的柳河，为当地要津，西通长芦深州一带，通渠衡漳之水。正因借便利的河运交通，海丰场的羊坨也设在海丰镇码头附近，海丰场所辖南滩、北滩所产盐均运至场坨（羊坨）集坨，再经柳河船运至商坨（沧州坨），再销往行销区。元代惠民河的开挖，以至于柳河断流，河运中断，对长芦南场产生了恶性后果，昔日南场兴盛的盐业，自此"一蹶不振"。据《盐山新志》载："元代开惠民河，此帮横河皆从断之。柳河之塞，在长芦之截地（今河北沧州捷地乡）。于是，南场运路断绝。"① 由此，南场盐业大衰，灶户皆归籍改业，滩荒灶废，灶课也无从征收。直至雍正十年（1732），长芦南场裁废利民、阜民、利国、富民、海盈、阜财六场，南场仅余海丰、严镇两场。交通不利、河运之塞，使海丰场的产盐只能走陆运至沧州坨转河运，这样明显增加了运输成本。

海丰场盐行销有定区。明代，海丰场境内的柳河已淤塞，河运中断，场盐仅能走陆运至周边县域。清代，海丰场盐主要行销区仍是周边县域，据《长芦盐法志》载："沧州、盐山、南皮、庆云、景州、东光、河间、宁津、吴桥、献县、枣强、青县、静海、交河、阜城十五州县在沧州分司所辖海丰、严镇二场盐配运称掣。"② 为研究海丰场盐的行销，整理海丰场运销落厂表如下（表三）：

表三　清代海丰场运盐落厂简表

起点	落厂	里程（华里）
海丰羊坨	盐山县城	70
海丰羊坨	庆云县城	90
海丰羊坨	南皮县城	150

注：此表来源于《河北省志·盐业志》。

由上表看，清代海丰场先将所产盐运至场坨（即羊坨）集坨，集中储存。羊坨所储之盐，用骡马车载，沿土道陆运至距离较近的沧州、盐山县、庆云县、南皮县落厂行销，就近配卖，以便节省运费。

八、盐　　价

（一）成　本　价

官府给发灶户工本，也称为"工本钱"或"工本钞"。明代改发"米"，称"工本米"。《河北省志·盐业志》载："正盐每引400斤，支工本米1石；余盐每引200斤，支工本米1石。后改给钱

---

① 孙毓琇、贾恩绂：《盐山新志》卷五《建置篇·盐场》，成文出版社，1916年，第248页。
② （清）黄掌纶等撰，刘洪升点校：《长芦盐法志》卷十《转运下》，科学出版社，2009年，第167页。

钞，以米价为准，每引给钞800文，至洪武十七年（1384）增为2贯。"①明宣德三年（1428），又改给米。《古今鹾略》载："景泰元年（1450），今灶丁余盐每引给米，淮盐八斗、浙盐六斗、长芦四斗。"②此时，海丰场的余盐每引工本为米四斗。

清顺治元年（1644），"南场工本包重，每包价银1钱"③。此海丰场为南场所属，工本亦当每包银1钱。清末，海丰场每百斤工本洋两角八厘。

（二）出　场　价

出场价即零售前不含税的价格，亦即场坨卖价。据《河北省志·盐业志》载："明代万历四十五年（1617）以前，税寓于价。以后税价分离，场价由商、灶洽定。明天启年间（1621—1627），每引（650斤）价银5钱。"④另，《长芦盐志》载："清光绪年间（1875—1908），每百包（400斤1包），盐价约银10两。"⑤据此，明清时期海丰场盐出场价由官府规定，定价出场。

（三）销　售　价

明代，盐的销售价，亦即零售价，由官府统一定价销售。明永乐二年（1404），"规定户口食盐纳钞，民买盐1斤纳钞1贯（时钞1贯仅值160余文钱）。此后，钞法愈加败坏，物价上升，价无定规"⑥。

清代，盐零售价主要是朝廷管控调整。海丰场产盐的销售以短距离、陆运，行销直隶天津府的盐山、沧州、庆云、南皮等县为主，盐价相对较低。康熙二十七年（1688），"直隶巡抚于成龙、巡盐御史布尔海会议题准计道路之远近、水陆之脚费，斟酌减定盐价，每斤价银一分四毫至一分二厘六毫不等"⑦。康熙四十二年（1703），准以钱代银，每斤16文。另，清乾隆元年（1736），"题准天津、青县、静海、沧州、盐山等十三州县近海地方，实在贫民年六十以上、十五以下、少壮之有残疾、妇女之老而孤独者，各赴本地方官报名，给牌日许往来滩灶买盐四十斤，皆负在本境无引盐地方售卖糊口"⑧。此所谓"牌盐"之制，实为官府体恤"孤寡老幼贫弱"百姓的一种特殊方式，此类民众凭牌到海丰场买盐，仅限在户籍地境内销售。此"牌盐"，因民众自行去盐场买盐

---

① 河北省地方志编纂委员会：《河北省志·盐业志》，中国书籍出版社，1996年，第166页。
② （明）汪砢玉：《古今鹾略》卷一《生息》，《续修四库全书·史部》，上海古籍出版社，1996年，第68页。
③ 长芦场志编修委员会：《长芦盐志》，百花文艺出版社，1992年，第234页。
④ 河北省地方志编纂委员会：《河北省志·盐业志》，中国书籍出版社，1996年，第140页。
⑤ 长芦场志编修委员会：《长芦盐志》，百花文艺出版社，1992年，第235页。
⑥ 长芦场志编修委员会：《长芦盐志》，百花文艺出版社，1992年，第240页。
⑦ （清）黄掌纶等撰，刘洪升点校：《长芦盐法志》卷十《转运下》，科学出版社，2009年，第167页。
⑧ （清）沈家本等：《重修天津府志》卷三一《职官》，《续修四库全书·史部·地理类》，上海古籍出版社，1996年，第651页。

境内零售，减去商人转运和官府课税等中间环节，故此"牌盐"售价较低。为便于研究清代直隶天津府各县盐价，简列下表以供参考（表四）。

表四　清代直隶天津府各县盐价表　　　　　　　　（单位：文/斤）

县别	乾隆二十九年（1764）原价	咸丰九年（1859）复价	同治十三年（1874）加价	光绪二十一年（1895）现价
盐山县	17	2	2	21
沧州	18	2	2	22
静海县	18	2	2	22
青县	19	2	2	23
庆云县	19	2	2	23
南皮县	20	2	2	24

注：此表数据出自（清）沈家本等：《重修天津府志》卷三二《盐法》，《续修四库全书·史部·地理类》，上海古籍出版社，1996年，第648页。

由上表可见，清代盐价以运道远近、水陆脚价斟酌增减。天津府各县因地近海丰场，相对价格较低，由乾隆二十九年（1764）的17—20文至光绪二十一年（1895）的21—24文，涨幅不是很大，这其中有咸丰九年（1859）"复设水师"的复价2文、同治十三年（1874）"盐收短绌费多"的加价2文。光绪二十九年（1903），奏准筹还新案赔款，直豫各岸每斤加价4文，天津府各县盐价为每斤27文上下。至宣统三年（1911），直岸天津府沧州、盐山等县盐价最低每斤32文，其余各县每斤44文上下。盐售价上升有诸多的原因，如：高堰漫口、转运困难、筹办工需、筹建水师、筹还赔款、作津浦股本等，这些都摊加在盐价上，加重了国民的负担，尤其是清末的内忧外患、军费增加和赔款，更是加大了盐价的上升。

九、结　　语

通过对明清时期海丰场的考证，可以进一步得出以下认识：

（1）明清时期，海丰场的场域范围不断扩大，海阜场、深州海盈场、海盈场先后并入海丰场。皆因滩灶荒废，制盐难以为继，进行裁汰兼并。

（2）明清时期，朝廷对场官（场大使）的管理更加严格规范。清代，场大使入流，为正八品；有礼部制授的官印；场官从全国各地选任，有一定的任期。

（3）海丰场在长芦盐区率先发展技术革新，进行"滩晒"制盐生产，改进海盐生产工艺，降低成本，节省人力物力。

（4）盐税为国家主要收入之一，明清两代尤为重视征缴，且课目繁多，灶户、灶丁负担繁重。

（5）海丰场的运销，是陆运销往附近周边县域。因境内柳河淤塞，河运中断而制约"南场"，特别是海丰场盐业的发展。海丰场产盐只能走陆运就近配卖，未行运河配销河南等地。

（6）海丰场走陆运，就近配卖，行销沧州、盐山等县域，盐价相对较低。

浅析长芦沧州盐业的历史地位

岳 宏

(天津博物馆)

摘 要 长芦盐区是我国古代最著名的海盐产区之一。沧州是长芦盐区的最早产盐之地,而且绵延不绝;沧州也是长芦盐区滩晒工艺的发源地;沧州更是芦盐的运销中心,最多时每年有数百万人食用沧盐;并且沧州曾是长芦盐区的管理中心。

关键词 沧州;长芦;盐业

长芦盐区是中国古代最著名的海盐产区之一。它位于环渤海西岸,北起山海关,南达海兴,绵延于今天的津、冀两省市,总面积曾达到965.4万公亩[1]。相对于其他著名海盐产区,长芦盐区更具备优越的生产条件。第一,渤海为内海,与外海的海水交换受到辽东半岛与胶东半岛的限制,具有一定的封闭性,海水的波美度相对较高;第二,这里是平原地带,地势低平,海水倒灌现象时有发生,由此导致地下卤水水位偏高,便于开采、滩晒;第三,相对于南方,这里的气候更为干燥,蒸发量大于降水量。这三方面因素为长芦盐区的盐业生产创造了良好的自然条件。

长芦盐区崛起于元明清时期。在此之前,盐区所在的华北地区战乱频仍,一定程度上影响了盐业的生产、运销与管理。同时,又导致行盐区域的人口凋敝,从而使需求减少。元明清三代历经的600余年,华北地区不仅拥有了较长时间的和平环境,而且,成为国都所在之区,人口大量增加,为长芦盐的发展创造了良好的条件。

正是在这一自然状况和人文历史的背景下,作为在相当长的一段时间内,长芦盐区的控制中枢和重要产销基地的河北沧州引领了长芦盐业的发展。由于盐不仅是人类生存不可或缺的食品,还是农业社会国家最重要的收入来源之一,因此,任何产盐区都会受到任何时代的任何政府或其他统治势力的重点关注。这就使得沧州盐业的历史绵延不绝,为这一地区积淀了深厚的文化底蕴,并使之成为地方特色。

一、长芦盐区的最早产盐之地

早在先秦时期,沧州地区就盛产海盐。文物部门在海兴杨埕水库进行考古调查时,发现十处古

---

[1] 长芦场志编修委员会:《长芦盐志》,百花文艺出版社,1992年,第1页。

代文化遗存，其中大部属于春秋战国时期。在文化遗存区的地表暴露出很多厚壁红陶釜碎片。专家推测，红陶釜应与当地煮盐业有关，很可能是用于煮盐的器具。这一考古发现，不仅填补了河北省盐业考古的空白，而且也是迄今为止长芦盐区发现的最早的海盐生产遗存，表明长芦盐区的盐业生产很可能起源于沧州地区。历史文献也表明，沧州地区拥有悠久的产盐历史。据《史记》记载，先秦时期，沧州地区位于齐、燕两国交界之处，先属齐，后属燕。春秋五霸之首的齐桓公曾为燕国征伐山戎。回国途中，燕国国君送其出境，齐桓公遂将燕君所到的原属齐国的土地割让给了燕国。这块土地就在沧州地区。齐、燕两国在当时均为产盐大国。《管子》中有大量篇幅讲述齐国的盐业生产。如"齐有渠展之盐"、"成盐三万六千钟"、"北海之众勿得聚庸而煮盐。然盐之贾必四什倍"等。有学者认为，这里的"渠展"为渤海的别称。《国语》中也有："齐通鱼盐于东莱"的记载。近年来，在山东寿光发现了大面积商周时期的海盐遗址，这表明早在商代这里就已经开始了大规模的海盐生产。《史记》评述燕国时说"燕有鱼盐枣栗之饶"。这可以与海兴杨埠水库的考古调查相互佐证。总之，先秦时期，沧州地区无论属齐，还是归燕，都已是海盐生产基地。

到了汉代，沧州地区的盐业生产得到进一步发展。西汉至新莽时期，在全国三十六个集中产盐之地设置盐官，其中就包括勃海郡之章武。勃海郡的郡治就在沧州市东南的浮阳。

西晋时期，石勒命王述在角飞城——魏晋时期的一座城池——煮海煎盐；十六国时期的后赵也"煮盐角飞城"。角飞城的地址位于今河北省黄骅市海丰镇（一说在今天津市东丽区军粮城）。

北朝东魏天平元年（534），当时的政府在沧、瀛、幽、青四州傍海之地设置盐官，使当地百姓煮盐。其中，在沧州置灶1484个，在瀛州（治所位于今属沧州的河间境内）置灶452个[①]，总计近2000个。此后，或许是为了进一步管理盐业生产，北周大象二年（580）在长芦河畔设置长芦县，因两岸芦苇密布而得名。治所在今河北省的沧州市西。

到了唐代贞观初年，沧州刺史薛大鼎开挖隋末填废的无棣河，"引鱼盐于海"，使这一地区的海盐生产气象一新。唐代中期，沧州海盐生产一片繁荣，《新唐书·食货志》在谈及盐价时将沧州与楚、海、杭、苏州并列，表明盐业生产使沧州地位空前提高。唐代中后期的沧州盐业之所以繁荣发展是因为这里是横海节度使的治所。不仅黎民百姓熬盐，戍军亦实行屯盐制。各屯按年向朝廷交纳盐课。

五代时期，沧州地区海盐生产的繁盛景象对周边地区产生了巨大影响，时有投奔者。辽穆宗应历三年（953），芦台军使兼幽州榷盐制置使领防州刺史张藏英带领所部煮盐灶户7000余人脱离辽，渡海前来沧州。不仅使沧州的盐业生产锦上添花，而且增加了盐课收入。

北宋时期，沧州地区"地多碱卤"，"民唯以煮小盐为业，衣食赋税皆仰于此"。沧州等地的盐场大约在宋代初年就已经设立。这一时期，沧州每年向河北东路供课盐9145石[②]。景德年间

---

① 乾隆八年《沧州志》。
② 乾隆八年《沧州志》。

（1004—1007），仅沧州三务（类似分场场务所）就产盐457 250斤[1]。当时的沧州位于宋的北部边陲，与辽接壤，生产出的海盐应该有不少用于宋辽贸易，而辽盐质量上乘，其中的白盐常常是契丹使节馈赠邻邦的礼品。沧盐的质量应该不输辽盐，方可流通边贸。

有金一代，在全国设置七个盐司。其中，承安三年（1198）沧州盐司的年产盐量估计曾达到过37 346 341斤和52 697 828斤[2]。

元代是长芦盐生产开始得到迅猛发展的时期，这应该与长芦盐区毗邻大都（今北京）及维持庞大帝国的众多人口有关。自蒙古太宗元年（1229）到至元二十四年（1287）长芦盐区先后设置盐场22处。早在元朝建立前的1240年，河间地区各盐场"岁办三万四千七百袋"，每袋400斤，总计1388万斤；1243年，河间增为九万袋，总计3600万斤[3]。元朝建立后，沧州地区的盐产量得到进一步增加。至大元年（1308），河间岁办盐额达到45万引，共计1.8亿斤[4]。

由于沧州当时是大都河间盐运司所在地，其管辖范围所产的盐被称为"沧盐"或"长芦盐"。

明代是长芦盐区发展的鼎盛时期。明初，全区共有盐场24个，其中由沧州盐司管理的就有12个，占了一半。它们分别是：海润场、阜民场、利国场、海丰场、利民场、益民场、海阜场、润国场、阜财场、富民场、深州海盈场、海盈场。隆庆三年（1569）全区盐场减为20个，沧州盐司管理9个。万历年间（1573—1619），长芦盐区年产盐额为239 850引，引重650斤，总计约1.56亿斤[5]。考虑到当时长芦北部盐场的生产方式基本上仍采用熬煎法，如青州分司所辖规模较大的丰财场顺治元年（1644）才开始滩晒，芦台场至迟到康熙初年才实行[6]，其他盐场更无从谈起，因而产量较低，而南部的沧州地区盐场则已开始改用滩晒法制盐，产量大为提高。有鉴于此，可以推测，其中的大部分盐应是由沧州分司生产出的。

清代初年，由于长芦盐区开始大规模改煎为晒，年产盐量大幅度提高，达到了6亿斤[7]。沧州地区的主要盐场——海丰场此时应该完全改为滩晒，产量可观。此后，特别是康熙十六年（1677）长芦盐运使司迁到天津后，沧州盐司管理的盐场持续缩减。康熙十八年（1679），沧州盐司的盐场减至7个；到了雍正十年（1732）沧州盐司所辖盐场仅剩海丰场1个[8]。到清代宣统三年（1911）沧州分司仍年产盐近770多万斤。

从目前的考古成果和文献梳理来看，沧州地区的产盐历史在长芦盐区内不仅最早，而且持续不断，在相当长的一段时间内，沧州都是长芦盐生产历史的创造者。

---

[1] 长芦场志编修委员会：《长芦盐志》，百花文艺出版社，1992年，第76页。
[2] 郭正忠：《中国盐业史·古代编》，人民出版社，1997年。
[3] 《沧县志》，1933年。
[4] 长芦场志编修委员会：《长芦盐志》，百花文艺出版社，1992年，第76页。
[5] 长芦场志编修委员会：《长芦盐志》，百花文艺出版社，1992年，第76页。
[6] 长芦场志编修委员会：《长芦盐志》，百花文艺出版社，1992年，第37页。
[7] 长芦场志编修委员会：《长芦盐志》，百花文艺出版社，1992年，第76页。
[8] 长芦场志编修委员会：《长芦盐志》，百花文艺出版社，1992年，第17页。

二、长芦盐区滩晒工艺的发源地

自先秦至南宋,中国的海盐生产一直采用煎煮的方式。大约在南宋时期,自福建开始实行滩晒法,并迅速北传。滩晒是海盐生产工艺的革命性变革,与煎煮法相比较有较大的优势:首先,滩晒法操作简便,较为省力,将海水注入晒池即可。其次,晒盐法成本较低。再次,滩晒法生产效率较高。晒池的制盐量远高于煎煮。此外,对政府而言,滩晒法制盐不易隐匿,便于稽查私盐[1]。但是,滩晒法也有一定的局限性,最突出的就是对气象条件要求较高,最怕下雨和风暴潮。而煎煮法则可在罩棚内进行,且可选择在海潮侵扰之外的地方设灶煎煮,故不惧下雨和海潮。尽管如此,滩晒法取代煎煮法也是必然的趋势,史实也证明了这一点。

长芦盐区何时采用滩晒制盐有不同看法。一种观点认为,起自明代嘉靖元年(1522)[2],另一种观点认为起自明代正德、嘉靖之交(1521—1522)[3]。这两种观点在时间上稍有差异,但本质区别不大。第三种观点差异颇大,认为始于元世祖至元二十九年(1292)[4],时间提早230年。前两种观点都有文献支撑,如明代章潢《图书编》卷九十一的《长芦煎盐源委》。据张毅推测,是书的史料来源是成书于明代嘉靖年间的《长芦运司志》,"因而相对具有较强的针对性和可信度"[5]。第三种观点的史料来源尚未可知,但亦非毫无道理。因为,据记载,金代时期,与长芦盐区毗邻的山东沿海已开始出现晒盐法[6]。一种先进的制盐工艺,自福建传至山东半岛,千里之遥最多不过百余年的时间,而相邻之地竟需230年,似不合逻辑。尽管起始时间尚有争议,但长芦盐区滩晒法的施行过程为自南向北,也就是由沧州地区开始实施,且根据福建经验,这一点应有共识。据记载,有福建人来到海丰、深州海盈二场,看到这里的滨海地形,有"大口河一道,源出于海,分为五流,列于海丰、深州海盈二场之间,河身通东南而远去",便对当地灶户高淳等称可于此晒盐,并向他们传授晒盐之法:首先,在河边修一盐池,隔为大、中、小三段,然后,次第注水于内。晒十二天,水干盐出。于是,高淳等就成为长芦盐区最早的晒盐灶户。后来,海丰场灶户高登、高贯等,深州海盈场灶户姬彰等共五十六家也开始滩晒制盐。共占官地一十二顷八十亩,建立滩地四百二十七处。所晒盐斤或上交官府,或卖与商人。长芦御史刘思贤得知晒盐利厚,曾减征盐课以资鼓励[7]。滩晒法开始由沧州分司的海丰、深州海盈两场向北传播。到隆庆三年(1569)时,沧州分司下辖的四个盐场实行了滩晒法,其他八个场与青州分司辖下全部盐场,仍使用煎煮法。最

---

[1] 张毅:《明清天津盐业研究》,天津古籍出版社,2012年。
[2] 长芦场志编修委员会:《长芦盐志》,百花文艺出版社,1992年,第37页。
[3] 长芦场志编修委员会:《长芦盐志》,百花文艺出版社,1992年,第72页。
[4] 见中国盐业总公司展览"盐的故事"。
[5] 张毅:《明清天津盐业研究》,天津古籍出版社,2012年,第70、72页。
[6] 郭正忠:《中国盐业史·古代编》,人民出版社,1997年。
[7] 长芦场志编修委员会:《长芦盐志》,百花文艺出版社,1992年,第37页。

晚到万历三十六年（1608），长芦盐区北部的青州分司所属盐场也开始施行滩晒法[①]。时人徐光启（1562—1633）也曾大力主张废煎改晒，并极陈晒盐五利。

到了清代初年，长芦盐区开始更大规模地自南向北推行滩晒。丰财场于顺治年间（1644—1661）开晒，芦台场于康熙初年实行。康熙十八年（1679）后，清王朝提倡"天日制盐"，长芦16场除阜民、石碑、济民、归化4场外，其余改为晒制。据咸丰二年（1852）进士王守基《长芦盐务议略》记述，到雍正十年（1732）后，长芦盐区十场中使用滩晒法制盐的有兴国、富国、海丰、严镇4场，使用煎煮法的有石碑、济民、归化3场，而丰财、越支、芦台3场则半煎半晒。到了清朝末年，长芦盐区才全部易煎为晒。

滩晒法作为一种海盐生产工艺一直沿用至今。在长芦盐区，沧州地区的盐场最早接纳、试用、传播了这种制盐方式，为充分发挥长芦盐区干燥、少雨的自然优势，进而不断提高盐产量奠定了基础。

三、供给百万人口用盐的运销中心

历史上，沧州地区不仅是长芦盐的生产基地，而且还是运销中心。其所在区域及邻近府州县的众多人口用盐均由沧州地区的盐场供给。早在唐代永徽元年（650），为了运销海盐就疏浚了今海兴境内的无棣河。到了至德元年（756），河北招讨使为筹措军费曾在沧州（时称景城）地区大量收盐，销往附近各郡。今长芦盐区在当时的销地为包括幽、平、瀛、沧诸州的河北道[②]。河北道的面积为18万平方千米。天宝年间（742—756）河北道辖县152个，人口超过1000万，占全国人口的20%[③]。平均来看，沧州地区至少供应其中的四分之一人口用盐。考虑到，沧州在唐代曾是景城郡治和横海节度使治所，人口应该更为稠密，供盐人口应在300万人以上。按《新唐书·地理志》统计，今河北省在天宝年间有人7 135 437口[④]。当时的河北东北部地区已属边塞，人烟不会稠密，沧州地区及毗邻地域应属人口聚集之地，食用沧盐的人口为300万左右似有可能。这也就不难理解为什么沧州在唐代与杭州、苏州等州并列。

北宋时期，据保守估计，沧州地区生产的"河北盐"除本地食用外，还被销往邢、洛、磁、镇、冀、赵6州[⑤]。特别是北宋开宝三年（970）解除河北盐禁后，大名、真定2府，贝、冀、邢、洺、深、赵、沧、磁、祁、定、保、瀛、莫、雄、霸15州及德清、永静、乾宁、定远、保定、广信、安肃、永定8军均许通商。此外，由于沧州位于宋辽交界之处，为了与辽盐竞争，天圣元年（1023），河北盐税减半征收。这些政策应该有力地促进了沧盐的流通。北宋崇宁元年（1102）

---

① 张毅：《明清天津盐业研究》，天津古籍出版社，2012年，第73页。
② 长芦场志编修委员会：《长芦盐志》，百花文艺出版社，1992年，第139页。
③ 梁方仲：《中国历代户口、田地、田赋统计》，上海人民出版社，1980年，第114、186页。
④ 高树林：《河北古代人口发展概述》，《河北学刊》1985年第3期。
⑤ 长芦场志编修委员会：《长芦盐志》，百花文艺出版社，1992年，第139页。

沧、冀州所在的河北东路有1 524 314人，毗邻的磁州所在的河北西路有1 289 086人，合计有2 813 400人①。如果当时仍然实行开放盐禁，减半盐税的政策，这些人口中的相当一部分应该食用沧盐。

在金代大定年间（1161—1189），"河北盐"在行销河北东、西路、大名府路等河北地界外，还销往归德府、河南府等河南地界。据统计，金代仅河北东路就辖68县，有413 540户；河北西路辖94县，有726 560户；大名府路辖43县，有494 414户，共计有205县，1 634 514户②。按大定二十七年（1187）每户平均人口6.58计算③，应有人口约1075.51万人。如果再加上归德府、河南府，人口会更多。考虑到由于私盐流通和统计资料来源不一等影响沧盐人口统计的原因，沧盐的供给人口也应该有数百万人，较宋辽时期有所增长。据《金史·地理志》统计，金朝时期河北有人12 024 635口④，较宋辽时期有大幅度的提高。

元代设大都河间盐运司于沧州长芦，使这一地区的盐业产销得以持续发展。《山东盐法志·山东盐使周信臣去思颂》："长芦当燕、齐之交，天下之要区也""豪商大贾，车击舟连"。当时芦盐的行盐范围达到大都路及其以南、太行山以东和黄河以北地区，包括今河北大部、京津地区和河南一部。尤其重要的是，大都河间盐司担负着供应大都（今北京）百万人口与宫廷用盐的任务。大都之盐除商运外，官府还实行过常平盐局法。大都常平盐局每年用盐1.5万—2万引，每引400斤，即为600万—800万斤。这些盐经运河运至大都。13世纪末，大都河间盐运司的产销活动主要在两个区域展开，沧州所在的河间路和大都附近。其中，河间路有盐户3565户，大都附近各盐场可能有2000户左右⑤。表明河间路的盐业产销是大都附近的1.5倍多，应该是大都河间盐运司的产销中心。但具体沧盐的供应人口数量不详，根据史料来看，应少于金代。因为河北地区曾是蒙古灭金的主战场，人民杀戮殆尽，幸存者亦四散逃难，再加上金宣宗南迁时徙河北军民百余万口至河南，使得河北人口锐减，只剩下117万人，比金朝降低90.27%⑥。按同样比例推测，食用沧盐者仅数十万人。

到了明代，长芦盐区正式定名。由于明代曾强行规定成年人每月买盐1斤，未成年者买半斤，刺激了长芦盐的销售。明代末年，长芦盐的销量为239 850引，每引纯盐重620斤，约合1.49亿斤⑦。尽管明朝也曾有民间食盐听其自买的时期。

明代芦盐行销的区域包括北直隶与河南彰德、卫辉等十余个府的一百多个州县。其中，沧州所在地区的河间府2州16县的人口应以食用沧盐为主，毗邻地区的保定府、真定府等以及顺德、广平、大名等府，甚至河南的彰德、卫辉等地也会有部分人，甚至大部分人食用沧盐。因为这些地区距沧州分司所辖盐场、盐坨较青州分司更近，且有水路相通。据统计，万历六年（1578），北直隶

---

① 梁方仲：《中国历代户口、田地、田赋统计》，上海人民出版社，1980年，第153、154页。
② 梁方仲：《中国历代户口、田地、田赋统计》，上海人民出版社，1980年，第169页。
③ 梁方仲：《中国历代户口、田地、田赋统计》，上海人民出版社，1980年，第165页。
④ 高树林：《河北古代人口发展概述》，《河北学刊》1985年第3期。
⑤ 郭正忠：《中国盐业史·古代编》，人民出版社，1997年。
⑥ 高树林：《河北古代人口发展概述》，《河北学刊》1985年第3期。
⑦ 长芦场志编修委员会：《长芦盐志》，百花文艺出版社，1992年，第143页。

所辖的河间府有419 152人，保定府有525 083人，真定府有1 093 531人，顺德府有281 957人，广平府有264 898人，大名府有692 058人，合计3 276 679人①。这些人口的60%以上，即至少应有近200万人食用沧盐。实际上，沧盐的供给区域可能更为广泛，不限于临近府县。因为在此前的嘉靖年间（1522—1566），曾有人建议将沧盐运往江南，以平衡盐价。因为当时供给江南的两淮盐价格昂贵，而南运河畔的沧盐价格最廉②。

有清一代，由于长芦青州分司（后称天津分司）盐业发展后来居上，沧州盐业在长芦盐区的历史地位有所下降。这一时期，虽然行盐的区域与明代大致相同，但沧盐在运销方面已远远落后于天津。据《长芦盐法志》（嘉庆版）统计，在长芦盐传统销地直隶省（今河北省）的133个县、州、营中，完全食用沧盐的仅有5个，分别是宁津县、沧州、南皮县、盐山县和庆云县，仅约占总数的3.76%；由沧州与天津共同供应的有9个，它们是河间县、献县、交河县、阜宁县、景州、吴桥县、东光县、静海县和青县。其他均由天津等地供应。与天津相比，沧州距河南更近一些，食用长芦盐的河南部分地区本应由沧州供应，但实际上均由天津供应。引岸的萎缩应与沧盐产量的下降及沧州盐商势力的北移、衰弱等因素有关。

在食用沧盐的5县中，除宁津属河间府外，其余均属天津府。当时，天津府辖天津、静海、青县、沧州、南皮、盐山、庆云1州6县。其中的沧州、南皮、盐山、庆云4州县完全由沧盐供应；静海、青县由沧州、天津共给。由此可见，天津府人口大部分应该食用沧盐。据嘉庆二十五年（1820）统计，天津府面积1.26万平方公里，有人口160万③。加上河间府的宁津县，估计食用沧盐的人口至少应在百万以上，甚至更多。因为当年河北人口达到了前所未有的高峰，为15 862 551人④。

到了清代末年，沧州虽仍产盐但却不再销售，所产之盐海运天津，存于盐坨⑤。

除了民用盐外，沧州还供给皇家专用的贡盐，用于祭祀及宫廷人员、部分在京官员的食用。早在元代，长芦盐区每年供应宫廷用盐即达1500引，约合60万斤。明代初年，贡盐由两淮盐区供应。从明代中期开始贡盐由长芦运司供办。就盐品质量而言，明代有"广不如浙，浙不如淮，淮不如长芦"之说。明清时期的长芦贡盐包括青盐、白盐、盐砖、盐卤四种。清代雍正三年（1725）沧州分司所属各盐场派征贡盐情况如下（表一）：

表一　清雍正三年（1725）沧州分司所属各盐场派征贡盐表　　　（单位：斤）

盐场	额征正、耗盐	实征本色正、耗白盐
利民	69 320　闰加1037.5	19 736.6
阜民	48 375　闰加990	13 772.85

① 梁方仲：《中国历代户口、田地、田赋统计》，上海人民出版社，1980年，第203页。
② 郑民德：《明清运河城市的历史变迁——以河北沧州为中心的历史考察》，《河北工业大学学报（社会科学版）》2012年第4卷第2期。
③ 梁方仲：《中国历代户口、田地、田赋统计》，上海人民出版社，1980年，第273页。
④ 高树林：《河北古代人口发展概述》，《河北学刊》1985年第3期。
⑤ 郑民德：《明清运河城市的历史变迁——以河北沧州为中心的历史考察》，《河北工业大学学报（社会科学版）》2012年第4卷第2期。

续表

盐场	额征正、耗盐	实征本色正、耗白盐
利国	51 750　闰加990	14 734.2
海丰	71 550　闰加1732.5	20 371.65
深州海盈	33 525　闰加742.5	9 545.25
富民	50 625　闰加990	20 948.2
阜财	103 375　闰加1980	26 585.65
严镇	93 025　闰加1385	26 486.2
总额	913 185　闰加19297.7	260 000

注：据张毅《明清天津盐业研究》第97页。

四、长芦盐区的管理中心

盐业产销中心必然也是盐政管理中心，因为它不仅关乎民生，还是国家税课的重要来源。为了管理盐业产销和征收课税，历代统治者都在集中产盐地设置盐官。先秦时期，沧州地区曾经归属的齐国通过"官山海"开启了盐业专卖制的先河。西汉时期，在全国三十六处产盐集中地设置盐官，其中就包括勃海郡的章武（今黄骅故县村），而当时勃海郡的治所就在浮阳，位于今天沧州市的东南。这是文献记载的后来长芦盐区内的最早盐官之一。

到了唐代，在沧州地区所属的河北道设置盐铁使。

北宋开宝三年（970），解除河北盐禁，官收盐税，每斤1文，住税每斤2文。为了与辽盐竞争，天圣元年（1023），河北盐税减半征收。同年规定，商人运盐加耗盐十分之一。皇祐年间（1049—1054），当时的政府在沧州设盐监，监察销盐不守法者。

金代在沧州设盐使司，负责管理生产、销售。还设置了沧州盐巡捕使，负责巡捕私盐。

蒙元时期是长芦盐区形成统一管理体系的时期，也是今沧州地区成为盐区管理中心的时期。这一时期，在沧州设置了一系列盐业管理机构。蒙古太宗二年（1230），设立河间税课所。太宗六年（1234），又设立河间盐运司，对盐的产销进行管理。太宗十五年（1243），设置提举沧清盐课使所。中统元年（1260），设置宣抚司提领沧清深盐使所。中统三年（1262），改置都提领拘榷沧清盐课所；翌年，改称转运司。元世祖至元二年（1265），设立河间都转运司，至元八年（1271），改为河间路都转运盐使司，至元十九年（1282）撤销，改立清、沧盐使司。至元二十二年（1285），复立河间路都转运盐使司。大德七年（1303），大都路都转运盐使司，并入河间路都转运盐使司。泰定二年（1325），改称大都河间等路都转运盐使司。直属中书省户部。下辖22个盐场。由于盐运司设于沧州地区的长芦，所产盐被称为"沧盐"或"长芦盐"。至此，长芦盐区始有统一的管理机构。

明代洪武二年（1369）正月，设置北平、河间都转运盐使司，后更名为河间长芦都转运盐使司。永乐年间，省"河间"二字，简称长芦都转运盐使司，驻沧州。长芦盐区正式定名。长芦都转运盐使司内部机构有经历司与广积库，直属机构有沧州、青州二分司。置同知于沧州分司，驻海丰场杨二庄（今沧州黄骅羊儿庄）。万历三十九年（1611）沧州分司移驻沧州城内。沧州、青州二分司各辖12个盐场。长芦都转运盐使司设运使一人，从三品，总领盐区事务。同知一人（从四品）、副使一人（从五品）、判官无定员（从六品）。下属有经历司，设经历一人、知事一人、库大使、副使各一人。明代进一步巩固了沧州作为长芦盐区管理中心的地位。

清代在设置盐官方面，基本沿袭明制。只是将长芦都转运盐使司改称长芦都转盐运使司。但盐运司的驻扎地却于康熙十六年（1677）由沧州迁移至天津。此前的康熙七年（1668），巡盐御史署也由北京移驻天津。这标志着天津取代沧州开始成为长芦盐区的管理中心。

由此可见，至迟自汉代到清代康熙初年，沧州地区一直是盐业管理重地，其中，元明两代又成为长芦盐区的管理中心，为长芦盐业秩序的形成、发展作出了重要贡献。

长芦地名简考

孙 建

(沧州市区域研究所)

摘 要 长芦，作为中国一个历史悠久、传扬度极高的地名称谓，几乎贯穿了整个北方产盐历史，但是关于"长芦"的由来一直没有较为明确的来源梳理。本文就这一问题，从现有文史资料找寻地名"长芦"的来源与承嗣，继而解读与之相关的历史，从而为长芦、黄骅的历史沉淀做一下佐证。

关键词 长芦；地名；历史

一、长芦作为地名最早见于何时？

长芦作为地名，首见于《晋书》卷一百七《冉闵传》：

> 会石琨自冀州援（石）祗，（姚）弋仲复遣其子襄率骑三万八千至自漏头，（慕容）儁遣将军悦绾率甲卒三万自龙城，三方劲卒合十余万。闵遣车骑胡睦距襄于长芦，将军孙威候琨于黄丘，皆为敌所败，士卒略尽，睦、威单骑而还。

公元351年（晋穆帝永和七年、前秦苻健皇始元年、魏冉闵永兴二年）二月，原后赵大将称帝魏主的冉闵自去年十一月上围攻后赵石祗国都襄国（今邢台市）已经有一百多天了。石祗见形势危急，乃去帝号，称赵王，派遣太尉张举乞求救兵于前燕慕容儁，答应解围之后即送上传国玉玺。同时，又派中军将军张春求兵于驻扎在外的羌族首领右丞相姚弋仲。三月，弋仲命令其子姚襄率领骑兵二万八千人自滠头兴师救赵。同时，弋仲也遣使通告于燕，慕容儁派遣御难将军悦绾自龙城（今辽宁朝阳市）起程率兵三万前往与姚襄会师，与此同时，后赵的汝阴王石琨也自信都（今衡水冀州）进兵，三方合劲卒有十余万之多。燕军路远，尚构不成威胁，冉闵于是派遣车骑将军胡睦拒姚襄于长芦，将军孙威拒石琨于黄丘（《资治通鉴》卷九十九、《十六国春秋》卷十九）。

《晋书》那段文字里面共涉及冀州、漏头、龙城、长芦、黄丘五个地方，其中"漏头"，《资治通鉴》《十六国春秋》等书皆作"滠头"，今按"滠头"是。

关于漯头，《历代通鉴辑览》卷三十三谓"漯头，在今直隶冀州枣强县东北"，《元和郡县志》卷二十一《冀州》、《太平寰宇记》卷六十三《冀州·枣强县》皆谓"枣强县县外城即姚弋仲之故垒也"。《资治通鉴》卷九十五胡三省注引《水经注》："清河过广川县东，水侧有羌垒，姚氏之故居也。"广川县即枣强也。顾祖禹《读史方舆纪要》卷十四亦云："漯头戍，在县东北。昔咸和八年，石虎命姚弋仲帅其众数万徙居清河之漯头戍，即此。"

关于黄丘，《魏书·地形志》谓钜鹿郡鄡县有黄丘，雍正《畿辅通志》卷二十三谓鄡县故城在束鹿县（今石家庄辛集市）东，《大清一统志》卷十则言黄丘在束鹿县南。

关于长芦，《资治通鉴》胡三省注引《水经注》"漳水过堂阳县西，分为二水，其右水东北注出石门谓之长芦水，长芦水西径堂阳县故城南，又东径九门陂，又东径扶都县。《五代志》（引者按：即《隋书·地理志》）隋置长芦县，属河间郡。刘昫曰：长芦。汉参户县地。"其意即指为今沧州市。

然而，从地图上看，冉闵自邢台前往迎战由枣强、冀州出发的敌人，怎么走也绕不到敌人北面二百余里的沧州来，何况当时沧州已在慕容儁控制之下。那么，此战之长芦究竟是哪儿呢？

二、古文献中带长芦的专用名有多少？

古代文献中的勃海（渤海），有时指国，有时指郡，有时指县，不明沿革者，一见"勃海（渤海）"二字，便兴奋地以为就是沧州，于是未加考辨，就盲目征引，人为造成了方志中的地名错乱，殊不知此勃海（渤海）非彼勃海（渤海），一念之差，迥隔千里。

古代文献中长芦的多地一名情况，较勃海（渤海）更加严重，不容不辨。

（一）长　芦　水

《元和郡县志》卷二十二《长芦县》引《水经》："长芦，水名也。水旁多芦苇，因以为名。"这是长芦水的命名原因。

长芦水，一名长芦河。《元和郡县志》卷二十一《信都县》："衡水，亦曰长芦水，即浊漳之下流也。"又同卷《衡水县》："县在长芦河西，长芦河则衡漳故渎也，因以为名。"

这是北方的长芦水。而作为长芦水的别名长芦河，南方的六合县（今南京市六合区）也有一条，不过它不是自然河流，而是人工开凿的运河，作为长江与沙河（在今江苏江浦县东三十里）的连接渠。乾隆《江南通志》卷十四载："长芦河在仪征县西四十里，其上流为沙河，宋天圣中，发运使张纶开以入江。"宋仁宗天圣三年，由当时的江淮发运副使汝阴人张纶主持开凿，好让来往于长江的船只得到一个避风港。

这条长芦河，又名长芦江。顾祖禹《读史方舆纪要》卷二十："沙河，在县南长芦镇，亦曰西河，亦曰长芦江，自江浦县导流入境。"

（二）长 芦 口

长芦口，就是南方长芦河（长芦江）的入江口。宋代李焘《续资治通鉴长编》卷一百〇三载："天圣三年六月丙寅，发运副使张纶请开真州长芦口为河，属之江，以免舟楫漂失之患。诏从之。"

（三）长 芦 镇

历史上，长芦镇至少有三个。

一在今河北南宫县，《元丰九域志》卷二载南宫州有长芦、新河、堂阳三镇。《大清一统志》卷三十一《冀州·关隘》："长芦镇，在南宫县北。"

一在今江苏六合，乾隆《江南通志》卷二十五《舆地志·六合县》："长芦镇，县南二十五里。旧为戍守处。宋时置镇，设沿江巡官，监税渡于此。"

一在今沧州市区，宋代省长芦县而置（沿革请见下文）。

（四）长 芦 寺

长芦寺在江苏六合南二十五里，濒临长江，始建于南朝梁武帝萧衍普通年间（520—526），佛教禅宗著名寺院之一。杜牧诗"南朝四百八十寺，多少楼台烟雨中"，长芦寺即为当时"四百八十寺"之一，后来北宋天圣年间和南宋淳熙时两次重建。

（五）长 芦 泽

对于前文所引《晋书》冉闵与姚襄等会战一事，《十六国春秋》有不同记载："弋仲遣使与燕连和，告于慕容儁，儁遣御难将军悦绾将兵三万会襄，襄击闵于长芦泽，大破之而归。弋仲怒襄之不擒闵也，杖之一百。"（卷五十三）这个长芦泽应当就是《晋书》所载冉闵部将胡睦抵御姚襄之地。

（六）长 芦 泊

司马光《温公日记》："先是，永济河自武城东趋永静军，后为黄河所截，北趋长芦泊。前岁又为黄河所阕。会地震，李村口决，北趋五千渠。至是，黄河东行，（程）昉复开之，复循黄河故道趋永静军。"

今按，此长芦泊当即《十六国春秋》之所谓长芦泽，其位置相当于今天的衡水湖至宁晋泊一带。河北省地理研究所《关于河北平原黑龙港地区古河道图》表明，在衡水、冀州、南宫、新河、巨鹿、任县、隆尧、宁晋、辛集一带确有一个很大的古湖泊遗迹，古湖长约67千米，后来湖泊渐淤，分成现在的宁晋泊（在宁晋县附近）、大陆泽（在任县附近）和衡水湖。长芦泊极有可能也是这个古湖的一部分，就像白洋淀乃是由大大小小九十二个淀泊组成一样。

（七）长 芦 县

历史上长芦县只有一个，它的最后一个故治即在今沧州市区。下面就简略回顾一下长芦县的沿革：

南北朝时期的北周大象二年（580），于汉代参户县故城（今青县木门店）东南不远处置长芦县，属章武郡。其地有长芦水，故县以水名。

隋开皇初年，于今沧州市区运河西岸置漳河郡，辖长芦县。三年后郡废，长芦县移治废漳河郡治所，隶于瀛州。开皇十六年（596），于长芦县置景州。大业三年（607），州废，仍称长芦县，隶属瀛州。

唐武德四年（621），割沧州之清池、南皮二县，瀛州之鲁城、平舒、长芦三县于此复置景州。贞观元年（627），州废，长芦县改隶于沧州。开元十四年（726），大雨，河水泛滥，长芦县城被漂没。十六年（728），于运河东里许地方重建长芦县城。

北宋乾德二年（964），省长芦县入清池县，后不久又重新置县。熙宁四年（1071），再次省县，降为长芦镇，仍隶清池。从此，长芦再未发生重大沿革（以上沿革参见《旧唐书》卷三十九《地理志》、《太平寰宇记》卷六十五）。

知道了古文献中长芦的多种意思，稍加分析就不难得出本文第一问的结论，当年胡睦与姚襄大战的地点长芦，不在今天的沧州境内，而是位于今天的枣强县以西、南宫县偏北方向的宁晋泊一带。

三、正史记载中的长芦

除了《晋书》中的记载，自《南齐书》至《清史稿》，差不多每代史书都有长芦的记载，惟《金史》未见，而其所指，不尽相同。

比如《南齐书》卷五十七《魏虏传》："初虏寇至，缘淮驱略，江北居民犹惩佛狸时事，皆惊走不可禁止，乃于梁山置一军，南置三军，慈姥置一军，洌州置二军，三山置二军，白沙洲置一军，蔡州置五军，长芦置三军，菰浦置二军，徐浦置一军。"《册府元龟》卷二百十七引此事，在句中有注，谓："自慈姥以下皆江南地……长芦已下州渚属扬州。"盖置军之处皆为长江南北两岸之地，可知此长芦乃六合之长芦。《大清一统志》卷五十一《江宁府二·关隘》："长芦镇，在六合县南二十五里。齐建元初，魏人南寇，诏于长芦置三军，即此。"

又比如《梁书》卷二十九《萧乂理传》："会祖皓起兵，乂理奔长芦，收军得千余人。其左右有应贼者，因间劫（萧）会理，其众遂骇散，为景所害，时年二十一。"萧乂理，字季英，南兰陵（治今常州西北）人。南梁宗室。当时梁国的北部边境差不多与今天江苏、安徽二省的北界相吻合，长芦即在其管辖之内，当为南长芦，而非沧州长芦。

史书中直到《隋书》卷三十《地理志·河间郡》里，才出现真正的沧州长芦。

《隋书》之后，《旧唐书》凡九见，《新唐书》凡五见，《旧五代史》凡十二见，《新五代史》凡五见，所记皆为沧州长芦。

《宋史》凡三见，所记则变为南长芦。

《辽史》凡两见，所记又皆为沧州长芦。

《元史》凡十一见，有九处可确认为所记是沧州长芦，卷一百七十八《梁曾传》及卷一百八十二《许有壬传》两处，虽未确指，但属北长芦的概率似乎更大。

《明史》凡四十八见，亦皆为沧州长芦。

《清史稿》凡近百见，亦皆为北长芦，然已经不是沧州了，而是专指长芦盐政而派生出来的长芦盐运使、长芦盐课、长芦盐商、长芦盐场等。

四、文人墨客笔下的长芦

唐代李白的《送当涂赵少府赴长芦》、宋代黄庭坚的《发白沙口次长芦》、《阻风入长芦寺》、元代萨都剌的《宿长芦》，这几首诗，自万历《沧州志》起，一直到乾隆《沧州志》，始终是《艺文志》里的老客人，包括明人谢肇淛《北河纪余》、嘉靖《河间府志》和雍正《畿辅通志》、嘉庆《长芦盐法志》等也偶尔帮着请来沧州坐坐。其实，他们所写的长芦都是江苏长江边上的长芦，而非沧州运河边上的长芦。本来民国《沧县志》没有收录它们是一个非常明智之举，可惜后人没有领悟，有时仍旧再犯已经改过的错误。

李白诗云："我来扬都市，送客回轻舠。因夸楚太子，便睹广陵涛。仙尉赵家玉，英风凌四豪。维舟至长芦，目送烟云高。摇扇对酒楼，持袂把蟹螯。前途倘相思，登岳一长谣。"首句"我来扬都市"，《北河纪余》作"我去扬州市"，"楚太子"则作"吴太子"，讹误不少。

清代王琦《李太白集注》卷十六于该诗题下注到："唐时有二长芦，一是长芦县，隶河北道之沧州，一是长芦镇，在淮南道扬州之六合县南二十五里。陆放翁《入蜀记》曰：发真州，过瓜步山，望长芦寺，楼塔重复，江面渺弥无际，殊可畏。李太白诗云'维舟至长芦，目送烟云高'是也。则谓是六合之长芦也。"通过王琦的集注，我们知道早在陆游就认为李白笔下的长芦乃是六合的南长芦，而非沧州的北长芦。

另，赵少府，名炎，南昌人，时任当涂县尉。李白集中尚有《当涂赵炎少府粉图山水歌》《寄当涂赵少府炎》二首。此诗中第二句一个"回"字说明了一切，因为赵炎是当涂县尉，他自扬州前往长芦，正是回任职所在地的方向，故云"回"。光绪《六合县志》卷七《艺文》亦收录有李白此诗，才属名正言顺，名副其实。

黄庭坚《发白沙口次长芦》诗云："篙师救首尾，我为制中权。挂席满风力，如摧强弩弦。晓放白沙口，长芦见炊烟。一叶托秋雨，沧江百尺船。反观世风波，谁能保长年。念昔声利区，与世阅周旋。大道甚闲暇，百物不废捐。谁知目力净，改观旧山川。"

又《阻风入长芦》诗云："福公开百室，不借邻国权。法筵森佛像，天乐下管弦。我来雨花地，依旧熏炉烟。金碧动江水，钟声到客船。茗椀洗昏垢，经行数阻年。岁寒风落木，故乡喜言旋。林回负赤子，白璧乃可捐。侍亲如履冰，风雨速暗川。"

此二诗在谢肇淛《北河纪余》卷四里已经被说成是沧州遗韵。二诗均见四部丛刊景元刊本《山谷外集诗注》卷九，前一诗无甚异文，后一首差异很大，题目原为"阻风入长芦寺"，抄者漏掉了关键性的一字。

宋代史容《山谷外集诗注》卷八于《阻风入长芦寺》下注到："长芦寺，属真州。"又云："福公，禅师讳智福，江州人。四处住持，胜缘毕集，三十年间，众盈五百。"乃为"开百室"作注。而下文之"法筵龙像""雨花地""钟声客船"等，也都为佛家语。

据宋代黄䇓《山谷年谱》卷十一载，黄庭坚于元丰三年（1080）夏入京改官，授吉州太和县知县，并于秋天挈家自汴梁返归江南，其中途经盱眙至扬州，然后自白沙口（今仪征市白沙村附近）入长江，溯江而上，经长芦、金陵、铜陵、贵池、东流、浔阳等地，回到洪州分宁（今江西修水）老家。上面引录二诗正是归程所作。

误导选录者们的不仅有"长芦"，也许还有黄诗中的"沧江百尺船"，一个"沧"字更容易将诗跟沧州联系起来。嘉靖《河间府志》更是不惜把沧江改成了沧海来"坐实"，可惜禁不住毫不费力的推敲。

万历《沧州志》卷八、康熙《沧州新志》卷十五、乾隆《沧州志》卷十六、谢肇淛《北河纪余》卷四、雍正《畿辅通志》卷一百二十均录有元代诗人萨都刺《宿长芦》诗一首："柳花漠漠春归寺，柳色青青晚渡江。屋角松声撼风雨，道人一夜不开窗。"

萨都刺（1274?—1345?），字天锡，号直斋，答失蛮氏。其祖父徙居河间。泰定四年（1327）进士，授镇江录事司达鲁花赤，历南台掾、宪司照磨、经历等职，后入方国珍幕，卒。后人推为"有元一代词人之冠"，著有《雁门集》。

该诗见萨氏《雁门集》卷三，唯"柳色"作"芦叶"，题目却是《宿淮南长芦寺》，抄录者这次肯定没有查阅原集，不然不会六个字漏抄了一半。其实，诗中首句之"寺"，即指长芦寺；更何况"柳色青青晚渡江"中的"江"字也非泛泛而设，乃特指长江而言。这是萨都刺任江南诸道御史台令史期间，曾巡至六合所作。当时与萨都刺交游最多的儒士浙江温州李孝光，其《五峰集》中寄酬萨都刺诗篇多达45首，可见往还之密切，其中卷八有《次萨使君韵》四首，其一所次即为上诗，诗中有云："酒醒忆得长芦寺，半夜松声绕北窗"可作明证。

萨都刺确曾于元惠宗元统三年（1335）为录囚之事到过沧州，而且写下了《元统乙亥余录囚至沧州坐清风楼》诗，诗云："晋代繁华地，如今有此楼。暮云连海漱，明月满沧州。归鸟如云过，飞星拂瓦流。城南秋水尽，寂寞采莲舟。"前述那些误将长芦之诗也收为沧州所有的人们，极有可能是因为这一首清风楼之诗，连类而及，错把彼长芦当作了此长芦。

其实不止以上三家，宋代诸多言及长芦的诗作，几乎没有一首是说沧州的。盖北宋时，沧瀛地连边界，塘泺以北，即为他壤，罕有闲情逸致过此者。逮至金朝，沦入异族，胡羌铁马，未解风骚，故宋人别集，凡咏及长芦，皆为南长芦。如刘敞《长芦口》、刘攽《晚泊长芦赠南来邻舡》、《长芦阻风》、梅尧臣《自急流口至长芦江入金陵》、彭汝砺《长芦阻风》、王安石《李君晷弟访别长芦至淮阴追寄》、《舟过长芦》、郭祥正《长芦咏蝗》、晁补之《晚发长芦》、李纲《自金陵江行未至长芦阻风》、《过长芦》、李流谦《游长芦》、《长芦次德茂韵》均是，甚至连祖籍东光的元祐名臣刘挚《寄长芦福禅师》一诗，也是指南长芦而言。

唯一的特例是南宋汪元量《水云集》之《湖州歌》，本系北迁组诗，沿运河一路北上，过沧州后写道："长芦转柁是通津，尽是东西南北人。日暮烟花箫鼓闹，红楼烂醉楚州春。"此长芦则为北长芦。

进入元代，定都大都，运河漕运发达起来，南北飞挽，途经既多，关于北长芦的吟咏也随之日伙。郝经《长芦舟中遇风》、张之翰《长芦与赵淳父饮》、吴澄《长芦岸阻雪次韵张仲默二首》、柳贯《过宿长芦书所感》、宋褧《送太原房淳德赴上长芦校官廿四韵》、傅若金《长芦》、《过长芦追悼故运使赵希颜》、王懋德《长芦遇顺风》、张宪《长芦镇书所见》皆是。只有尹廷高的《长芦舟中夜坐》、《长芦舟中值雪》二首，在两可之间，未能明辨。

明代因为长芦刚刚改成沧州州治不久，因此在明初的许多诗人笔下还在使用老名称，如宋讷的《舟过长芦》、陶安的《次鲸川即长芦》、朝鲜使臣权近的《过沧州长芦县》、瞿佑的《长芦》、王绂的《长芦道中晚眺闻明日驾至德州》、杨焘的《长芦道中》等。到了明代中后期，由于沧州一直作为长芦盐运使司公署所在地，因此不少诗人依然念旧地使用长芦，当然那些与盐运司有关系的更不用说了，比如顾清的《送宗都运之长芦》、毛纪的《长芦舟中》、谢榛的《暮秋寄怀徐子与时宦长芦》、徐中行的《长芦署中独酌奉怀王元美兄弟俞仲蔚及吴门旧游》、赵完璧的《晚泊长芦》、谢肇淛的《早至长芦》等。

到了清代，长芦之名早被沧州代替了将近三百年，因此诗章当中单独以"长芦"为名的少之又少，目前笔者仅发现德州诗人谢重辉《长芦》诗一首。其他更多的则是在诗句中带出，比如清高宗爱新觉罗·弘历的"舣舟策马过长芦，为便民瞻近跸途"（《策马过沧州城》），嘉兴诗人万光泰的"长芦参户地，置县始宇文"（《销夏第四集分赋津郡古迹得沧州芦池》），嘉善诗人章恺的"鳌背西风蓬岛客，扁舟来看长芦月"（《闰七月十五日夜泊沧州看月》），庆云诗人崔旭的"一片长芦月，横斜几夜看"（《沧州署春日旅思》）和天津诗人沈兆沄的"舟行三月倦风尘，路指长芦碧涨新"（《沧州喜晤王一樵》）。

元代河间（长芦）盐运使司驻地考

孙 建

（沧州市区域研究所）

摘 要 沧州，作为清朝以前长芦盐业的管理、生产、转运及长芦盐商聚集中心，但是对于长芦盐运管理部门驻地的考证，尤其是元代的相关考证，有所疏漏。本文就这一问题，按照时间回溯的方式为大家展现元代长芦盐运使司驻地的变迁史，从而为北方盐业，尤其长芦盐业的一些政策变化做一份佐证。

关键词 元代；长芦；盐运使司

清康熙之前数百年间，沧州一直是长芦盐业的管理、生产、转运及长芦盐商聚集中心，长芦盐业对沧州的城市建设、经济发展和文化繁荣都起到了巨大的促进作用。

目前，我们知道长芦盐业的最高管理机构长芦运司公署设在沧州的时间下限，即康熙十六年（1677），雍正《长芦盐法志》卷五《公署》云："运使公署向在沧州新城内西南隅，临南薰门……康熙十六年，因告运商人居北所者众，运司隶沧州未便催督引课，遂移至天津。"嘉庆《长芦盐法志》卷十九《营建》同。

而长芦运司公署设在沧州的时间上限，至今学术界还没有比较明确的考证。我们不妨用倒推的办法，一步一步考证一下，以期接近较为原始的时间上限。

首先，从康熙十六年往前倒推至明初。

祖泽潜《沧州新志》（康熙十三年刻本）卷三《建置志·公署》："长芦盐运司，在州治西南迎薰门内。"

陶承庆《文武诸司衙门官制》（万历刻本）卷一《北直隶·河间府·公署》："河间长芦都转运盐使司，在沧州治东南。"

樊深《河间府志》（嘉靖刻本）卷四《宫室志·公署·沧州》："长芦都转运盐使司，在州治西南。"

陈循等《寰宇通志》（景泰刻本）卷二《河间府·公廨》："长芦都转运盐使司，在沧州治东南。"

以上文献可证明自明初至清初三百余年间，长芦运司公署均设在沧州，没有迁移过。虽然其中具体位置有州治"西南""东南"之别，但这并非讹误（陶书属于沿用《寰宇通志》而未查），也不是运司公署曾经易地改建,而是州治进行了改建。兹不详叙。

那么,明代之前,长芦运司公署是否也设在沧州呢?

1999年《辞海》"长芦盐区"词条云:

> 元太宗六年(1234),设河间盐运司,明初改名长芦,以运司在长芦镇(今沧州市)而得名。清康熙后,运司移驻天津,而长芦之名不改。

从《辞海》该词条叙述中,我们似乎可以得出自从元太宗六年(1234)河间(长芦)盐运司驻地就在长芦(今沧州市区)的结论。刘洪升先生《古代长芦食盐产地初考》谓:"明洪武二年,沧州治所迁于长芦镇,遂将设在该镇的北平河间都转运盐使司改称为河间长芦都转运盐使司,旋又省河间二字,称长芦都转运盐使司。"似乎也支持了该观点。如果此说成立,则长芦盐运使司驻沧时间恰好达到444年(编者注:会议时间为2016年)!

然而,限于体例和篇幅,《辞海》与刘先生并没有列举相关历史文献进行佐证,或许在他们看来,这可能根本就不是问题。

其实,此类观点,早在清初就有。

康熙六年(1667),长芦盐运使周卜世捐资重修运司公署,沧州人戴明说为撰《运司公署碑记》,文云:"惟我长芦在甸服之内,考之郡志,云都运衙门创于命官之初,面城背池,其规制宏敞,实先州治。"(雍正《新修长芦盐法志》卷之十五)

"都运衙门创于命官之初",也就是说都转运盐使司公署创建于都转运使司设立之时,而并没有具体年份,令人无所适从。我们只有借助其他文献循序往前,逐步考证一下河间都转运盐使司公署设在长芦的具体时间。今依照文献后先排序如下:

一、至正十三年(1353)

元代丁文升《〈圭塘欸乃集〉跋》云:

> 癸巳莫春,至鲸川,访尚书积素成先生,邂逅洹滨御史于余清轩中。适二公对方册谈论欢洽,文升从傍窃观,则《圭塘唱和集》也。

鲸川,即长芦。《圭塘欸乃集》乃是许有壬及其弟有孚、子桢唱和之诗合集。洹滨御史,即许有孚。尚书积素成先生,则是以工部尚书被贬任大都河间等处都转运盐使的成遵。

成遵(1304—1359),字谊叔,元南阳穰县人。元统元年(1333)进士,历翰林国史院编修、监察御史,顺帝时升为中书参知政事,累升中书左丞,所至有声绩。后因诬告,竟遭杖死。《元史》卷一八六有传。

许有壬《圭塘小藁》卷五《成中丞诗序》云："元统癸酉，南阳成公谊叔，既擢第，官翰林，学日益进，名日益振，仕日益显，为河间转运使，弟有孚尝过之，谈其政不释，诵其诗，又胜所闻。"许有壬序中所云正是丁文升跋中所见。

丁跋纪年为癸巳，乃至正十三年（1353）。《元史·成遵传》载，至正十年，成遵迁中书右司郎中。不久，除工部尚书。大约在至正十一年夏，因修河之役与丞相脱脱政见相左，而出为大都河间等处都转运盐使，一直任至至正十四年。

在鲸川（长芦）访问河间都转运盐使，是该机构设在长芦的有力证明。

二、至正三年（1343）

许有壬（1287—1364）《至正集》卷三十四《檀叔宽遗稿序》云：

> 长芦，古参户地，饶斥卤，我朝正盐策，实总治于此，故其繁伙轹大郡，肩摩毂击。

此文写作时间约在至正三年（1343）冬至次年（1344）春天。所谓总治于此，当指大都河间诸路都转运盐使司就设在长芦，甚至一度令户部尚书行河间等路都转运使司事的政策。

三、至元三年（1337）

傅若金（1303—1342）有《寄河间赵运使》诗：

> 雪尽官河春水生，移家还出凤凰城。竹间退食占灵鹊，花外题诗听早莺。盐井青烟晨缥缈，漕沟素月夜分明。京华久客遥相忆，欲托音书不称情。（《傅与砺诗文集》卷五）

又有《长芦》诗：

> 水国常含卤，沙场业煮盐。转输分使出，征榷置官监。桥坏仍通市，船来总落帆。依依道傍柳，无那拂征衫。（《傅与砺诗文集》卷四）

又有《过长芦追悼故运使赵希颜》诗：

> 此地经过忆往年，沙头树色翠含烟。（《傅与砺诗文集》卷八）

按，赵运使希颜，即赵师鲁（1285—1337），至顺、元统间以枢密院判官出为河间路转运盐使，除害兴利，法度修饬，绝巡察之奸，省州县厨传赠遗之费，灶户商人，无不便之，岁课遂大增。暇日，又割己俸，率僚吏新孔子庙，命吏往江右制雅乐，聘工师，春秋释奠，士论称之。后弃官归京师，至元三年九月卒，年五十有三。《元史》卷一百七十六有传。

傅若金《长芦》诗写于至元三年（1337）五月初，而《过长芦追悼故运使赵希颜》则写于此年九月之后。《长芦》诗中所谓"转输分使出，征榷置官监"，即此地设有盐运使司之意，《寄河间赵运使》诗中的"盐井""漕沟"也正是既管理盐业、又濒临运河的长芦写照，而《过长芦追悼故运使赵希颜》更直接点明了河间运使驻守长芦的事实。

四、致和元年（1328）

《元史》卷三十二《文宗本纪一》：

> 致和元年十月壬辰，（左丞相）倒剌沙贷其姻家长芦盐运司判官亦剌马丹钞四万锭，买盐营利于京师，诏追理之。

致和元年，是1328年。这段文字有两种解读，其一，"长芦盐运司"之称元代已经存在，尽管是当时的俗称，而这个俗称恰恰能够证明河间盐运使司的驻地；其二，明初纂修《元史》官员以今度古，把明初的俗称误加在了前史中。因为据《明太祖实录》卷四十，洪武二年三月癸丑，"置北平、广西二行省……凡北平所辖，府八，州三十七，县百三十六，长芦盐运司一"。可见"长芦盐运司"之俗称明初即有，而非永乐之后。

五、泰定四年（1327）

张养浩（1270—1329）《归田类稿》卷九《大都河间等路都转运盐使约约惠政碑》有云：

> 泰定丁卯夏，五太常礼仪院同金致政李君惟肃为余言，大都河间都转运盐使约约肇下车，首公绝私，以身帅下，物务之至，惟正是从。诸司转运在江左者，惟河间为重且剧。虽凤名智囊，善贾而能者，往往弗克。荷公以国人纪纲其间，未数月，久弊宿奸，芟别殆尽，加以同使郝君托欢，协心辅治，言合计谐，其相信之深巧于用，谍者有不能间。先是为转运者，余盐为引一十万五千二百五十，滞而不能售，累政坐视，计无从出。公于是走省部言状，遂听就实次年之数，中外无不趯趯称快。居尝曰：天下事自难则难，自易则易，不特理财为然也。持身玉雪，灶民自裕，商货自均，所课自集，所部自肃，功一二而功千百焉……呜呼，观是言，则公平昔临政可知

已。居无何，朝廷闻其能，赐金币异帛有差。于是，长芦民无少长一辞佥谓"国家犹示旌劝若是，吾辈可蒙其惠不为表诸显乎"，遂偕滑州尹韩严，及乡士李梓、崔惟谦辈，谋伐石颂其善政，式范后来，"闻子雅与吾使君善，又尝同朝，盍赐一言为嗣至者劝？"

泰定丁卯，即泰定四年（1327），长芦民众为大都河间都转运盐使立德政碑，则大都河间等路都转运使司设在长芦无疑。

六、大德年间（1297—1307）

王旭（？—1307以后），字景初，山东东平人。家贫力学，授徒为生，足迹半天下。大德初（1297），曾至长芦，主高百川中和书院数年，著有《兰轩集》，其卷九有《鹊桥仙·寿刘运使》词一首，卷十有代河间都转运盐使撰写的《长芦运司贺正表》四篇，同卷复有《天寿节贺表》五篇，其二、三、四诸篇皆有"职拘鹾运""身系鹾司"字样，当亦为运司长官代撰无疑，而其卷十一《送刘公美赴长清簿序》又云："大德元年秋，余至鲸川，公美时为运使幕僚，一见欢甚，询之知其为西郓刘公济川之子也。美短小精悍，莅幕三年，人服其才。"卷十四复有《运使祭御河文》。

王旭在长芦既为运使代撰贺表、祭文，又与运使及其幕僚结交，则河间都转运盐使司驻地必在长芦。

七、至元十三年（1276）

至元十三年（1276）正月，元兵下临安，二月，掳宋恭宗及太后三宫北行。其整个北行过程所经，均由日记官严光大记录下来，这份材料保存在元人刘一清所辑《钱塘遗事》第九卷中。其中闰三月初一日，严光大记到："舟至长芦镇，土人云小燕京。盖人烟辐辏，此地产盐，有盐运司。镇南有浮桥。妓乐杂剧，宴待诸使。"

行文至此，则河间路都转运盐使司设在长芦的时间与前文的第三种解读——即河间路都转运盐使司最早见于太宗至元二年（1265），已相近无几，基本可以确定自从设立河间都转运盐使司以来，其公署驻地就在长芦。

长芦盐业史，若按照运司驻地之变迁，可约略分为沧州中心段与天津中心段，通过上文论述，可知长芦盐业史天津中心段至今为339年，而沧州中心段至少为400年，而此段历史湮没已久，亟待挖掘整理弘扬之。

中国长芦盐母神话传说历史文化内涵研究

张银河

（河南省盐务局）

摘　要　中国历史悠久的长芦盐业孕育出了丰厚的长芦盐业文化，长芦盐业文化中有一种独特的文化现象：盐母神话传说。本文选取了流传在长芦盐区具有代表性的几篇盐母神话传说，进行认真分析对比，研究其历史文化内涵，反映出长芦盐业文化的悠久性、多元性、广泛性、包容性和独特性。

关键词　中国长芦；盐母神话传说；研究

长芦盐区，头枕京、津、冀，面向渤海湾，滨海环居，迤北而南，北起秦皇岛市山海关、南到海兴县老黄河口，沿渤海西北岸、西岸，绵延千里。盐业资源十分丰富，是我国古代著名的海盐区之一。历史悠久的长芦海盐在中国古代经济史中占有一定位置。

长芦原为水名，以其两岸多芦苇而得名。北周大象二年（580）于水旁置长芦县。唐朝长芦隶属于沧州，北宋废县为镇，并入清池县。清池，唐时即为沧州治所，宋金元皆因之。明洪武二年（1369）沧州治所迁于长芦镇，遂将设在该镇的北平河间都转运盐使司，改称河间长芦都转运使司，旋又省"河间"二字，称长芦都转运使司。沧州既为"盐产总汇之处"，长芦都转运使司又驻在此，自此以后，直隶之盐遂以长芦为名。

历史悠久的长芦盐业孕育出了丰厚的长芦盐业文化，长芦盐业文化孕育出了一种独特的文化现象：盐母神话传说。所谓"盐母神话传说"，主要是指以女性为故事主角的神话传说。如《渤海潮》中的"潮姑娘"、《蚩尤夺盐》中的"盐魃"、《盐姑庙》中的"燕儿"、《盐母庙》中的"老婆婆"、《盐娘娘》中的"芦花"、《盐磨》中的"蛤蜊女子"等。

一、长芦具有代表性的两篇盐母神话传说

长芦盐区以女性为故事主角的盐母神话传说有许多，但具有代表性的有两篇。

一是《盐母庙》，凤凰落在了有宝之地，故事情节是这样的：

很早以前，河北西部一个偏僻山村的一对年轻夫妇，被山寨王赶上山，他们逃出后，历尽艰辛来到汉沽滨海地带，靠捕鱼维持生活。忽然有一天飞来一只金凤凰，落

在了一个小土洼里。这夫妇俩一见，忽然跑到凤凰落脚的小土洼去看，发现有一块发亮的硬泥巴，就捡了回来。心想"凤凰不落无宝之地"，认为这块泥巴一定是宝。老头子决定到皇宫去献宝，可皇上一见是大泥蛋，怎么是宝呢！认为这是戏弄皇帝，竟被推出斩首。给皇帝引介献宝的御厨，见献宝不成反丧命，于心不忍，为了纪念献宝的老人就把那块泥巴用布包好，高高地挂在正对着锅的房梁上，他每天做菜都对着泥巴祈祷一番。

皇帝觉得菜比往日好吃，就把厨子叫来，问菜是怎么做的。厨子就说和往常一样呀，可第二天炒的菜味又变了。于是皇帝大怒，训斥了厨子。厨子一边做菜一遍思念献宝的老人，就在炒菜之际，只见从悬着梁上的布包里滴下了几滴水珠，落在锅里，菜就好吃了。皇帝询问实情，厨子如实禀报，说这块泥巴确实是宝，于是皇帝派人给死去的老人的家眷送去了金银彩缎等赏品。可老妇人见到赏品，听说老人已死，当即昏了过去。当她苏醒过后，执意不要皇帝的赏赐，最后出走不见了。她把取宝的地方告诉了穷人，于是人们都到这个凤凰落过的地方来制盐，人们给她建塞上盐母庙。

[选自《中国民间文学》（天津卷·汉沽集），天津市汉沽区民间文学集成编委会，1998年。]

很显然，这个传说是长芦海盐进入大面积滩晒时期的文化产物。

二是《盐娘娘》，情节比较复杂，是和贡盐相关：

在很早很早以前，渤海边上住着两户人家，一户姓张，老两口子和一个叫张巨的儿子；另一户姓芦，芦老汉有两个女儿，一个叫芦荣，一个叫芦花。这两户人家都不是本地人，张老汉老家在太行山下，因荒年遭灾，还不起财主驴打滚的阎王债，逃在这里。芦老汉原籍是京都人，因为芦老汉的大女儿长得俊俏无比，被当朝宰相的外甥看中，硬要抢去做妾。芦荣被逼投河自尽，芦荣妈因此一病不起，不久也去世了。芦老汉一气之下，放火烧了仇人的庄园，带着十岁的芦花逃到了海边。

张巨和芦花从小在一起打鱼、拾柴，挺要好，像是兄妹俩。后来张巨长成了一个英俊的小伙子，芦花长得像美人似的。双方老人正合计给他们俩办喜事，想不到这一带闹起瘟疫。病人吃东西不香甜，浑身没劲儿，四肢发软，出虚汗，时间长了，连炕也起不来。张、芦两家也得了这种病。那时候，人们还不知道长期不吃盐就得这种病，更不知道海水里就有盐。

再说芦花，这天出门拾柴，碰见一位拄着拐杖的老婆婆。老婆婆说会治病，芦花高兴地把老婆婆请到家，老婆婆拿出半袋白色的粉末，说每天放进菜里一些，病就会治好。芦花忙跑去告诉张巨一家，大家照老婆婆的嘱咐办，病慢慢地好起来了。芦花猜想，婆婆说不定是天上的圣母。为了感谢圣母的救命之恩，芦花花了三天三夜给老婆婆塑了一座泥像，两家人每天都跪在圣母像前求圣母保佑。过了七七四十九天，忽然南边出现一片白，远看像雪，跑近一看，有一亩地大，白花花的一寸厚，就是给人治病的那种东西。治病的老婆婆也在那里，老婆婆告诉芦花："这叫盐，人长年累月不吃盐就会得病，煮海水可得盐"，并把煮海水制盐的方法教给人们。老婆婆催促大家赶快把盐收起来，人们光顾着收盐，老婆婆不知什么时候不见了。为了纪念这位老婆婆，就在收盐的地方给老婆婆塑了像，盖了庙，叫盐母庙。从此芦花也像老婆婆一样，把盐送给附近的老百姓，给人们治病，芦花打这儿也出了名。

这时京城的皇宫里也正闹吃不到盐的这种病，皇上认为是厨夫故意不给他的饭菜做好，就把厨夫杀了。换了一个还是一样，又杀了。一连杀了十多个，还是不行，皇上就下令到各地寻找做饭的。谁做的饭能使皇上满意就让他享荣华富贵，做不好就杀掉。两个公差来到渤海一带，选中了芦花。芦花知道，只要被皇宫选上，是没有办法逃脱的，只好答应了。

芦花要到皇宫里去给皇上当厨娘，张巨和老人都不理解芦花的心思。心想，芦花是不是嫌贫爱富，要到皇宫里去享福呢？芦花是个聪明的姑娘，一下子就猜透了张巨和老人的心思，她把自己的打算告诉了张巨和老人，原来芦花立志要给姐姐和妈妈报仇。她还发现不少从内地逃来的人，都有和她一样的仇和恨。人们最痛恨的就是当朝宰相刘明安。刘明安贪得无厌，欺男霸女，无恶不作，踢寡妇门，扒绝户坟，人称外号红眼丞相。皇上只知道吃喝玩乐，刘明安独揽大权，黎民百姓对他恨之入骨，对于他，真是惹不起，打不过，受不了，告不倒。连他的三亲六故，狐朋狗友，也仗势欺负老百姓。这次被选中进宫给皇上当厨娘，真是报仇雪恨、为民除害的好机会。听芦花一说，大家才知道芦花是个有志气的姑娘。可是大家又担心芦花一个人，办这么大的事有闪失，一起合计了除掉红眼儿丞相的办法。什么办法呢？下边就知道了。

再说芦花，这天晚上给两个公差做了一顿家常便饭，在菜里放了一些海盐，两个公差美的几乎忘了自己姓什么。第二天，两个公差保护着芦花进京城，他们你争我抢地夸奖芦花手艺高超，做出的饭菜香甜无比，说得人直咽唾沫。芦花还没进宫，她的名气已经传遍了皇宫。皇上强打精神，想尽快吃上芦花做的饭菜。芦花对皇上说："不是夸口，我做的饭菜，天下无比，只是有一条，谁吃我的饭菜，必须肚净肠光，皇上要把吃的别人做的饭菜都拉出来，才能真正吃出香来。拉得越干净，吃我做的饭菜就越香，请皇上三天别吃饭。"皇上有心不依她，可她的影响已经轰动了整个皇宫；依了她吧，饿三天也够受了，最后还是决心饿三天。

三天过去了，芦花给皇上做了第一顿饭，在菜里放了一些海盐。不用说吃，闻着就够馋人的。照皇宫里的规矩，皇上吃的饭菜，宫女先尝，怕有人下毒。这一次没等宫女尝，皇上就吃起来了。饿了三天，又是放了海盐的饭菜，吃起来那个香甜劲儿就别提了。一连三天，都是饭菜香甜可口，芦花在皇上的眼里就成了活神仙。皇上下令赏给芦花黄金一万两，芦花不要。皇上奇怪，以为嫌少，就说："你说个数吧！"芦花说："我来这里，一不图黄金，二不图当官，我一心只想伺候皇上，如果皇上满意，我有什么要求时，再向皇上提出来，到那时候皇上给我做主，我就感恩不尽了。"皇上忙说："行，行，只要不要我的命和这个宝座，什么要求我都答应！"当时就下了一道圣旨：芦花有什么事，叫谁办谁就得办。这道圣旨一下，在皇宫里，皇上是老大，芦花就成老二了。从这以后，皇上吃饭宫女先尝的规矩就改了。皇上吃剩下宫女才吃。这下好了，连盘子碗也甭刷了，都舔干净了。

过了些日子，芦花偷偷带来的盐快用完了，就按照预先约定的办法，设法让张巨带盐进宫。这天皇上刚吃饭完，芦花问皇上："饭菜做得好不好？"皇上说："天下无双，盖世无双。"芦花又问"汤好不好？"皇上结巴着说："也可以。"原来芦花给皇上做饭以来，汤里从来不放盐，都是清汤淡水。芦花说："我知道皇上对汤不满意，可我只会做菜做饭，不会做汤，我有一个表兄叫张巨，做汤天下第一，请皇上召他进宫，别忘了让他把那两只雕花木桶带来。"皇上马上下令，召张巨进宫。

张巨来到皇宫，他带来的那两只木桶，是双层底，一只装的是盐，一只装的是硝。为什么要硝呢？这是芦花的主意。从此，芦花和张巨，一人做菜，一人做汤，皇上美得快晕了。

话分两头，再说皇宫里那个丞相刘明安专权惯了，对芦花、张巨受到皇上的恩宠，自然不甘心，派了探子监视他们，聪明的芦花很快就察觉了。有一天，芦花当着探子的面，往菜里放盐，探子立刻报告了红眼丞相。刘明安这下可抓住了把柄，报告皇上说，芦花并不是手艺高超，是往菜里放了一种粉末，犯了欺骗皇上的死罪，应当立即杀掉。皇上半信半疑，怕处死芦花没人给他做饭了，就下令把芦花、张巨先抓起来，让红眼丞相派人给皇上做饭。可皇上一吃，味不好，原来往菜里放的是硝，盐被芦花藏起来了。味不好还不算，皇上虽然吃得不多，可也蹽了稀。皇上大怒，要治刘明安的罪。刘明安战战兢兢地说："是我糊涂，忘了先饿三天再吃，三天以后如果饭菜不香，甘愿受罚！"皇上同意了，饿了三天，再端上饭来，不管三七二十一，狼吞虎咽地吃起来。不一会儿，肚子就响了，来不及脱裤子就蹽了，蹽了好几次，皇上便翻了白眼，眼皮也耷拉了。这下可把皇上气火了，下令把红眼丞相抓起来了，赶快把芦花和张巨放出来，皇上直给芦花、张巨赔不是。芦花说："你肚子里啥也没有了，我先给你做点饭吃。"皇上吃了饭，有点精神了，芦花说了："我到宫里来，一不图荣华富贵，二不想当官封侯，一心想把你伺候好，可你有时分不出好人和坏人。刘明安一心想害死你，他好当皇上，你倒相信他，我差一点就死在他手里，你也差点被害。这是我给你做的最后一顿饭了,我要走了!"皇上一听,土地爷扑蚂蚱——慌了神。又说好话又求情,只差下跪磕头了。芦花说:"要我留下也不难,我和红眼丞相水火不相容,请皇上把刘明安和他的狐朋狗友处死!"说完把一个名单交给皇上。皇上正恨着刘明安,又怕芦花走了,就下令把刘明安一伙杀掉。

不久,芦花和张巨从宫里走出来失踪了,几乎同时,芦花的爸爸和张巨的爹妈也不知到哪里去了。芦花和张巨走后,皇上下令捉拿芦花、张巨,到处贴了他俩的画像,到底儿也没抓到。

过了很多年,渤海边上的盐母庙倒塌了。人们再重建盐母庙时,想起芦花为人们治病,教给人们煮海水制盐和用盐为民除害的事,就按照芦花的像塑了一个盐娘娘,世世代代纪念她。盐母庙就建在汉沽牌坊街东头。

[选自《中国民间文学》(天津卷·汉沽集),天津市汉沽区民间文学集成编委会,1998年。]

文学艺术源于生活,高于生活,神话传说也不例外。《盐娘娘》传说的出现,在长芦盐区也绝非是偶然的。因为长芦盐区有过"贡白盐"和"贡盐砖"的历史。

明清时期,因地理位置靠近京城,贡盐由长芦盐区承担。贡盐品种有青盐、白盐及盐砖三种,而盐砖的烧造完全由芦台场(今汉沽盐场)承制。

汉沽盐场生产的白盐,是明清两代进贡的佳品,有史记载是明朝洪武初年(1368)。朝廷向芦台场(汉沽盐场)每年摊派1800斤。当时靠大锅煮盐的时代,生产白盐也是困难的。得由灶丁们选用上等卤水,精工细煎,才能制成白盐。到了清初顺治年间(1644—1661),进贡白盐的额度逐年增加。晒滩制盐以来,受滩田土质影响,汉沽生产出的海盐比全国各地的盐质都高,在食用盐中为全国之最,所以长芦盐区的北方八场的贡盐,全部由汉沽盐场交纳,每年进贡的白盐达到140 179斤。

明万历十一年(1583),长芦盐运使高世雨查得芦台场靠近蓟运河,水路交通便利,开始指派芦台场,每年夏季由光禄寺依照定例确定盐砖数目,行文户部,由户部转行长芦盐务衙门下达场署。制好的盐砖由场官选派专差持护票雇船经水路运至天津城北的皇盐厂。沿途遇卡,出示护票即予放行,倘若遇有水势难行等事,便令当地乡保找船分拨赶运,不得停留。到天津的盐砖由光禄寺派来的总催随同长芦盐运使委派官员押解运赴京城上缴光禄寺。如发现盐砖色泽低暗、潮气不干或损坏、席包松烂等事,光禄寺则拒绝收纳,并上奏朝廷请求驳换。

芦台场有专门从事烧造盐砖的,他们按场官指定地点,在杨家泊村和寨上盐坨就近烧造。制作盐砖要挑选洁白好盐,淘洗干净后用石磨将盐磨成盐浆,盐浆流入磨旁的缸中备用。将烧盐砖的场地整平、压实、扫净后铺上苇席,在席上依次用模子把盐末脱成砖坯。待砖坯经过淋卤、风干坚硬后,即焙以白炭(木炭的一种,品质较好)烧干砖坯。烧好的盐砖刮去黑色表层就成了洁白、晶莹的盐砖。盐砖为上窄下宽的方型。盐砖做工精细,要求砖体坚实、结构细密、色泽洁白,必须严格按照传统工艺制作。如遇大风则火力分散，难以烧透；潮湿阴雨，盐卤不出，砖不坚实容易自行融化酥裂；春天狂风沙土飞扬，颜色难以保持洁白。上交盐砖还须过秤并填据点单，若盐质不佳或延误工期必当治罪，缺斤短两也要遭受严厉责打。残破余砖，当如数上缴销毁，否则以私盐论处。

明代制定盐碡额例，每年交纳276块（每块重十五斤）。清顺治五年（1648）增到每年667块。康熙五十一年（1712），每年减解到267块。清朝末年，只交纳盐砖223块。清朝灭亡贡盐砖随之停止。

二、长芦盐母神话传说是中国女性崇拜文化的产物

女人是人类之母、是创造之神。原始社会最初的母系氏族制形成之后，人类最初的宗教形式产生了，自然崇拜、图腾崇拜、天神崇拜、母性崇拜，是当时比较盛行的原始宗教形式，但对母系氏族来说最重要的宗教形式还是母性崇拜，其主要内容是女始祖崇拜、女阴崇拜和生殖崇拜。

母性崇拜是由当时妇女在社会生产中的重要作用和崇高地位决定的。妇女是母系氏族社会的主宰，氏族部落成员的饮食起居、教化启蒙的重任由她们承担，同时原始社会低下的生产力，采集植物在那时的生活中是最重要的生活方式，而采摘是女性的特长，这就决定了妇女在经济上的优势，经济上的优势再加上生育的优势，决定了女性在社会生活中的最重要的地位。

从长芦盐母神话传说出现的时间上看，最早是在唐代，但中国母系崇拜的遗风应在唐代之前就已经形成，只是到了唐代在神话传说兴盛时期，对此又有了新的传承和发扬。

例一《渤海潮》：

> 相传远古时期，渤海没有潮汐活动，大海是一片死水。渤海岸上，长满了茂密的芦苇，在这里居住的人们，就靠打苇织席为活。
>
> 这一年，这一带闹开了瘟疫，活活的一个人，好好的腿脚胳膊都不管事儿了，慢慢地连命也就保不住了。
>
> 却说有个叫潮的姑娘，十分孝敬父母，可偏偏她的双亲都得了这种病。听人说，得了这种病，只有吃儿女两腮的肉才能见效。潮姑娘拿来一张割苇子的镰，眼泪汪汪地望着躺在地上痛苦呻吟的二老爹娘，就要动手割肉。这时，面前出现了一位老太太，笑眯眯地拦住她说："好个孝顺闺女，赛花儿一样，割下肉来多难看啊。"
>
> 潮姑娘大声喊："别管我，我要救我父母。"
>
> "你救你的父母，救不了别人的父母，你要中了这病又有谁能救你呢？"老太太说，"你走出去看看全村的人吧。"
>
> 潮姑娘走出门口，见满地躺着的病人，全村除了她和老太太没有立着的。潮姑娘急傻了。
>
> 这时候，只见老太太从口里吐出一些白色的粉末，笑吟吟地塞到潮姑娘父母的嘴

里，不大一会儿工夫，潮姑娘的双亲站了起来。

潮姑娘跪地千恩万谢："老人家，我能织一手好席，换你的药吧。"

老太太笑了起来："这种药有的是啊。""在哪？""在海里。""我去找！""去了可就回不来了。""为啥？"

老太太抚摸着潮姑娘，"我刚拿的那白色的东西叫盐，它在海水里。只要龙王一笑，海水就涨出来，我就让它变成盐。""你是哪路神仙？""太阳神。""那龙王为什么不笑呢？""他还没有妻室。"

潮姑娘不说话了，两眼望着满地的病人。

太阳神说："孩子，你要有胆量远嫁大海，你将永远不死。"

潮姑娘还是不说话。她母亲说："孩子，不能啊，你、你再有几天就要嫁给牛子啦。"

一句话提醒了潮姑娘，她没命地朝街上跑去。她找到了牛子，他躺在地上，微微地睁开眼睛，充满企盼。潮姑娘流着泪跑回来找太阳神，却见一道金光上了天，炽热的光照着大地。

潮姑娘又折回来，牛子只有微微一口气。潮姑娘望望牛子，望望所有躺着的人，忽然来到父母面前，磕了个响头，转身朝大海奔去。

海面上，几个水卒迎接着她，她嫁给了龙王。为了她的父母，她的牛子，还有乡亲们，她舍去自身，强颜欢笑，每天都要找个茬引龙王开心一笑，所以就有了涨潮这一说，太阳神也很讲信用，把潮推上来的水转化成盐，从此，这种病也绝迹了。

（选自田汝林、倪树行编著：《盐灶春秋》，中国民间文学出版社，1989年。）

例二《盐磨》：

在很早很早以前，海边上住着个以打鱼为生的老汉，他为人善良，只是年过半百还孤身一人，在海边扎了个窝铺，长年累月住在那里。

这天，天上下着暴雨，海上狂风大潮，一会工夫，老汉的小铺里进了水，老汉正急手慌脚的时候，小铺里钻进个人。借着闪亮儿，老汉看清是个年轻的女子。那女子连声喊道："救命啊！"老汉被她闹懵了。女子接着说："网，快把渔网挂起来！"老汉忙照办了。女子双膝跪下，对老汉说："恩公，你救人救到底，日后相报。请把胳膊上的血滴在网上。"老汉顾不得多想，张嘴咬破胳膊，把血滴在网上，只见一团火球撞在网上，滚到海里去了。说来也怪，立刻风停雨住，潮也平了，回头找那女子，也没了。老汉虽觉纳闷，但日子一长，也就忘了。

再说这老汉有个同乡，当了官儿；一日，听说海上来了凤凰，就率人乘官船来到海上，一上岸，就见到这老汉。虽说这官儿身着官服官帽，但老头一眼就认出他来。

这家伙从小坑蒙拐骗，还偷过老汉一张网，因此记得清楚。

这当官的一见老汉，也吃了一惊。心想，我如今做了官，以前的事要让他抖搂出去，有失体面。当下起了坏心，以叙旧为名，要把老汉请到官船饮酒；老汉不愿同他来往，硬被当差的架上船，行到深水处，就被推下海去。

老汉沉入海底，一会儿又浮上来，平稳地躺在浪尖儿上，又回到岸上。一到小窝铺，想起刚才的事，又气恨又奇怪。忽又想起今天是大潮，得赶潮头打鱼，就提着渔网来到海边。

突然，海里蹦出个大蛤蜊，大得出奇，像个大冬瓜；只见这个大蛤蜊在地下乱滚，滚到老汉脚下不动了。老汉觉得出奇，就把它放在渔网里背回窝铺，养在一口缸里。黑下，这个蛤蜊啪的一声蹦出缸来。老汉听见响动，划火一看，大蛤蜊张开双壳，亮出一套家什：一盘小石磨，石磨上套着头小石牛。石磨顶上坐个小石孩，石孩手里拿着一条小石鞭，好看极了。

老汉乐了，他看着石磨，摸摸石牛，望望石孩，摇摇石鞭。忽然，空中传来一个女人的声音："小小石孩儿拿石鞭儿，小小石牛拉磨转儿。"奇怪，磨真的转起来，那声音又传来："石牛儿拉磨转圈圈儿，小磨下面出盐面儿。"果然，立刻"唰唰唰"地流出盐面来。石孩叭叭打着石牛，石牛呼呼地围着石磨转，盐面沙沙流个不停。不大功夫，就堆满小铺。老汉一见盐面儿越撒越多，又惊又喜，慌得不知怎么办好了。他忙用手指挡石磨，却挡不住。这时，天空又出现了女人的声音："石孩、石牛要听话，收起盐来明天拉。"立时，石磨停了，大蛤蜊又合上双壳，"扑通"一声，又自动地跳进水缸里去了。

老汉把盐送给渔人们，渔人们慢慢地发现用盐腌鱼不臭不烂，特别喜欢盐，老汉就不断地叫石孩赶牛撒盐，他也就天天给他的渔人伙伴送盐。

再说那个推老汉下海的黑心官，自那日见老汉沉入海底又浮出来，就觉得蹊跷，暗中派人来察访，找机会把老汉整死。当派来的人打听到老汉得宝的消息，回来就报告给狗官。

一天，这狗官乘船黑夜来到海边，让人装做打鱼人，冲着小铺喊："老汉，今天打得鱼多，卖不了怕坏了，你送点儿盐来吧。"老汉答应着，取出小磨来磨盐。让躲在外面的狗官看在眼里，他趁老汉出门送盐之时，鬼鬼祟祟地溜进草铺，把石磨偷走了。

狗官把石磨偷到手，乐得连滚带爬地回到大船，一面吩咐下人们开船逃走，一面安排留下俩人害老汉，嘱咐要干得隐蔽；自个儿迫不及待地拿出石磨，学着老汉的法子让磨生盐。大船压着海水，乘着风向前窜，石孩打着石牛，石牛拉着石磨，石磨磨着盐面儿，狗官望着，美得不得了，嘿嘿呵呵地笑着。盐面儿越来越多，船上堆着山一样的盐，船，沉没了，狗官也葬身鱼腹。

再说老汉出去送盐，又找不到人，就返回来，发现石磨没了，知道受了骗，就点灯笼按着脚印找去。路上碰上两个打鱼的伙伴，一同找来，才发现官船离了岸。老汉看着船，气呆了，倒在海滩上。不一会儿，同伴看见船上的灯渐渐没了，又听见一片惊慌地喊叫，估计是沉船了，连忙伏下身子告诉老汉。老汉想，石磨一定失落在海里，如痴如呆，一心要找到宝贝。他找了个打水斗子，每天跪在海岸上，昼夜不停地淘海水，他要把海淘干。这一天晌午，老汉发现，淘上来的海水晒成盐，又乐了。原来，石磨沉入海里，不停地转，盐面沾水就化，海变咸了。正在老汉高兴的时候，当初狗官派下害老汉的两个人蹿来海滩，见四下无人，用棍子把老汉打懵，抛尸入海。

突然，两个坏人仆地而亡，海面上出现老汉和一女子，正是老汉当初搭救的那位。两人来到岸上，女子说："咱俩过日子吧。"老汉看着女子说："你年轻，我不干缺阴的事。"说罢回过头去。女子说："你转过身来。"老汉一转身，愣了，眼前站着个老太婆。老汉说："你这是……"女人说："我本是海里的蛤蜊精，受到鲨鱼精的纠缠，要坏我身子，是你不惜鲜血救了我。因为鲨鱼怕红色。你为我舍得血脉，我为你舍了青春吧。"老汉很激动，这才明白石磨的来历，也想起了那空中的声音，忙连声道谢。

从此，小铺里欢乐多起来。两口子以渔、盐为业，过得很舒坦。但好景不长，龙王查明了蛤蜊精私入凡间的事，派夜叉神杀了她。从此，海边出现很多蛤蜊精的尸片。

（选自田汝林、倪树行编著：《盐灶春秋》，中国民间文学出版社，1989年。）

从另一个角度看，这篇神话传说也是地方动物传说，它反映了当地海边蛤蜊片出现的原因及其过程。

在原始人的眼里，女性不仅是创造之神、人类之母，而且是和平的使者。流传在长芦盐区的神话传说《蚩尤夺盐》可以为例：

上古时代，盐可是稀缺货。传说轩辕黄帝为炎黄联盟盟主那工夫，与九黎部落酋长蚩尤还有段夺盐大战呢！

却说九黎部因没有盐，也不知道是怎么样制盐，人体没有抗病力，顶大三四十岁就衰老，而且皮肉干瘪，满头白发。部落里有个叫黎鸟的，偶然看见炎黄联盟的人煮饭时往锅里放点白乎乎的东西，就拐弯抹角地打听，知道那叫盐，人吃了长力气，益寿延年。他回来就告诉了蚩尤。

蚩尤听罢，认为要得白盐，必兴刀兵。于是纠集全部落的大男小女，手执石叉、石刀、石锤、石斧，直奔炎黄盟主的所在地涿鹿川而来。

黄帝闻讯立即率众迎战。黄帝的小女儿盐魃向父亲请缨出征，黄帝说："不可，不可。女孩子家，要学养蚕织布，不可胡来。"盐魃一噘嘴："哼，人家来抢咱的盐，盐是我盟之宝。您不是不知道，盐魃我离了盐，就像没有灵魂呀。"黄帝听罢长叹一声，他知道，他这位女儿天生奇怪，一日三餐，顿顿都要大吃几口盐，不然就大病不起。这会儿蚩尤来夺盐，她能不急吗。就说："去就去吧，千万不要到阵前去。"

盐魃说："不上阵前，我还去打什么仗？"黄帝说："只怕有人不干啊。""谁？""谁？炎男要知道，他是不答应的。"

黄帝说的炎男，是炎帝的儿子，与盐魃订有婚约。果然不出黄帝所料，炎男手持木戟从那边走来，老远就喊："盐魃，不能去战场！"

盐魃说："我非去不可！"

炎男说："你忒强了。我爹说了，让我狠打蚩尤，打败了他们我就娶你，你要在战场死了，我娶谁呢？"

盐魃一挥手，不高兴地说："别自作多情，我不嫁你！"

黄帝说："我儿不可无礼！"

盐魃急得哭了："哎呀，你们不懂我的心啊。"说完直朝战场奔去。

战场上，五彩旗飘展，绘着鸟兽图腾的大纛猎猎飞扬。只见九黎人中，一人身着虎皮，头戴荆冠的人最勇，炎黄联盟部落的人都围着他，想把他置于死地。无奈这人力大无穷，手中石斧上下翻腾，一连砍倒几个对手。他不由开怀大笑，正笑间，只见一块巨石袭来，那人倒在地上。这时就听炎男一声高叫："蚩尤死啦，蚩尤死啦！"原来是炎男砸来的一块石头击中了蚩尤。人们见此，欢呼雀跃："盐保住啦！蚩尤死啦！"人们拥着炎男高声笑着走了。

盐魃却没有走。她听人说，蚩尤是妖精。长得十分吓人，今日一见，却非如此，分明是美男子呀。

她大着胆子想仔细端详一下蚩尤，却见蚩尤翻了翻身。盐魃吓得高呼一声，却把个昏迷的蚩尤惊醒。

蚩尤一见面前有个联盟部落的人，仇恨地扑过去，掐住盐魃的脖子。他双手一用力，却又松开了手。他被盐魃的体态容颜所动，看得直了眼，口里嘟囔着："仙女！仙女！"

盐魃吓得背过气去。蚩尤慌了，连忙又掐又捶打。不一会儿，盐魃醒过来，见蚩尤没有加害她的意思，从眼神儿里还透出一种深情，就大着胆子说："你是蚩尤？""是啊。""你不是妖怪？""咳，你看我是妖怪吗？""那你为什么要夺我们部落的盐？""都是人，九黎部落也要活啊。"

盐魃想倒也是这么回事。就说："我去和爹爹说，让给九黎部落一些盐吧。"蚩尤说："好啊，我与你同去。""不行，他们会杀你。""不怕，只要取得盐，救了九黎姐妹兄弟，死而无憾。"

蚩尤说罢，一起身，由于伤得重，一下就栽倒了。

盐魃说："不行，你不能走，我送你到九黎部落去吧。"说着，扶起蚩尤，向九黎部落奔去。

到了九黎部落，盐魃受到优待，心中十分高兴。住了几天，就与蚩尤产生爱慕，蚩尤要娶她。盐魃说："黄族的女儿是不能外嫁的。但你娶了我，两家结了亲，九黎部落就有盐吃了。"于是，二人成了婚。

一年后，蚩尤才偕妻子前来求婚，一到联盟部落，炎男就抱住盐魃说："可找到你了。"盐魃推开他，手指身后的蚩尤："炎男，我已嫁给蚩尤，你放开我吧。"

炎男一听蚩尤二字，吃了一惊。他以为蚩尤早被他砸死，又加上刚一见盐魃那激动劲儿，也没注意她身后的人。听盐魃一说，这才明白，连忙扑上去。

蚩尤也不示弱，两人打开了交手仗。炎男边打边喊："来人！蚩尤又来抢盐啦！"

人们闻声而至，把蚩尤擒住，押来见黄帝。

黄帝说："你又来抢盐？不怕死吗？"蚩尤说："不，我是来求婚的。"

"求婚？""对，盐魃已经怀有身孕。"黄帝气得失了态，半晌说不出话来。缓了一口气说："把盐魃找来。"

盐魃见了父亲，跪在地上，诉说了前前后后的事，表示坚决跟着蚩尤，请求黄帝允婚。

黄帝又羞又气，命人剪去盐魃的头发。怒声说："我轩辕当黄帝，做盟主，受命于天，得信于民，岂能容你这叛祖通魔之人！来人，送盐魃安置他乡！"

蚩尤说："黄帝，我与你不共戴天！"

盐魃的母亲十分心痛女儿，连忙跪在地上求情。黄帝无奈，只好说让人摆神坛求签，以天意为准。

祭司求得一签，结果是处死盐魃，然后由蚩尤带回尸首。

盐魃从容镇定。说："女儿生平最爱吃盐，今将赴死，求爹爹开恩，让儿再吃一些盐吧！"

黄帝命人取来一些盐，盐魃几口就吃下去了。黄帝说："我儿将永别人间，你就吃够了吧。"命人端来一罐盐。盐魃吃啊，吃啊，人像凝住一般，接着变脸变色，人们仔细一看，盐魃整个变成个盐人了。

蚩尤悲痛地扛着变成盐身的妻子，回到九黎部落，安葬了盐魃。

第二年，在葬埋盐魃的地方长出一堆盐。九黎部落有了盐，部落间不再争战。一来二去的，蚩尤与黄帝合好了。

（选自田汝林、倪树行编著：《盐灶春秋》，中国民间文学出版社，1989年。）

随着人类的诞生，人与人之间的冲突也开始不断发生。原始社会中，无论是氏族内部，还是部落之间，都经常有矛盾和纷争。在当时没有任何强制性权力机构的条件下，想要有效地缓和与调解氏族内部和部落之间的矛盾与纷争，就必须依靠人们所自愿崇拜和服从的调解者。这样的调解者在早期的母系氏族社会时期，只能由女性来充任。女性的这种权威性，来自生育崇拜和子宫崇拜所引发的女性崇拜。这种权威性使她无论在氏族内部还是在部落之间，都充当着和平使者的角色。而这种和平使者的角色反过来又强化了人们的女性崇拜意识。

女性本来就是和平的爱好者，所以她必定是和平的使者。无论战争多么频繁，人类永远向往和平。对和平的向往使作为和平使者的女性之神备受人们尊敬和崇拜。无论有人怎么样说，女性是战争和冲突的根源。但是人们不应该忘记，引起战争的女性从来都不是战争本身的发动者和支持者。她们之所以引起战争，那只是男人为了她们而发动的战争。不管她们引起了多少战争，她们都永远不对战争负有责任。人们更不应该忘记：没有女性，完全可以有战争，但没有女性却永远不会有和平。出示第一棵橄榄枝的是女性，出示最后一棵橄榄枝的也必定是女性；女性本来就是和平的使者，女性永远是和平的使者。

三、长芦盐母神话传说产生的时代背景

唐朝末年，在中国历史上曾经出现过五代十国。五代系指后梁、后唐、后晋、后汉和后周，集中在北方中原地带。十国系指前蜀、后蜀、吴、南唐、闽、楚、南汉、荆南、吴越和北汉。除北汉之外，其余九国都集中在南方。当时的战乱主要集中在北方，以朱温（全忠）为首的后梁和以李克用为首的后唐，是雄踞北方的两大军事集团，他们都迷信武力，视人民生命如草芥，在战场争雄长达四十多年，其残暴程度为历史之最。北方幽州地区，由于连绵战祸，加之卢龙节度使刘仁恭父子的暴政，还有北方外族契丹的不断骚扰抢掠，使人民惨遭战乱涂炭，苦不堪言。在这样的历史条件下，芦台作为北方的边陲海防重镇，其军事地位显得非常重要，尤其在五代残唐的乱世之秋，这里经历的战乱颇多，在众多历史典籍中都留下了"千古雄镇"战乱烽烟的笔迹。

特别是刘守光因夺父妾而发生的父子之战，以及刘守光与刘守文的兄弟相残，曾使幽燕地区百里绝无人迹。在这乱世之秋，盐的生产受到破坏，贸易中断，濒海煮盐的灶户因战乱而死或逃亡，连煮盐的生产技术都断代了，所以出现了"五代战乱，盐绝岁余"的说法。就是在这样的历史条件下，产生了盐母显灵、教人刮土煮盐的传说。

例一，如前面列举民间传说《盐母庙》。例二，如下面的《盐姑庙》，看上去首先有民间野史的味道，其次是民间传说的成分很浓：

328—330年间，后赵主石勒建都邢台。为供军需，派大将王述到角飞城（今黄骅县海丰镇村）督民煮盐。王述来到角飞城后，沿海设下锅灶，轰赶了几十口子百姓没黑没白的给他们煮盐。石勒的儿子石虎，专管运盐。

一次，石虎到此运盐，看上了灶地的一煎盐姑娘。这石虎本是酒色之徒，一见人家就酥了骨头，硬要人家嫁给他，人家不应允，他就动手抢。王述拉着他，跟他小声地喳喳了几句，石虎就对姑娘说："听着，从今以后，你一天烧它八火伏（煎盐时，二十四小时为一火伏），一火伏出上千斤盐；一斤盐做上一个布口袋，弄不了就要许给咱！"说完冷笑一声走了。

这姑娘名唤燕儿，年方十六，生得眉清目秀，不高不矮，不胖不瘦，要多标致有多标致。打几岁就跟着守寡的老娘以煮盐度日。如今遇上这桩倒霉的事，母女二人哪里招架得了？石虎这是刁难人啊。怎么办，跑吧，石虎早派人盯住了；死吧，当娘的哪舍得呀，那又怎么办好呢。哭吧，母女抱头痛哭，从黄昏哭到深夜，这时，就听见有人唱歌："燕儿燕儿抬头瞧，你要找我找得着；三滴眼泪入锅底，脸上带笑用火烧。"

母女哭声停了，感到非常奇怪，东张西望地找，屋里除了她们娘俩吗也没有。燕儿说："哪里有人？"正这时，那歌声又出现了"燕儿燕儿抬头瞧……"母女抬头一看，屋顶好像没有了，只见蓝蓝的天上，有两颗大大的星，铮明瓦亮，娘俩瞅着瞅着，只见一颗星拖着长长的尾巴扎下来。落地时亮如白昼，只见径直钻进燕儿熬盐的锅里。天上那颗亮星围着灶地转了一圈，忽然不见了。

娘俩觉得蹊跷，忙不迭来到灶地，掀开锅一看，啥也没有。燕儿望着盐锅，难过地哭了。

不知啥工夫，石虎的人早来到燕儿母女的背后，冷笑着说："算了吧，熬不出就嫁给幼主吧。"

燕儿没有说话，拿瓢添卤水入锅，点火熬将起来。她想，等卤水熬开时，一头扎入锅中。

燕儿一边哭着一边烧火，就听着锅里呼呼地响了，赶忙一掀锅盖，说声："娘，女儿对不起你呀。"正要投锅自沸，却见锅里盘腿卧脚坐着个大姑娘。燕儿的娘一看，耶，这不是俺燕儿吗。不对呀。燕儿一手掀着锅盖，直愣愣地站在那里，呆了。

那锅中的姑娘走出锅来，笑着往灶膛里添柴草，那锅里的盐就跟气儿吹似的，呼呼地往外冒。不大工夫，成了个举天举地的大盐堆，在下面站着，看不到尽头，旁边的兵也看傻了，也分不清两个燕儿了，急忙报告石虎。

石虎与王述到灶地，一见此情此景，也呆了，正没主意，王述又跟石虎嘀咕了几句，石虎吩咐手下人："一块带走！"

一伙人围上来，拉这个拉不动，拉那个也拉不动，气得他们干着急没办法。正这时，盐堆炸开，盐粒子满天飞，落在地上，专砸石虎他们的脚，半空中飞的，专砸他们的脑袋。痛得他们哇哇怪叫。忽然，石虎趴在地上，大笑着："呵呵，哈哈，盐啊，遍地都是盐啊，哈哈！"忽又站起身来，疯了似的边跑边喊："盐送邢台！"

忽然，盐雨不下了，石虎定睛再看地上的盐，全成了土疙瘩。

接着，一阵狂风，卷起石虎等人，一下刮回邢台去了，落地时，每人都重重地摔了一下。

从那，石虎他们没再敢来此地煮盐。再说风停以后，再找不见那姑娘。人们知道这是盐神，把她奉成为盐姑。在海边修了一座庙按照燕儿的模样塑了像。以盐为业的人们常去上供，以求多多赐盐。

从那以后，一些不知情的人见到燕儿，都以为见到活神仙，纷纷给她下跪。燕儿好不自在，来到盐姑庙，跪在神像前祷告："盐姑，小女子求你，变变我的模样吧！"

说完，就见一道亮光出现，燕儿觉得和那盐姑还未见面时天上出现的亮光一样，围着神像转一圈儿神像就变了模样，燕儿呢，还是原来的面目。

盐姑庙在海边几经重建，直到清代中期毁于海啸。

（选自田汝林、倪树行编著：《盐灶春秋》，中国民间文学出版社，1989年。）

四、长芦盐母神话传说开创海盐文化之先河

自五代时期天津长芦汉沽盐母显灵神话诞生，芦台盐母庙始建，到明代已有三次传说载于元、明时代的盐母庙记，每一次都标志着天津汉沽海盐生产发展中的转折。进入清代以来随着盐业管理机构的转移和变迁，在汉沽地区也建起了一座盐母庙，因为与三官庙在一起，统称"寨上盐母三官庙"。

长芦汉沽寨上盐母庙建于清嘉庆十三年（1808），由寨上庄滩灶户李斗宾等捐资创建。这个时期开滩晒盐已进入鼎盛阶段，寨上李氏家族是滩晒大户，祈求盐母保佑盐业丰收，因而倡导并捐资创立寨上盐母庙。但也有另一个盐业发展的社会根基，就是滩灶户在逐年增多，朝廷摊派的进贡白盐额度由明代的1800斤，到清代中叶就增加到了140 179斤。由于汉沽地区的盐质优良，芦台场承担了长芦盐区北方八场的贡盐。特别是进贡的盐砖，只由芦台场独家烧造，不许其他场制造。寨上盐母庙的建立，标志着以寨上为中心的滩晒灶户已达到一定规模。在这种氛围下，也出现了不同版本的盐母显灵的传说。

盐母文化是长芦海盐一种特有的文化，在周边地区也有一定影响，如在汉沽七里海也有盐母娘娘传说。在相邻的古代丰财场驻地葛沽镇，于清代也建立了盐母庙，但这个盐母庙已经有所发展了。首先它供奉的神像不只是盐母，还有盐公，神仙也讲夫妻同堂。另外庙名叫"灶离庙"。灶是象征盐灶之神，离在八卦方位为火，滩晒也好，灶煎也好，都期盼天旱火爆。养滩户有一个生产生

活习俗叫过了农历五月十三不下雨，就预示着天旱，全家都吃喜面，叫"天大旱，吃喜面"。看来灶离庙是祈求天旱无雨，护佑盐业丰收的，与农业恰好相反。

元代赵铸的碑记和明代陈九功的碑记，都详细记载了天津长芦盐母神话的起源，证明盐母神话及盐母庙始于五代。盐母显灵共有两次。第一次是五代战乱之时，芦台忽然有一位外来的老大娘，教人们刮土煮盐，不几天这个老大娘不见了，于是人们认为这是神在点化，一致倡导为盐母立庙。第二次是后唐和辽、金三朝之后，汉沽盐业经历了由初兴到鼎盛，由灶煎到滩晒的转折时期。元朝平州路廉访使赵铸来芦台到盐母庙祈祷，第二天黎明有人告诉他"台南十里，皎白如春雪者十数顷，其厚寸余，迫而视之，则盐也"。此传说是盐母第二次显灵，指点人们认识海水经日晒结盐的自然现象，这就是民间传说的"盐母显圣、易煎为晒"。

经元末明初的战乱，芦台盐母庙几乎湮废。明朝青州分司同知陈九功，初到芦台盐区察访。当时他见到的是盐母庙的庙基，经询问才知是盐母庙，当地人竟介绍错了，说是"盐公"庙。他从废墟中发现了元朝赵铸的庙记碑文才知是"盐母"庙，人为官不可无舍，神不可无居所，于是倡捐重修盐母庙。就在建庙竣工并由陈九功作文祭祀于祠的时候，天骤然下起大雨，盐田被浸，盐民相拥而归。次日雨停天晴，奇迹出现了，池中海水凝成盐，众人不知盐从何而来，说是陈九功修庙而使盐母受到感动。从明代的碑文中可知，当时海盐滩晒是与灶煎并存的。盐母庙于五代始建于芦台、清嘉庆戊辰年再建于汉沽寨上。这是天津长芦盐区特有的庙宇，而盐母则是天津长芦盐区独有的地方神。

明代出现过许多娘娘神，有些至今考查不出来历。现就景钟山和汉沽这两地的娘娘做一番介绍。

景钟山的娘娘叫碧霞元君，传说她是东岳大帝的女儿，宋朝时被皇封为天仙玉女碧霞元君。她最体贴妇女，所以妇女们祈子、求安，都能得到她的保佑。后来不分男女老幼了，凡是逢凶化吉的事，都来祈祷她。碧霞元君演变成北方各省的万能女神。碧霞元君的本宫在泰山，明嘉靖二年（1523），蓟州镇总兵马永在景钟山顶建起碧霞元君庙。明万历二十九年（1601）重修。明崇祯九年（1636）毁于火，数年后重建而成。大殿正中是碧霞元君塑像，殿墙壁画，画有碧霞元君生平。殿前石柱，镌刻着咸丰五年姚光弼写的对联，上联"圣功无量圣寿无疆惟圣降神聿尊圣母"，下联"元妙莫名元机莫测因元入道厥仰元君"。当地人通常称此庙为娘娘庙，称景钟山为娘娘山。

碧霞元君的来历十分清楚，但天津汉沽人却坚信碧霞元君出生在汉沽，这主要是由一个"骑龙抱凤"的传说引起的。

据说明朝时，皇太后做了一个梦，梦见她的儿媳妇，也就是未来的皇后，生活在北京东南方向，是一个骑龙抱凤的美丽少女，于是便派太监领人马去找。太监带领着人马最后找到汉沽海边的蛏头沽村，见到一个生着秃疮的小闺女，骑着土墙抱着一只大公鸡在玩。太监认为，土墙象征龙，公鸡象征凤，蛏头沽又在北京东南方向，就把这小闺女拉去交了差。后来，这个小闺女洗头时秃疮好了，成了名副其实的绝代佳人，真的当了皇后。皇后死后被皇上封了神，庙宇就建在景钟山。关于"骑龙抱凤"的传说，并非汉沽一地有，北京通州的永乐店也有，而且是有名有姓的，但汉沽人相信的莫过于自己地方的传说。他们认为汉沽是碧霞元君的娘家，每年朝圣是必不可少，要接娘娘回家住几天。结果，汉沽的朝圣会，规模及其隆重程度，超过了景钟山周围的地方。

汉沽的娘娘庙有四处。第一处在寨上北面，正殿供奉着王母娘娘、子孙娘娘、阳光娘娘；第二处在汉沽庄中，正殿供奉着观音、盐母、子孙娘娘；第三处在营城；第四处在大娘娘庙村，这两处供奉的是子孙娘娘、催生娘娘、送生娘娘。这些娘娘神、王母、观音究其出处，盐母在《宁河县志》中有记载，阳光娘娘实无出处，子孙娘娘河碧霞元君是否是一神，也无法证明。但民间普遍认为子孙娘娘、催生娘娘、送生娘娘就是《封神演义》里的云霄、琼霄、碧霄。

《封神演义》姜子牙封神一节是这么写的："特敕封尔执掌混元金斗，专擅先后之天，凡一应仙、凡、人、圣、诸侯、天子、贵、贱、贤、愚，落地先从金斗转动，不得越此，为感应随世仙姑正神之位。"书后又加以注解："以上三姑，正是坑三姑娘之神，混元金斗即人间之净桶，凡人之生育俱从此化生也。"《封神演义》原本对此三个仙姑加了贬义，然而管生育在旧时是件大事，百姓却有求她们了。这并不奇怪，旧时许多神仙就是以演义和民间传说作背景的。另有人说，这三位娘娘是碧霞元君的妹妹，《封神演义》明明写着赵公明的三个妹妹，怎又成了碧霞元君的妹妹？看来以演义和民间传说作为神的出处，往往会出现类似上述的矛盾现象。

五、长芦盐母神话传说是大陆文化与海洋文化交融的结晶

人类的历史也是文化的历史。文化有各种划分，最重要的一种划分法是按照生成的地域划分：大陆文化与海洋文化。大陆文化是指以大陆为生成背景的文化，海洋文化是指以海洋为生成背景的文化。这种不同的生成背景，包括地域地貌、气候气象、自然生态、风土民俗以及历史文化等差异形成显著区别。最主要的差别在于：大陆文化是一种农业文化，即"农耕文明"；海洋文化是一种商业文化，即"海洋文明"。两者均代表着人类文明的两个不同的发展阶段与发展水平。原始时期，人类只能在陆地或沿水从事采集和渔猎；随着生产力水平的提高，人类开始从陆走向水，进而出现了航海与商品贸易。

人类文明是由大陆文化和海洋文化共同构成的。海洋文化与大陆文化是相互影响、相互融合、相互促进的。中华古代文明，就是由大陆文化和海洋文化融合而成的。陆上的火与石斧创造出了舟船，舟船的水上活动又推动了大陆文化的发展。独木舟出现在新石器时代，是人类文明发展到一定程度的必然产物，它不仅体现了人类生产力的发展程度，以及整个社会科学技术的发展水平。而且为人类海洋文化的发展，开辟了一个崭新的纪元。

中国不仅是一个国土广袤的大陆国家，黄河、长江作为母亲河哺育了中华民族并使中国以其古老的文明著称于世；中国同时又是一个具有漫长海岸线和辽阔海洋的海洋国家。伟大的中国同地中海国家一样，都是人类海洋文明的重要发祥地，内涵丰富的海洋文化，是人类历史文明的重要组成部分。

在长芦盐区，除了直接流传的盐母神话传说之外，另有许多与女性有关的"娘娘庙"神话传说。

滨海地区有小圣庙和娘娘庙，都是平浪护航的"神灵"偶像。但以娘娘庙影响广泛，庙宇最多，就连盐母庙、观音阁、鱼骨庙、九天观等，群众一般也称之为娘娘庙。天津地区出现的第一座娘娘庙是大直沽的"天妃宫"，海神天妃原是福建沿海的一位女子林默，由于"专以行善济人为己任，尤多于水上救人"，因而被民间奉为神祇。宋徽宗于宣和五年（1123）首次敕封，赐庙额曰"顺济"。南宋偏隅江南，为开展航运贸易，曾先后敕封达十四次之多。

元朝政府为开展南北海上航运贸易，沿袭宋朝作法，于至元十五年（1278）敕封林默为"天妃"，这是元帝国江南漕运的产物。因为从事内河漕运和航海的船工及亲属都盼望平安，祈祷神仙护佑，所以"天妃"很快便得到了尊崇。汉沽枕河频海，漕运和出海打鱼的渔民，信奉天妃娘娘也就是很自然的了。汉沽盐区最早的庙宇是始于五代的盐母庙。李家河子滩区建立的娘娘庙，始建于清初康熙年间，这个娘娘庙规模较大，也就是在这期间，"盐母""天妃""九天玄女"都成为娘娘奉祀。甚至，龙王庙也供有神母娘娘。可以说娘娘庙集古代漕运、盐业、沿海生产生活于一身，体现的是综合历史文化。唐山地区的景钟山碧霞娘娘，沿海渔村信众很多，每逢庙会多去朝拜，这主要是在明代传说北塘和蛏头沽都先后出了皇太后和皇后娘娘，死后受封，立庙在景钟山，因此才有农历四月十八送娘娘（娘娘生日）、十月十五接娘娘的习俗。

上述现象足以说明，在长芦盐区大陆文化和海洋文化联系十分密切，而且一脉相承。

六、长芦盐母神话传说中蕴含的其他启示

从整个体例上看，长芦盐母神话传说绝对是一种民间文艺作品，但他其中所蕴含的内涵确实比较深刻。除去上述笔者已经表明的之外，应该仍有下面一些内涵有待探讨：

其一，盐是人类生命不可或缺的物品，这已经是不争的事实。在长芦盐母系列神话传说中，又一次次得到肯定。如《渤海潮》中的"潮姑娘"用盐给当地百姓治瘟疫，《盐娘娘》中的"盐婆婆"用盐给百姓治瘟疫，"芦花"用盐给皇帝治病并调美味等。

其二，盐业的发展离不开良好的政治生态环境。如上述历史资料中所记载，《盐母庙》的几度沦落；如《盐磨》中的"石牛磨盐"，囿于生态环境的恶劣而终止；《盐姑庙》中的"燕儿"，煮盐遭欺而远走他乡等。

其三，女性是盐业劳动者队伍中的重要成员。在中国盐业发展史上，妇女是一支重要的主力军，这已经被许多文化史料所记载。如唐代杜甫所写诗歌《负薪行》，描写了巴蜀井盐生产区一位女性劳动者终身不嫁、靠贩运煮盐燃料而苟活的现象；元代王冕诗歌《伤亭户》中所描写"清晨度东关，薄暮曹娥宿；草床未成眠，忽起西邻哭"中的妇女形象；元代陈椿《熬波图·担灰摊晒》中，描绘海盐生产区"少妇勤作亦可哀，草间终日眠婴孩"晒盐的凄凉情景；陈椿《卖盐妇》中所描写的"卖盐妇，百结青裙走风雨"的形象等。

其四，表现着盐区人民一如既往的平和心态。在长芦多数盐母神话传说中，男女主人公始终表现着盐区人民对金钱、对权势的淡然，表现着对百姓、对生活、对爱情的一腔赤诚之心。他们始终

相信，光明必将战胜黑暗，"真善美"必将战胜"假恶丑"。这不仅体现在盐民青年男女对待爱情的忠贞方面，而且体现在对待黑暗势力的无畏反击上。如《盐娘娘》中的"芦花"；《盐磨》中的"蛤蜊女子"，千方百计智惩恶人；《蚩尤夺盐》中"盐魃"，让两个因盐而战的部落最终和睦相处，等等。

七、结　束　语

长芦盐业历史文化为什么如此丰富？这得从其地理位置考究。从现有历史资料看，先秦时期，最重要的海盐产地是青州。《尚书·禹贡》载："海、岱惟青州……海滨广斥……厥贡盐、絺，海物惟错。"此处"海"指渤海（今长芦），"岱"指泰山（今山东）。但是，根据地质专家研究，自地质形成之后演化至新生代第四纪的更新世，似乎才有人类在地球上出现。考古工作者在长芦盐区所属的地方，已经发现了诸多旧石器时代、新石器时代的史前文化遗迹遗存。

一是"周口店人"。周口店猿人发现于河北省房山龙骨山，因靠近北京，亦称"北京猿人"。1927—1937年时断时续，前后历时10年。最先于1927年10月16日，发现了一颗完整的臼齿，经鉴定为猿人牙齿。1929年冬，发现一猿人洞，洞口到山顶有30余米，洞口到洞底有十几米深，里面堆满了化石。其中发掘出第一个完整的猿人头盖骨化石。总计10年间，共发现分属于40个不同的男女个体、人骨化石之外，并发现了万件以上旧石器时代的石器和大量的兽骨化石。根据化石、地层与环境的研究结果，知道其生存年代初考距今50万年前后，其文化属于旧石器时代的最早期。

二是"山顶洞人"。1933年仍是在河北房山龙骨山顶发现一洞穴，后来称为山顶洞。在山顶洞中，共发掘出人类头骨化石7件，其中3件相当完整，另有躯干骨数十件，其他动物化石有几十万件，人类文化遗物有几百件，包括旧石器时代的石器与骨器多种，后来称这个文化为"山顶洞人文化"。山顶洞中所发现的7个头盖骨，已经都是原始真人而非猿人，他们的头盖骨薄、牙齿短、脑容量大。洞中几十万件动物化石中极珍异的猎豹、鬣狗、香猫等化石，这都是洪积时代的异兽。再根据地质等条件，证明山顶洞人生存的时代在两三万年的光景。从山顶洞里所发现的石器与骨器，都相当精致，其中有骨针，推测山顶洞人已有原始的缝纫，可能是连缀兽皮以为服饰。又有许多带孔的小石珠、小骨坠、小蚌壳和动物的牙齿，这些都是装饰品，说明山顶洞人已有爱美的观念。其中一部分遗物是殉葬的东西。同时，又从洞中发现很多海蚶壳。海蚶是出产在周口店东南300千米的大海里，又有许多赭石即赤铁矿，这种东西也出产在距周口店几百千米以外，它们如何得来，可能当时已有"各得其所"的原始交易行为。

三是其他考古发现。1974年11月，在天津北郊刘家码头西南靠子牙河北岸附近距地表深5.6米的地层中发现石斧两件、石磨棒一件；1975年春在宝坻县城南约30千米临湖白河故道两堤较近的北里自沽和张洪庄距地表深4—5米的地层中发现一件石铲（以板岩打磨制成）和一件石斧（以燧石磨制成），与石斧同一层中还有四不像鹿角、兽骨和木头等，这些石器的发现说明中原和北方之间滨海地带，是新石器时代不同文化相互影响交错和密切联系的地带，具有比较明显的地域性。还表明这些石器不是从远方冲积来的，也不是后期人为所致，而是当地原始居民的遗存。

根据上述考古发现，不仅表明旧石器时代、新石器时代至商周时期，这里已有人类居住并从事农渔业和煮盐业的劳动，同时，在长芦盐区从事农渔业和盐业劳动过程中，到处显现着母性劳动者的影像，而且她们多为光明、正义、英雄的化身，时时向人类倾注着母爱。自从人类社会出现了母亲这一角色，母爱便一直享受着人们众口交一的赞颂。盐区人民孜孜不倦地用各种各样的方式赞颂母爱的亲切、温暖、深沉、坚强、无私与伟大。的确，从长芦盐母系列神话传说中，我们可以看到，女性为盐区百姓所做出的贡献完全无愧于这一厚爱。

参 考 书 目

[1] 中盐长芦沧盐志编委会编：《中盐长芦沧盐志》，中国标准出版社，2009年。

[2] 天津市汉沽区民间文学集成编委会：《中国民间文学》（天津卷·汉沽集），1988年。

[3] 田汝林、倪树行：《盐灶春秋》，中国民间文学出版社，1989年。

[4] （清）黄掌纶等撰，刘洪升点校：《长芦盐法志》，科学出版社，2009年。

[5] 长芦盐志编修委员会编：《长芦盐志》，百花文艺出版社，1992年。

[6] 政协天津市汉沽区委员会编：《汉沽：中国海盐文化的摇篮》，2008年。

[7] 天津市滨海新区汉沽工委宣传部编：《自豪汉沽》，2013年。

[8] 中共天津市汉沽区委宣传部、天津市汉沽区旅游局编：《汉沽古韵》，2007年。

[9] 《宁河县志》，天津社会科学院出版社，1991年。

[10] 《宝坻县志》，清乾隆十年（1745）版本。

[11] 天津市宝坻区民间文学集成编委会：《宝坻民间文学选》，1988年。

[12] 塘沽盐场志编委会编：《塘沽盐场志》，天津科学技术出版社，1993年。

[13] 天津市塘沽区民间文学集成编委会编：《塘沽民间传说》，1987年。

[14] 汉沽盐场场志编纂委员会编：《长芦汉沽盐场志》，百花文艺出版社，1991年。

[15] 张银河：《中国盐业神话传说探析》，《盐文化研究论丛》第一集，巴蜀书社，2005年。

[16] 张银河：《中国盐业诗歌》，中国文史出版社，2004年。

[17] 张银河：《隋唐五代时期盐业文化概论》，《中国盐业》2007年第12期—2008年第2期。

[18] 张银河：《神话传说时期盐业文化概论》，《中国盐业》2008年第10期。

[19] 张银河：《中国盐文化史》，大象出版社，2009年。

[20] 杨树森：《辽史简编》，辽宁人民出版社，1984年。

[21] 漆侠、乔幼梅：《辽夏金经济史》，河北大学出版社，1994年。

[22] 孙湘平：《我国的海洋》，商务印书馆，1985年。

明清长芦盐场裁并原因探析*

吕小琴

（河南师范大学历史文化学院）

摘　要　与元朝扩张性盐业生产政策相比，明清时期为保证盐价高昂，朝廷始终重视控制盐业生产的供需比例。从明中叶始，盐业产销失衡的加剧促使明清朝廷相继出台诸多应对举措，失效后则陆续裁并了长芦盐区十六个盐场。如此大规模、广范围、强力度的裁并盐场，原因有三：一是环境变迁导致运道尽失；二是制盐技术革新带来的相对劣势；三是明清国家、盐商、灶户三者之间博弈的结果。

关键词　明清时期；长芦盐场裁并；运道变迁；技术革新；产销失衡

在传统中国社会，盐关乎国计民生。除石盐自然生成外，海盐、池盐和井盐均由盐场灶丁生产和提供。但是，长期以来学术界详于国家盐法制度、盐课和盐商的研究，盐场研究则未受到应有的重视。这与它在中国社会经济史上的重要地位极不相称。明初沿袭元朝旧制，在长芦盐区设置二十四个盐场。但是，至明隆庆年间，裁并益民、海阜和润国、三叉沽四个盐场，故盐场数量降为二十个，该盐场数量至明末未发生变化。清初沿袭明朝旧制，在长芦设二十个盐场。至清康熙十八年（1679），裁并海润、深州海盈、惠民、厚财四个盐场，故盐场数量又降为十六个。清雍正十年（1732），裁革阜民、利国、利民、阜财、富民、海盈六个盐场，故盐场数量再降为十个。清道光十一年（1831），裁革富国场；道光十二年（1832），裁并兴国场，故盐场数量又降为八个，该盐场数量一直维持至清末。明清长芦盐场裁并的过程恰好是长芦盐业重心北移的过程，即由沧州转移到天津。刘洪升认为运道的变迁和晒盐技术的推广是长芦盐业重心北移的关键[①]。张毅则从天津盐业兴起的视角呼应了前者的观点[②]。对于明清长芦盐场裁并的原因，学界尚未有专文阐释。本文旨在梳理产销失衡下长芦盐场发展遭遇困境而明清国家的应对举措效果又不彰的基础上，从环境变迁、技术革新和国家、盐商、灶户三者之间博弈三个角度探析盐场裁并的原因，有助于了解明清长芦盐场的运作机制。

---

* 本文为国家社会科学基金项目"中国近代盐业国家治理体系研究"（项目编号：15BJL026）阶段性成果之一。
① 刘洪升：《试论明清长芦盐业重心的北移》，《河北大学学报（哲学社会科学版）》2005年第3期。
② 张毅：《明清天津盐业研究（1368—1840）》，天津古籍出版社，2012年。

一、产销失衡下长芦盐场的困境与国家应对举措

明初沿袭元朝旧制，在长芦设置都转运使司，下设青州、沧州两个分司和长芦、小直沽两个批验所。其中青州分司辖越支、严镇、惠民、兴国、富国、芦台、丰财、厚财、三叉沽、石碑、归化、济民十二个盐场，沧州分司辖海润、阜民、利国、海丰、利民、益民、海阜、润国、阜财、阜民、海盈、深州海盈十二个盐场。故明初在长芦共设置二十四个盐场。明朝廷实行盐专卖制度，即盐场所产的盐被"陆续拨运归坨"①后，盐商开中支取之，运之至批验所掣验，再运之往指定区域销售。但是，各个盐场存在运盐交通便利与不便、距离批验所有近有远的差异。开中时，精于核算成本与收益的盐商势必对盐场挑肥拣瘦。

商人乐于开中那些交通便利、距离批验所近的盐场，反之，极力规避之。早在成化六年（1470），巡盐御史林诚便指出，商人不乐于开中长芦交通不便利盐场生产的盐，"长芦兴国等六场水次，严镇等五场虽水陆稍便开中，除商人关支，间有积数年盐课，其深州海盈等十三场陆路弯远，每派给商人，因费重恐有亏折，愿缴引目，不知所办盐课别无支用，虽差官变卖，出榜数月，无或买者，及减价亦少趋中，各场堆积盐课，岁久卤耗，负累灶丁，有追偿之难，国家无获用之实"②。若无商人乐意开中，盐场所产之盐只能一直被堆积在场坨。"凡盐见水即化，见风即卤"③，堆积在场坨的盐遭遇雨水或大风等消融后，灶户有赔纳的风险和义务。另外，商人不开中，意味着灶户生产的盐，不能通过商人运销实现盐专卖的高额利润。故于灶户、于朝廷均不利。为此，林诚奏请在长芦盐场实行盐课折色制度。他说："访得山东运司所属信阳等七场盐课，尽数折纳布匹，乞将深州海盈等十三场额盐，以十分为率，煎办本色五分，其五分照山东运司纳布，委官督同各场征收，部运河间府库收贮，听各边取用。"④该奏疏被明朝廷批准后，沧州分司所辖的深州海盈、海盈、阜财、富民、海阜、润国、益民、海润等八个盐场和青州分司所辖的越支、济民、惠民、石碑、归化等五个盐场率先在长芦盐区实行半数盐课折色。其折法：每二大引合为四小引，共重八百斤，折阔白布一匹（长三丈二尺），征解通州通济库交纳，以备折俸支用⑤。在二十四个盐场中有十三个盐场的半数盐课不再催缴本色盐，而改为催征折色布匹，如此广范围、大力度的盐课折色，折射出长芦交通不便利盐场的灶民生存处境之艰难。

上述十三个盐场的半数盐课折布，这是一种恤灶之举。它在一定程度上缓解了灶民的苦痛，但

---

① 周庆云：《清盐法志》卷三十九《场产十五·积贮》，1928年鸿宝斋石印本。
② （明）朱廷立：《盐政志》卷七《疏议·林诚折纳盐课疏》，《四库全书存目丛书》史部第273册，齐鲁书社，1996年，第581页。
③ （明）宋应星：《天工开物》卷上《作咸第五·海水盐》，中华书局，1959年，第68页。
④ （明）朱廷立：《盐政志》卷七《疏议·林诚折纳盐课疏》，《四库全书存目丛书》史部第273册，齐鲁书社，1996年，第581页。
⑤ 乾隆《天津县志》卷九《盐法》。

是，若商人一如既往地不来开中，灶户仍需继续承担剩余半数盐课消融后赔纳的风险和负担。于是，正德五年（1510），明朝廷出台长芦盐场高下互相搭配开中的政策。议准长芦运司在官盐课，"量场分远近定为四等，召商中卖，高下相搭"①。除了在长芦盐场内部高下相互搭配开中之外，明朝廷还实行南北互相搭配开中的政策。"后因各边开中长芦、山东引盐无有愿者，遂有南北搭配之例"②。但是，盐商通过买通盐场官吏，成功地规避了长芦盐场内外部的搭配。"近官吏为奸，北场派多，南场派少，五六年间南场积至数十万引，贻累灶丁"③。故长芦盐场内外部的搭配之法治标不治本，效果不彰。

另一方面，由于明中叶朝廷过度开中，导致那些交通便利、距离批验所近的盐场，其所纳的本色盐课远远不能满足开中盐商所需的食盐数量，盐商被迫长期守支。于是，明朝廷出台余盐买补政策。所谓余盐买补，是指"令客商派定场分守支完即打引出场，若无见盐者支许于本场买补"④，即允许开中盐商向灶丁买补余盐以凑足正盐，从而通过打破余盐官收，不得私自买卖的旧规，解决盐商守支问题。正德五年（1510），议准长芦运司在官盐课，"其远年不敷盐斤，官为立法，令于纳剩余盐自相买卖"⑤。余盐卖补的做法，一方面刺激了交通便利盐场灶民生产的积极性，从而推动了该处盐业的发展；另一方面恶化了那些交通不便利盐场灶民的处境，迫使他们走上贩卖私盐的道路。御史朱廷立指出，盐商若不去边远的盐场收盐的话，那些盐场的灶民若不贩卖私盐的话，便只好逃亡。"（商人）近便场分买补，图省道路工脚之费，以致本场勤灶纵有余盐，商人不肯收买。欲要货卖，又有私盐禁例，是以勤灶既无以供煎，又无以度日，凡遇凶荒，悉多逃亡"⑥。故余盐买补政策也没能有效解决交通不便利盐场盐斤难销的问题。

最终，长芦盐场灶课改折走向折银之路。"其后官仓贮多风雨消折，因生弊窦，于是议令灶户每引折价二钱贮库，以给纳粟支盐之商，使其自买场盐，是为折征银两之始"⑦。长芦盐场盐课改折白银的时间，因史料阙如不得而知，但是至迟不晚于嘉靖九年（1530）。因"离小直沽批验所窎远，支掣既难，盐课倒瞪相继"，嘉靖九年（1530），经长芦巡盐御史傅炯题准，青州分司所属济民、石碑、惠民、归化四场盐课继改折布匹之后，又进一步改折白银，"令每灶丁每盐一引，纳银

---

① （明）申时行：《大明会典》卷三十二《盐法一》，《续修四库全书》史部第789册，上海古籍出版社，1995年，第599页。
② （明）朱廷立：《盐政志》卷十《疏议·魏有本长芦山东盐法疏》，《四库全书存目丛书》史部第273册，齐鲁书社，1996年，第602页。
③ 中研院历史语言研究所校印：《明穆宗实录》，第50册，卷三十五"隆庆三年七月丙戌"条，中研院历史语言研究所，1962年，第894页。
④ （明）申时行：《大明会典》卷三十四《盐法三》，《续修四库全书》史部第789册，上海古籍出版社，1995年，第627、628页。
⑤ （明）申时行：《大明会典》卷三十二《盐法一》，《续修四库全书》史部第789册，上海古籍出版社，1995年，第599页。
⑥ （明）史起蛰、张矩：《两淮盐法志》卷六《法制志三》，《四库全书存目丛书》史部第274册，齐鲁书社，1996年，第236页。
⑦ 贾恩绂：《盐山新志》卷二《法制略二·盐场》。

一钱，给商买勤灶余盐补数"①。至嘉靖二十九年（1550），沧州分司所属十二个盐场的盐课几乎全部折银。"议准（沧州分司）深州海盈场灶户，内除盐山县近场一十三户办纳本色，其居住真定府衡水县等户，每引纳银一钱。利国等一十一场岁办入津等仓课米，每石征银五钱；其海盈等一十三场折米盐价银，旧例七分五厘，今减一分，各征完，赴司类解"②。盐课改折，既符合盐场灶户群体的自身利益，也顺应了长芦盐政改革的总体趋势。

盐课折银，"纳折色于运司，以给商人"，可谓一举两得。它既有效地解决了灶丁因盐斤消融而饱受赔纳之苦的问题，又顺应了商人乐意开中交通便利盐场的意愿，从而起到恤灶和裕商的效果。但是，也滋生出一些新的问题：一是与以往盐场运作模式相比，多出一个灶户卖盐得银的环节，而在此环节灶户往往易遭遇盐商蓄意压低盐价。嘉靖时人姜准指出，"夫灶之所自业者盐尔。今尽征以折色，称贷倍息，十室九空，往往穷迫逃徙，无以为生"③。二是灶户从盐场的束缚中挣脱出来，离开盐场，改务他业，势所必然。特别是在"各场灶滩草场为豪强所侵，或转相买易"④后，失去生产资料的贫弱灶户，无法保证生产，被迫逃亡。

总之，盐课折布、盐场高下互相搭配开中、余盐买补、盐课折银等政策的出台，是明朝廷解决长芦部分盐场盐斤堆积场坨，无商开中支取问题的应对举措。但至嘉靖后期，部分盐场最终出现了"有场无灶"的局面，盐场徒有其名。

二、长芦盐场裁并的过程

隆庆三年（1569），经直隶巡按御史傅孟春奏准，明朝廷将益民场并入阜财场，海阜场并入海润场，润国场并入富民场，三叉沽场归并丰财场。于是，长芦盐场数由明初的二十四个减至二十个。上述盐场裁并因"灶户逃亡，额课数少"被裁并后，明朝廷"将四场官吏裁革，就近归并阜财、海润、富民、丰财四场管理，代办盐课"⑤，"以省供费"⑥。为何益民、海阜、润国、三叉沽这四场，会出现灶户逃亡致使逋欠灶课的情况？隆庆年间，总理屯盐都御史庞尚鹏指出："南场（沧州分司所辖盐场）多陆路，不通舟楫，脚价视盐价不但三倍，故中引商人皆愿领价买补于北场（青州分司所辖盐场）。灶丁煎盐弃置不用，今惟一二近河者仍其旧业，余皆改事农商，纳折色于运司以给商人矣。"⑦根据庞尚鹏的解释，上述四场灶户不在盐场生产盐，选择离开盐场，改务他

---

① （明）汪砢玉：《古今鹾略》卷四，《续修四库全书》史第839册，上海古籍出版社，1995年，第37页。
② （明）汪砢玉：《古今鹾略》卷四，《续修四库全书》史第839册，上海古籍出版社，1995年，第39页。
③ （明）姜准：《歧海琐谈》卷一《永嘉盐场》，社会科学院出版社，2002年，第10页。
④ 中研院历史语言研究所校印：《明世宗实录》，第42册，卷一百六十六"嘉靖十三年八月癸丑"条，中研院历史语言研究所，1962年，第3653页。
⑤ （明）张学颜：《万历会计录》卷三十九，万历十年（1582）刊本。
⑥ 中研院历史语言研究所校印：《明穆宗实录》，第50册，卷三十五"隆庆三年七月丙戌"条，中研院历史语言研究所，1962年，第894页。
⑦ （明）陈子龙等选辑：《皇明经世文编》，第2册，卷三百六十《答王总制论屯政书》，中华书局，1962年，第3894页。

业，原因是他们所在的盐场交通不便利。不通舟楫，商人只能通过陆运将这些盐场生产的盐，运至批验所掣验，然后再运往指定区域销售。该过程所花费的成本必然高于通过舟楫运输。明朝廷寄望，在简化行政管理机构、节省行政成本的同时，又起到便于管理灶户和征收盐课银的效果。以上是隆庆三年（1569）长芦盐场裁并盐场的内在逻辑过程。此次裁并后，终明之世，长芦盐场一直维持二十个不变。

清初，沿袭明朝旧制，在长芦设二十个盐场。但是，至清康熙十八年（1679），经巡盐御史刘安国奏准，以厚财场并入兴国场，惠民场并入归化场，海润场并入阜财场，海盈场并入海丰场。故长芦盐场数量降为十六场。此次裁并盐场，性质上与明隆庆三年裁并盐场相同，即裁场不裁课，该四场灶户及其盐课由他场代为管理，以省冗员。

但是，上述两次盐场裁并，意味着长芦盐场运作的模式，已脱离了国家设定的发展路径，即灶户在盐场生产盐→变卖所生产的盐换成白银→盐场大使向灶户催征盐课银，发展成灶户离开盐场、不再生产盐→回归原籍所在州县、改务他业→盐场大使向灶户催征盐课银。它所带来的问题，是在实际的催征灶课过程中易滋生弊端。盐场大使分身乏术，势必将催征灶课的任务下派给灶头或总催办理，这又易滋生"包揽灶课，肆行加派，任意延挨"等弊端，而"州县官员又以籍隶灶户，自有专责之员，不加约束，以至藏奸纳垢，任意为非，亦情势所必然"①。总之，于灶户、于场官、于国家三者均不利。无论是明隆庆三年，还是清康熙十八年的盐场裁并，均未解决上述问题。

雍正十年（1732）闰五月，经巡盐御史鄂礼奏准，裁革沧州分司所属之利民、阜民、利国、富民、海盈、阜财六个盐场。之所以裁革上述六个盐场，是因为该六场灶户"既不在场晒盐，弃滩改业，各归原籍"②。灶户回归原籍州县，极不利于盐场大使催征灶课，因为同一盐场的灶户散处数个州县，甚至隔省，路途遥远，可谓"实鞭长莫及，呼应不灵"。如富国场二灶丁在顺天府武清县，十四灶丁在顺天府宝坻县、顺天府宁河县；八灶丁在直隶河间府宁津县，六百六十八灶丁在直隶天津府天津县，二灶丁在直隶天津府青县；八十一灶丁在直隶天津府静海县，四灶丁在直隶天津府沧州，七十六灶丁在直隶天津府南皮县；八灶丁在直隶天津府盐山县；六灶丁在直隶天津府庆云县，十六灶丁在山东武定府乐陵县③。为了摆脱上述困境，清朝廷在裁革上述六盐场后，做出了如下决定：

其一，上述六场盐课改折后，盐场大使职权遭到削弱，其监管灶户盐业生产、防止灶户盐业走私等职能逐渐丧失，仅余剩催征灶课银这一最核心的职权，但是又出现催征不力，最终导致"在灶户既受加派之累，钱粮终至拖欠，场官每受参罚"④的后果，于是，裁汰该六场盐大使，以省冗员。

其二，裁场不裁课，该六场灶户归所在州县管理，其灶课银两亦归该州县征收，解送盐运司衙

---

① 周庆云：《清盐法志》卷二十八《职官门》，1928年鸿宝斋石印本。
② 中国第一历史档案馆、天津市档案馆：《清代长芦盐务档案史料选编》，天津人民出版社，2014年，第607页。
③ 周庆云：《盐法通志》卷十二《长芦三·灶丁》，1928年鸿宝斋石印本。
④ 周庆云：《清盐法志》卷二十八《职官门》，1928年鸿宝斋石印本。

门。即所裁六场灶地共约5140顷66亩，滩场折亩共约2723.24亩①，其课银由顺天府宁河县、直隶河间府河间县、交河县、宁津县、东光县、直隶天津府天津县、青县、沧州、静海县、南皮县、盐山县、庆云县、直隶冀州、衡水县、山东武定府海丰县、山东乐陵县等催征。"如有催征不力，将该州县官拖欠分数照例参处"②。这是长芦盐场管理中的一次重大变革。清朝廷试图通过此举彻底解决盐课改折以来灶户拖欠盐课的问题。"如此庶钱粮款项既不紊乱灶课，亦易于征比，而各灶户归于州县保甲，一体管约，又不致藏奸纳垢，任意为匪"③。

继雍正十年之后，道光年间清朝廷第三次裁并盐场。道光十一年（1831），由于富国场"滩荡久已迷失，现在并无一丁一灶在场晒盐，灶户均散处直隶、山东原籍州县，每遇催征之时，丁户既散漫无稽，钱粮多追呼罔应"④，盐政阿扬奏准裁革天津分司所辖富国场。富国场被裁之后，仿照雍正十年的成例，其大使一缺裁汰，其灶户归所在州县管理，其灶课银两亦归该州县征收，解送盐运司衙门。"其原籍之灶户籍隶天津者，就近归天津县管辖征课，其散隶各州县者均归并各州县分管，征解运司衙门，归款奏效，照例分别议叙议处"⑤。清朝廷希望通过此举有效解决灶户拖欠灶课钱粮问题，"庶民丁户易于稽查，钱粮不致拖欠，实于灶课有裨"⑥。次年，由于兴国场大使"所管灶滩仅止八副，经征灶课亦止六百余两"，盐政钟灵奏准，裁汰兴国场大使一缺，"委属闲冗应请裁汰，将该场归并邻近之丰财场兼管"⑦。至此，长芦盐场数量降为十个。这一数字一直维系到清朝灭亡为止。就被裁并盐场的灶课银由所在州县代征效果而言，并不理想。长芦盐政延丰在《为查明长芦各州县场未完灶欠银两请豁免事奏折》中指出，自道光十二年至二十二年，沧州、南皮、盐山、交河、东光、衡山等六州县和严镇、海丰二盐场仍存在严重的拖欠灶课银现象⑧。

三、长芦盐场裁并原因探析

"盐务根本在场务"⑨。明清王朝十分注重加强对盐场的管理，为何会大规模、广范围、强力度的裁并盐场呢？

关于长芦盐场裁并的原因，一是环境变迁导致运道尽失。隆庆年间，总理屯盐都御史庞尚鹏指出，"南场（沧州分司所辖盐场）多陆路，不通舟楫，脚价视盐价不但三倍，故中引商人皆愿领价买补于北场（青州分司所辖盐场）。灶丁煎盐弃置不用，今惟一二近河者仍其旧业，余皆改事农

---

① 刘淼：《明代盐业经济研究》，汕头大学出版社，1996年，第165页。
② 周庆云：《清盐法志》卷二十八《职官门》，1928年鸿宝斋石印本。
③ 周庆云：《清盐法志》卷二十八《职官门》，1928年鸿宝斋石印本。
④ 周庆云：《清盐法志》卷二十八《职官门》，1928年鸿宝斋石印本。
⑤ 周庆云：《清盐法志》卷二十八《职官门》，1928年鸿宝斋石印本。
⑥ 周庆云：《清盐法志》卷二十八《职官门》，1928年鸿宝斋石印本。
⑦ 周庆云：《清盐法志》卷二十八《职官门》，1928年鸿宝斋石印本。
⑧ 中国第一历史档案馆、天津市档案馆：《清代长芦盐务档案史料选编》，天津人民出版社，2014年，第325页。
⑨ 周庆云：《清盐法志》卷二十八《职官门》，1928年鸿宝斋石印本。

商，纳折色于运司以给商人矣"①。益民、海阜、润国、三叉沽等四场灶户不在盐场生产盐，选择离开盐场，改务他业，原因是他们所在的盐场交通不便利。不通舟楫，商人只能通过陆运运输这些盐场生产的盐，其成本比舟运昂贵得多。民国时盐山县著名学者贾恩绂则给予了更详细的说明。他在《盐山新志》中指出，"至其盛衰之源，皆由运道通塞之故，非昔产而今竭也。南所之盛其机操之于河道，而柳河最为要津……无棣、马颊为南场之南道，而柳河为其北道，故南场犹盛，后南道皆湮而北道独存，益为南场命脉所系，盖大河徙而柳县废，柳河绝而南场废"②。明清长芦盐业重心由沧州北移至天津，长芦盐场南衰北兴的演变恰好大致反映了长芦盐场裁并的过程，故长芦盐场南衰北兴的原因也是长芦盐场被裁并的原因。起初，位于沧州的南场得益于优越的海运和河运地理环境，获得了长足的发展。南方物资海运港口在沧州的黄骅歧口、大河口（今黄骅港），卸载后经内河运道输送至北方各地，其中沧州的内河运道主要是南方的无棣河和马颊河，北方的柳河。至元末，海运绕而改走大直沽（今天津港），从此沧州河海相运仅剩河运。明中叶以后，黄河改道，南徙泛淮，致使无棣、马颊二河之水源枯竭，河道逐渐淤塞，虽多次疏浚，但淤断如常③。成为唯一重要河道的柳河，将京杭大运河和沧州各盐场连通起来，支撑着沧州盐业继续发展。"（柳河）由（沧州南）截地东行，过故县南，即汉志章武故城，又东迳盐山旧城北，又东北迳杨二庄，南又东北迳柳亭下即汉志柳邱，又东过海丰镇，又东北过老盘庄，又东迳小郭庄，北由范家铺入海，凡秦汉以来海滨都邑巨镇皆其所经，当日此邦繁庶多系此河"④。元末惠通河被浚修后，一直是东西走向的大运河转而呈南北走势⑤。从此，沧州境内所有东向河流失去运输功能。"（惠民）河道纵行，凡岸以东横河并废"⑥，于是"南场运路断绝，而北场有蓟运、南运诸河以为委输，相行日细。南场盐业大衰，灶户皆归籍改业，不惟滩荒灶废，并灶课亦多无从追呼？"⑦故沧州盐业，由内河航运改为陆路运输，陆运较河运价高，失去竞争力。从此沧州多数盐场灶户"弃滩改业"，回归原籍州县。

二是制盐技术革新带来的相对劣势。元朝的盐业生产管理理念是扩张性的。不限制盐业生产的后果，导致严重的供过于求，盐价下跌。明清王朝吸取元代的教训，严格控制盐业生产总量，维持供求关系的平衡，从而始终保持高昂的盐价。明清王朝大规模、大范围、大力度的裁并盐场，却不用担心盐业生产总量的下降和盐产量供应不足的问题，是因为明中叶以来盐业技术的革新，使那些交通便利、地理条件优越的盐场生产能力得到极大提高。嘉靖元年（1522），有一福建人来长芦海丰场传授滩晒制盐技术。他让灶户高淳等于河边挑修一池，"隔为大、中、小三段，次第浇水于段

---

① （明）陈子龙等选辑：《皇明经世文编》，第2册，卷三百六十《答王总制论屯政书》，中华书局，1962年，第3894页。
② 贾恩绂：《盐山新志》卷二《法制略二·盐场》。
③ 邹逸麟：《黄淮海平原历史地理》，安徽教育出版社，1993年，第153、154页。
④ 贾恩绂：《盐山新志》卷二《法制略二·盐场》。
⑤ 史念海：《中国的运河》，重庆史学书局，1944年，第147页。
⑥ 贾恩绂：《盐山新志》卷一《疆域志一·山川》。
⑦ 贾恩绂：《盐山新志》卷二《法制略二·盐场》。

内晒之，浃辰（即十二天）则水干，盐结如冰"①。相较煎盐法，滩晒法具有省略了利用火力将卤水煎制成盐的程序，无需柴薪燃料，生产成本降低，盐产量提高等优点，所以在长芦盐区得到逐步推广。万历三十六年（1608），长芦巡盐御史李应魁指出，北场青州分司所属盐场"日晒产肥"，南场沧州分司所属盐场"锅煎产瘠"②。至清代，晒盐法被大规模的推广和运用。对于那些占据优势条件的盐场借势排挤处于劣势条件的盐场行为，明清朝廷在一定程度上采取默许态度。故那些盐场被裁并，并不是因为它们丧失盐业生产的基本地理条件和基本能力，而是在与其他盐场相比呈现相对劣势下被排挤，最后逐步退出生产领域。"海为不涸之源，而煎晒纳课必视引地之所销为定，则场灶多岁有余盐，囤积而不能售，何裨也？长芦历辽金元，皆二十四场，至明隆庆间因有场无户，课额多逋，裁之为二十场。国初，又裁为十六场，复于雍正十年，裁并为十场"③。明清时期盐场裁并的过程，折射出长芦盐业资源的重新调整和再分配。

三是明清王朝、盐商、灶户三者之间博弈的结果。明清实行食盐间接官专卖制，其盐政运行的模式是"产制归民，由政府收买，转卖于商，归其运销"④。至明万历四十五年（1617）以后，"盐引改征折价，盐不复入官仓，皆商自行买补"⑤，尽管其中收购环节发生了主体由国家到盐商的转变，但是盐专卖性质不变。处在食盐生产环节的灶户和处在食盐运销环境的商人，他们构成盐政运行不可或缺的基本条件，居于中间环节的国家通过掌控食盐生产和销售的价格差，获取专卖利润后，与盐商分肥。不过，盐场灶户生产盐的环节和商人运销盐的环节均是个易变量。商人会权衡成本与收益，然后再选择是否参与其中，即便是在参与之后，他们也可通过或结交官员，或集体消极运销盐的方式，与朝廷博弈。如上文所述，盐商集体挑肥拣瘦，不开中那些交通不便利或距离批验所掣运远的盐场。灶户集体也通过逃离盐场，回原籍改务他业，蓄意拖欠盐课的方式，搅得朝廷焦头烂额。对此，明清朝廷在采取种种办法仍无济于事之后，最终裁并了那些盐场，让被裁盐场灶户及其灶课由他场代管改为由州县兼管。故长芦十六个盐场的裁并，也是明清王朝迎合盐商和灶户的需要而做出的调整，其结果在一定程度上使恤灶、裕商和完课三者实现了平衡⑥。在这个过程中，盐商和灶户的共同努力，迫使明清朝廷微调了僵化的专商引岸盐业管理制度。

---

① （明）章潢：《图书编》卷九十一《长芦煎盐源委》，万历四十一年（1613）刻本。
② （清）黄掌纶等撰：《长芦盐法志》附编《援证七·历代奏疏》，清嘉庆十年（1805）刊本。
③ （清）黄掌纶等撰：《长芦盐法志》卷二十《图识》，清嘉庆十年（1805）刊本。
④ 曾仰丰：《中国盐政史》，商务印书馆，1937年，第2页。
⑤ （清）王世球等撰：乾隆《两淮盐法志》卷十八《灶具》，《稀见明清经济史料丛刊》，第6册，国家图书馆出版社，2012年，第20页。
⑥ 吕小琴：《明中后期两浙盐场赋役制度的变革》，《河南师范大学学报（哲学社会科学版）》2017年第2期，第76页。

明清以来的长芦沧州盐业与盐商

于秀萍¹　刘月霞²

（1. 沧州师范学院　2. 沧州医学高等专科学校）

摘　要　沧州近海，有渔盐之利，沧州是"长芦盐"的发源地和重要产区。由于长芦盐运司接近北部边地，在明初那个特殊的年代，它就承担起了通过开中换盐引来供应边防军粮的任务。商人凭"盐引"到指定盐场和指定地区贩盐。有了一些积累的盐商便开始积极参与地方活动。长芦盐商成为地方社会中坚力量，却也腐蚀着清朝官僚体系。

关键词　明清；长芦；沧州；盐业；盐商

"长芦"，原古漳河支流在沧州境内者，因岸边多生芦苇，故名。南北朝北周大象二年（580）在此设县。北宋熙宁四年（1071）废"长芦县"改为"长芦镇"（今沧州市西南，明清时期属于河间府）。明洪武二年（1369）在长芦镇设长芦都转运盐使司，主要管理直隶盐的运销和盐课等。故明清两代的"长芦"除了是一个地理上的行政建置，更有了长芦盐场、长芦盐课、长芦盐商等特定指向。清康熙十六年（1677），都转运盐使司移驻天津，但"长芦"的名字并未改称。

> 秦晋吴越皆产盐之所，而上以供郊庙百神之祀，内以备宫廷宴飨之需，外以给部院庶司之退食，悉于长芦之盐是问，则盐政綦重矣。康熙间运使移署津门，而长芦系衔，顾迄今勿改者，明不忘所自也。今州治本长芦治所，且南司分驻于兹，讵可仍前志之阙如乎？志盐政。①

由于长芦盐业的重要性，历来学界对长芦盐业关注较多，河北省社科院历史所刘洪升研究员曾作《20世纪80年代以来长芦盐业史研究综述》一文详细介绍了当前的研究现状，他共划分了"长芦盐务档案资料的整理与出版""回忆文章与盐业志书的出版""专题研究"三部分来讲②，内容包罗广泛，此不赘述。沧州方志办孟庆斌先生在《长芦盐业史述略》中提到：元明时期是长芦盐业发展的高峰期，清至民国是长芦盐业曲折发展并发生急剧变化的时期③。刘洪升则在《古代长芦食盐

---

① （清）庄日荣：《沧州志》卷之六，盐政，清乾隆八年（1743）刊本。
② 刘洪升：《20世纪80年代以来长芦盐业史研究综述》，《盐业史研究》2012年第3期。
③ 孟庆斌：《长芦盐业史述略》，《河北学刊》1992年第4期。

产地初考》中认为：明朝长芦盐业发展较之元朝在全国的位次有所后退。清朝，虽然盐场区域有所减小，但场区集中，海盐产量仅次于两淮，成为清代第二大海盐场区①。看似两者在分期上都没有把明清时期的长芦盐业放到一起来考量。而本文把明清时期拿到一起来关注，是考虑到历史发展的连贯性。笔者主要依据地方史志资料，从介绍明清时期长芦沧州盐业的发展和长芦盐商入手，从历时性和共时性两个角度，关注长芦盐业及其带给地方社会的影响。

一、明清时期长芦沧州盐业发展概况

（一）盐场的设置

明代的长芦沧州盐业主要集中在盐山（包括今黄骅市中南部、盐山县大部）一带，盐山产盐与黄河改道有一定的关系，如民国《盐山新志》记载：

> 盐山为齐之北鄙，齐以鱼盐雄天下，然其产盐之区乃在北海渠展之地，为沸水之海处。故曰"煮沸为海"，其时盐山犹不产盐也。盖春秋以前，盐山迁居鬲津、徒骇之间，正河水泛滥游荡之区，河水淡则足以敌咸。凡近河流海岸皆不成盐。至大河南徙以后，盐山一隅几为产盐总汇，秦汉迄元盐业为河北冠，而汉志之章武盐官实为此方盐业发见之始。②

我国盐政之始，当从管仲"鹭海为盐"算起，当时管子就曾建议齐桓公"煮沸为盐"③，因地制宜，发展齐国的国力。管仲经济改革的结果不仅增加了齐国的财政收入，而且给处于齐国北部边境的、黄河改道之后盛产食盐的盐山一带带来了经济的繁荣。公元前110年，汉武帝任用桑弘羊管理天下盐铁，他在全国设盐官三十八处，勃海郡章武（今沧州黄骅西南）盐官即属其中之一④。从此沧州盐场遍立，人烟渐稠。"元以后，国家的统一，人口的增长为盐业提供了广阔的市场，特别是作为国家严格控制的政治性商品的生产，河北盐业因国家政治中心的北移而获得了比其他盐区更为优越的政治条件，其发展超过以往任何一个时期"⑤。《元典章》记载大都河间盐运司下设盐场二十二场，盐业收入占全国近六分之一。明承元制，把首先抓好盐务管理，作为充实财政、养兵御边的重要手段。据《明史·食货四·盐法》记载："煮海之利，历代皆官领之，太祖初起，即立盐法，置局设官，令商人贩鬻，二十取一，以资军饷，既而倍增之。洪武初，诸产盐地次第设官，都

---

① 刘洪升：《古代长芦食盐产地初考》，《盐业史研究》1995年第4期。
② 贾恩绂：《盐山新志》卷十九《故实略》，民国五年（1916）刊本。
③ 贾恩绂：《盐山新志》卷五《建置》，民国五年（1916）刊本。
④ 舒新成：《辞海》（下卷），《盐官》，上海辞书出版社，2000年，第3863页。
⑤ 孟庆斌：《长芦盐业史述略》，《河北学刊》1992年第4期。

转运盐使六：曰两淮，曰两浙，曰长芦，曰山东，曰福建，曰河东。"长芦都转运盐使设在沧地，这时称"北平河间都转运盐使司"。明嘉靖《河间府志》中有相关记载："洪武二年，置山东、北平河间都转运盐使司及灵州盐课司、广东海北提举司，岁办盐课，每引四百斤。"①这一点在《明实录》中也能得到印证，明洪武二年（1369）正月，在沧州设立长芦都转运使司②。此处需要说明的是，以上记载所记转运司名称不尽一致，原因在于"北平河间盐运司后改河间长芦盐运司"③，继而又省去了"河间"二字。《中国盐政沿革史》对这一发展过程也做了梳理："明于洪武元年经略河北，克取元都，改大都路为北平府，置北平河间盐运司，洪武二年改为河间长芦都转运使司，后定为长芦转运盐使，此长芦之称所由起也。"④

按照明嘉靖《河间府志》中的记载，长芦都转运使司内部机构设置应该包括：盐仓库、经历司、沧州长芦批验盐引所、小直沽批验盐引所、沧州分司，青县分司⑤。清代《沧州志》中为之做了更进一步的结构性描述，河间长芦都转运盐使"所辖分司二：曰沧州、曰青州，批验所二：曰长芦、曰小直沽，盐场二十四，各盐课司一，分隶于沧青二州，均十有二"⑥。分别为"沧州分司：利民盐场课司、阜民盐场课司、利国盐场课司、海丰盐场课司、深州盐场课司、益民盐场课司、阜财盐场课司、富民盐场课司、闰国盐场课司、海盈盐场课司、海阜盐场课司、海润盐场课司"；"青州分司：严镇盐场课司、兴国盐场课司、富国盐场课司、厚财盐场课司、丰财盐场课司、三叉沽盐场课司、芦台盐场课司、越支盐场课司、济民盐场课司、石碑盐场课司、惠民盐场课司、归化盐场课司"⑦。可见，明代长芦沧州盐业规模很大。又由表一可知，清代许多盐场废弃或被兼并，但海丰场、严镇场一直存留到民国时期，而且是较大的盐场。

表一 元明清时期沧州盐区盐场一览表（部分）

盐场名	置场时间	场属所在地	裁撤时间
利国场	元至元二年—七年（1265—1270）	盐山韩村	清雍正十年（1732）废
利民场	元至元二年—七年（1265—1270）	沧州毕孟镇	清雍正十年（1732）废
海丰场	元至元二年—七年（1265—1270）	盐山羊二庄	民国七年（1918）废
阜民场	元至元二年—七年（1265—1270）	盐山常郭	清雍正十年（1732）废
阜财场	元至元二年—七年（1265—1270）	盐山高家湾	清雍正十年（1732）废
益民场	元至元二年—七年（1265—1270）	盐山范二庄	明隆庆三年（1569）并入阜财
润国场	元至元二年—七年（1265—1270）	盐山常郭	明隆庆三年（1569）并入富民
海阜场	元至元二年—七年（1265—1270）	盐山羊二庄	明隆庆三年（1569）并入海丰

---

① （明）樊深：《河间府志》卷八《财赋志·盐政》，明嘉靖十九年（1540）刻本。
② 《明太祖实录》卷三十八，台湾红格本。
③ （明）樊深：《河间府志》卷八《财赋志·盐政》，明嘉靖十九年（1540）刻本。
④ 盐务署：《中国盐政沿革史》，民国三年（1914）刊本。
⑤ （明）樊深：《河间府志》卷八《财赋志·盐政》，明嘉靖十九年（1540）刻本。
⑥ （清）庄日荣：《沧州志》卷六《盐政》，清乾隆八年（1743）刊本。
⑦ （明）樊深：《河间府志》卷八《财赋志·盐政》，明嘉靖十九年（1540）刻本。

续表

盐场名	置场时间	场属所在地	裁撤时间
海盈场	元至元二年—七年（1265—1270）	盐山苏基	清雍正十年（1732）废
海润场	元至元二年—七年（1265—1270）	盐山板塘	清康熙十八年（1679）并入阜财
深州海盈场	明洪武二年（1369）	盐山苏基	清康熙十八年（1679）并入海丰
富民场	蒙古太宗二年—至元二十三年（1230—1286）	盐山崔家口	清雍正十年（1732）废
严镇场	元至元二年—七年（1265—1270）	沧州同居	民国三年（1914）废

注：资料来源：《长芦盐法志》，科学出版社，2009年。

以上二十四处盐场的生产情况大体是："岁办盐六万三千一百五十三引三百斤零，每岁改办小引盐二十八万八百七引一百八十八斤零，本色盐共一十三万五千七百七十五引八十六斤零，存积盐三万六千一百六十一引，常股盐九万九千六百一十四引八十六斤零，折色盐四万五千三十二引一百一斤零。"这些盐主要负责供应北直隶京畿一带的日常消费，"行盐地方：顺天府、真定府、保定府、顺德府、广平府、大名府、永平府、河间府、隆庆府、保安州、彰德府、卫辉府"①。由于"长芦盐"粒大晶洁，质好味佳，历代口碑极好，"宋之盐以河北称冠，元之盐以河间著，明则银花玉液，驰誉长芦"②。故明代沧州盐业生产也更为兴盛。

（二）移民与盐业生产

明朝建立之初，因袭元朝的盐业管理政策，专门设置灶户灶盐，"编户于州县，而佥民为灶，逼画濒海，地土给灶户以为恒产"③，但由于元末战乱的破坏，加上管理不善，灶户叫苦不迭，多所逃亡。因为"食盐民生所赖，自汉以来尤关国计"④，太祖朱元璋不得不对之做出调整，"海滨斥卤，地多不毛，必先划径凿渠，以辟荒芜，以汰沙砾，而后可供樵采，可资播植，其作业之苦又或远过四民，故签民为灶，盖殴之使就，非所乐也。太祖知其然，优恤之者甚厚，厚给工本、杂差均免、杂犯死罪以上止予杖，令计日煎盐以赎"⑤，优厚的政策使明洪武时期沧盐生产开始恢复发展。

到建文帝时，燕军来往沧盐，南场民多抗拒之，燕军赤其地，海丰（今黄骅羊二镇）诸场就荒，河南淡食。永乐初迁民实之，重立场灶⑥。永乐移民到来之后，长芦盐业再次恢复并走向兴盛。有关明代以来沧州盐区的发展状况，曾有一部《杨二镶志》记载较为翔实，可惜目前无存，

---

① （明）樊深：《河间府志》卷八《财赋志·盐政》，明嘉靖十九年（1540）刻本。
② 王树枬：《河北通志稿》（民国），《经政志·盐务》，北京燕山出版社，1993年。
③ 张坪：《沧县志》卷五《盐法》，民国二十二年（1933）铅印本。
④ 李绂：《畿辅盐法志序》，《清人文集·地理类汇编》第三册，浙江人民出版社，1986年，第234页。
⑤ 王树枬：《河北通志稿》（民国），《经政志·盐务》，北京燕山出版社，1993年。
⑥ 贾恩绂：《盐山新志》卷五《盐场》，民国五年（1916）刊本。

"明李柳西因业盐,为盐户,遂著《杨二镬志》,于当时盐场源流、建置载之亦详"①。对于这样一部失传的著作,历代志书中都有记载,可见其影响。由于盐场的复兴与人口密集性劳动的需要,致使大量移民家族落居沧州盐场,如:

> 刘氏世居山东即墨,明永乐皇帝登基,建都北京,始祖带四子二侄随驾北迁,时太平初定,人民稀少,长芦盐务荒芜,故将一切场灶令随驾人员膺之,我祖分隶聚馆庄滩。②
>
> 杨氏家族,由始迁祖灏公奉旨携二子、四侄东迁,于明永乐二年从山西平阳府洪洞县迁直隶河间府沧州,距城百里,止于海滨,数百载来铁板灶户、耕读传家,可谓一方之望族也。③
>
> 始祖学禄公自明永乐二年由山西平阳府洪洞县郑家枝科遵旨东迁,来至沧州东北乡,立庄名为"郑家口村",占田十六顷,务农灶盐为生,数世相传。④

《长芦盐法志》记载移民灶盐还留下了一些古迹:"灶儿坡,在沧州东北,居民于此煮盐为业。"⑤可见,移民大规模来沧,与沧州盐场恢复生产需要众多的劳动力分不开。当时迁入沧州的移民同时占有较多的土地,他们一边务农,一边灶盐,生活相对富庶,移民社会发展顺畅。由于长芦盐业发展兴盛,沧州社会富庶,许多官吏也落居沧州,有回族《孟村吴氏家谱·序言》中记:"吴氏,渤海之望族也,原籍徽州歙县,明永乐年间,始祖讳祚永,特授直隶河间沧州盐运分司运判,乐业沧州,入民籍,列一里二甲,免民行粮。"⑥

二、明初的商屯与盐商的发迹

经历了元末的战乱,明初统治者为了恢复与发展农业生产,大兴屯田。屯田分民屯、军屯、商屯三种,商屯是由盐商所举办的屯田,也是民屯的补充。明初为了解决边地军粮问题,即利用食盐国家专卖制度,规定盐商运粮到边地以充军粮,可以换取政府的盐引(贩盐执照),然后持盐引到指定的盐场领盐,再到指定的地区贩卖,这叫做"开中"。以后商人为免去运粮的麻烦及费用,便在边地雇人屯田,就地缴粮,换取盐引,此即所谓"商屯"。

由于长芦盐运司接近北部边地,在明初那个特殊的年代,它就承担起了通过开中换盐引来供应

---

① 贾恩绂:《盐山新志》卷五《盐场》,民国五年(1916)刊本。
② 沧州《聚馆刘氏家谱》序,道光二十三年(1843)抄本。
③ 杨书清:《沧州杨氏家谱》族谱重修叙言,清宣统元年(1909)抄本。
④ 沧州《郑氏族谱》郑家口村郑氏族谱遭毁录,咸丰十一年(1861)重修本。
⑤ (清)黄掌纶等撰,刘洪升点校:《长芦盐法志》,科学出版社,2009年,第546页。
⑥ 吴其庆:《孟村吴氏家谱》序言,清光绪十七年(1891)重修本。

边防军粮的任务。自古盐是由官方榷货专卖的,明洪武皇帝却规定商人可以代替政府向边塞运送军粮,作为报酬政府发给商人盐引,允许其贩运官盐。这一做法古已有之,明初实行之,起因于"洪武三年六月辛巳,山西行省言:大同粮储自陵县、长芦运至太和岭,路远费重。若令商人于大同仓入米一石,太原仓入米一石三斗者,俱准盐一引,引二百斤,商人鬻毕,即以原给引自赴所在官司缴之,如此则转输之费省而军储充矣。从之,此中盐之法所自始"①。洪武四年(1371)二月,明政府正式制定"开中例"。"明有开中之制,商人输粟助边,报中给引,持引给盐,号曰'边盐'。有明一代盐法与边计相辅而行,十居八九灶户应输额引以边盐为大宗"②。这一措施的推出,既解决了边粮的保障与运输等问题,也极大地带动了沧州盐业的发展与繁荣。

到永乐十九年(1421),明成祖迁都北京,长芦盐区密迩京城,地位更为重要,"定都燕京,以保安、隆庆二州直隶京师,长芦之盐,更推行于长城以外。然芦场以密而畿疆之故,应岁贡白盐五十三万四千六百六十九斤有奇,进解供用库,光禄寺,内官监,神乐观四衙门,上供郊庙百神祭祀,内府馐膳"③。此时的沧州一带既是边防重地,又是畿辅重地,双重的责任,也带来了更大的收益,沧盐就是在这种情况下愈加走向兴盛的。沧盐又带动了沧州商业的繁荣,"沧县商务当长芦运使驻节之时,莝商麇集于此,文绣膏粱纷华奢丽,商业繁荣非他处所及"④。再如嘉靖《河间府志》记载:"河间行货之商皆贩缯、贩粟、贩盐铁木植之人,贩缯者至自南京、苏州、临清;贩粟者至自卫辉、磁州并天津沿海一带,间以岁之丰歉,或籴之,使来,或粜之,使去,皆辇致之;贩铁者,农器居多,至自临清、泊头、皆驾小车而来;贩盐者,至自沧州、天津;贩木植者,至自真定。其诸贩磁(瓷)器、漆器之类至自饶州、徽州。"⑤可见,当时的沧州已成为"舟车辐辏之邦","贸易鱼盐之郡"。

明朝实施"开中法",商人凭"盐引"到指定盐场和指定地区贩盐,明清以来许多华北家族以经营沧盐发家,其中以晋商为最。如明中后期重要政治人物张四维,蒲州(今山西永济)人,其父张允龄是山西有名的盐商,"贾盐长芦,累资数十百万"⑥,但其视财利甚轻,笃信重义,南北所至,为众商所敬服。张允龄的妻子王氏是明朝重臣王崇古的姐姐,其父王瑶是蒲州一带的商人,以竹木漆器起家,后来在沧州长芦盐场贩盐,并从事军粮的运输,资料记载其"可谓商名而儒行",经商时与品行相似的张允龄结识,并将女儿许配给张,两相助益,共同壮大。这些盐商本来就与官方来往密切,有贩盐之便,加之他们为了共同的利益,建立起婚姻圈,形成一个个庞大的关系网络,进而慢慢操控了长芦盐业。还有清代顺治初年,山西介休范永斗利用皇商特权,经营长芦和河东盐,势力越来越大,获利越来越多,范氏遂成为长芦首富,拥有资本"百余万两"。从乾隆

---

① (清)顾炎武:《日知录》卷十,"行盐"条,清乾隆六十年(1795)遂初堂重刊本。
② 贾恩绂:《盐山新志》卷五《盐场》,民国五年(1916)刊本。
③ 王树枏:《河北通志稿》(民国),《经政志·盐务》,北京燕山出版社,1993年。
④ 张坪:《沧县志》卷十一《礼俗·商》,民国二十二年(1933)铅印本。
⑤ (明)樊深:《河间府志》卷七《风土志·末俗》,明嘉靖十九年(1540)刻本。
⑥ 王世贞:《嘉靖以来首辅传》卷七《张四维传》,上海古籍出版社,1983年,第511页。

四十六年（1781）范氏破产的清单中，可知范氏在直隶、陕西、山西、河南等地都设有盐店，在天津、沧州有囤积盐斤的仓库①。

除了来自山西等地的盐商，因沧州境内遍布盐碱地，不利农事，为了生活下去，也有一部分人参与经营盐业，当然其中不乏非法盐商。如明永乐二年（1404）回族迁沧定居，他们中的许多人以驴驮结帮搞长途贩运私盐生意，为避官卡，他们弃行大道，专走田间小路，从而开辟了用达五个半世纪的民族隐蔽交通线。这种由驴帮开辟的小道就成了回汉兄弟地区交往的重要途径，也为以后公路的发展兴修打下了良好的基础②。

有了一定积累的盐商开始积极参与地方活动，如黄骅市常郭镇常郭村村民挖沟时发现明代崇祯年间"重修韩村金沙镇华严寺敕修功德碑"。碑文有"长芦利国场盐课司大使"等字样，记载在盐场官员的号召下，当时当地名门望族沈、范、贾、赵等捐修古寺的情况。再如《长芦盐法志》中记：

> 周达仁，廪生，浙江余姚人，业鹾于芦，遂家焉。明崇祯间，沧州饥，流亡载道，达仁出米万石，构室千楹，遂全活无算。倡议呈请，始立长芦商学。殁祀沧州乡贤。康熙二十八年，以子彪贵，赠明威将军。元孙自颁，官高州府通判，亦好行其德，遇岁饥，必倡议捐赀施赈，率为常。③

盐商头脑中固有的"行善""重教"等观念，使他们愿意利用手中的财富为地方社会做出一定的贡献，以获取更多的社会名望，巩固家族地位。史书记载沧州盐商的力量在清末变乱中有更明确的体现：

> 郑家口为故城重镇，水路要冲，商贾云集，咸同间捻逆倡乱土匪窃发，张锷、刘绠、苏钟、杨和永、刘应汉、周瑚等约集诸商以三十家为首事，筹办经费，募勇丁二百名，渐增至四百名，修筑围墙千八百余丈，上有女墙，高厚皆二丈五尺，建立四门，又筑炮台六座，昼夜防守，故郑镇始终未遭蹂躏，练勇亦屡随"人和团"剿贼出力，前后经费统计数万金。④

上文《郑氏族谱》有记，郑家口产盐，有盐商汇集，所以以上这些商贾中应该有很大一部分是

---

① 韦庆远、吴奇衍：《清代著名皇商范氏的兴衰》，《历史研究》1981年第3期。
② 孟村回族自治县交通局编写组：《孟村回族自治县公路交通史》（初稿），1985年刊本。
③ （清）黄掌纶等撰，刘洪升点校：《长芦盐法志》，科学出版社，2009年，第336页。
④ （清）张熷：《故城县志》卷八《杂志》，民国十年（1921）重刊本。

盐商，他们积极响应朝廷的号召，不惜人力、财力，抵御"内匪"，在变乱面前表现出了强大的社会主宰力。

晚清时期的中国，内忧外患，国家处于风雨飘摇之中。洋务运动之后，许多爱国知识分子掀起"实业救国"的高潮，"泊头火柴"就是在当时的社会背景下应运而生的。当然，建设之始步履维艰，为了把已经开始的实业进行下去，发起人之一的李雅轩找到河间盐商白国珍等人慷慨陈词，指出生产火柴本小利大，上可报效国家，下可解决百姓急需，是实业救国的最佳选择，最终说服白国珍入股。火柴厂的发展逐步走向正规化，成为民族工业的骄傲，为中国人民摆脱"洋火"的命运做出了自己的贡献。1922年，盐商白国珍又联合本村几位有识之士，创办了刘家庄普及小学，招收农民子弟入学读书，尤其破除旧俗，破天荒地招收女子入学，此举在乡间引起了极大的轰动。盐商白国珍利用自己的资财，兴办实业以救国，发展教育以树人，乡里称之为"白善人"。

当然由于长芦盐业渊源很早，故积弊亦深，也有不少不法盐商，如地方志记载："正德十六年，权势中盐，侵夺民利，并客商中盐增价转卖，俱问罪入官，律有明禁。近年来奸商投托势要，每遇开中尽数包占转卖取利，甚至奏开残盐减价中支，每米一石支盐四引。任场买补夹带私盐，阻滞正课，以致盐法大坏，边储告急。"①明朝沧州南皮人李腾鹏的"盐商行"开头就有这样的句子："卫水河中鸣画鼓，商船破浪齐摇橹。商船报到载盐来，居民两岸齐称苦。商人意气何扬扬，绣毂雕鞍罗绮香。入门通刺谒长吏，长吏温言礼数详。"接着还有"万户含愁无所告，旧商未去新商到。一年几度商人来，民脂民膏尽消耗"。"食不充肠衣无裤，何况公私百役兼"。一方面是因盐运而生的盐商风光无限，另一方面是灶户的日子越来越艰难。清翰林院士沧州李村人戴宽有《盐池》诗："不知自何年，招集来商贩。骄奢似王侯，奴隶视州县。计口派食盐，锱铢又奇算。百钱不盈盎，况乃泥居半。"盐商挟势横行，掺土使水，偷斤减秤。为牟取暴利而公行贿赂，如《长芦盐法志》记载，长芦古迹"何公祠""瞿公祠""张公祠"，都为"众盐商"为明代长芦运使所建②，还有"何公德政碑"文流传，其中多溢美之词，是真心赞美，还是为了"搏利"？其中细节还需要不断挖掘。

其实早在洪武、永乐年间长芦盐业的管理就已经暴露出诸多弊病，不过当时还多限于私盐问题："渤海盐薮，私贩挠法"③，统治者也对之进行了积极的治理，"永乐十四年，差监察御史一员巡视河间运司私盐"。"宣德中，上命山西道监察御史钱塘于谦率锦衣官校捕长芦一带马快船夹带私盐者，谦不避权贵悉置之法，河道为之一清"④。官方与势要、奸商之间不断的博弈正说明长芦盐业在明代国计民生中的重要地位。

---

① 苗毓芳：《交河县志》卷十《杂稽志·事略》，民国五年（1916）刊本。
② （清）黄掌纶等撰，刘洪升点校：《长芦盐法志》，科学出版社，2009年，第545页。
③ 苗毓芳：《交河县志》卷十《杂稽志·事略》，民国五年（1916）刊本。
④ （明）樊深：《河间府志》卷八《财赋志·盐政》，明嘉靖十九年（1540）刻本。

三、小　　结

　　沧州近海，有渔盐之利，沧州是"长芦盐"的发源地和重要产区，早在西周时期，沧州即以产盐著称，后代也多置盐灶、设场管理。悠久的发展历史，上好的品质，加上盐在国计民生中所占的重要地位，"无形中就提升了沧州地区，这块畿辅之地的战略地位，沧境盐业生产获得空前的发展。明邱睿清《行'转般法'议》云：'淮盐在南，沧盐在北，山东之盐居其中，淮盐之价最高，山东之盐抵河颇远，唯沧盐近河而价最廉'"①，长芦盐成为国家首选，沧州盐业生产兴盛。长芦盐商成为地方社会中坚力量，却也腐蚀着清朝官僚体系。

　　随着国家不断增加盐价，私盐泛滥，长芦盐业发展走入低谷。对于沧州长芦盐业衰落的原因，历来众说纷纭，一般认为长芦沧州盐业的衰落主要与柳河淤塞有关，据《盐山新志》："至其盛衰之源，皆由运道通塞之故，非昔产而今竭。南所之盛其机操于河道，而柳河最为要津……柳河之塞在长芦之截地。于是南场运路断绝，而北场有蓟运、南运诸河以为委输，相形见绌，南场盐业大衰。"②没有了柳河，没有了官方的扶植，但沧州还有贩私盐的小路、运盐的大道。如明代沿海往盐山的大道有三条，其中：中路从沿海范家堡等地，西经海丰镇、杨二庄、贾象、大郭庄、张留舍、伯二庄、边务至盐山。北路北起歧口，西南经张巨河、大丰庄（今中捷农场）、韩村（今城关），南向旧城、张留舍、伯二庄、边务至盐山。还有一条就是由杨二庄经八里庄、仁村、故县、滕家铺与沧州的海大道③。运盐大道的存在说明了虽然盐运司转移了，南场衰落，但盐业依然是许多沧州人的生计方式，如戴其润先生在《又到甲午——一名甲午老兵三代人的选择》中提到他太爷爷戴重泰，1894年出国参加了甲午平壤大战，兵败后对丧权辱国的清政府彻底失望，一路打工乞讨，回到老家——沧州青县王福庄，隐忍地过起了种地扛活、挑脚贩盐的贫苦生活④。甚至到20世纪八九十年代，贩盐一直是许多沧州人的重要谋生之路，长芦盐业养活了一代代的沧州人。

---

① 王树楠：《河北通志稿》（民国），《经政志·盐务》，北京燕山出版社，1993年。
② 贾恩绂：《盐山新志》卷五《盐场》，民国五年（1916）刊本。
③ 《黄骅县志》，海潮出版社，1990年，第161页。
④ 戴其润：《又到甲午——一名甲午老兵三代人的选择》，九州出版社，2014年，第19页。

明清时期长芦盐业与运河交通

裴一璞

（山东聊城大学运河学研究院）

摘 要 明清时期长芦盐业的发展与运河交通密不可分，运河促进长芦盐业管理中心的转移，奠定今日长芦盐业格局；促进芦盐管理职能的完善；扩大芦盐的行销范围及对外影响。然而运河交通也为芦盐走私提供了方便之门，加剧了政府缉私难度。总体言之，运河交通对长芦盐业发展的推动作用居主导地位。

关键词 明清；长芦；盐业；运河

明清时期，长芦盐场区域分布广泛，北起山海关，南至今河北与山东交界处。同时长芦盐场也是海河水系与运河相交汇的中心区域，境内水道发达，运河与自然河流纵横交织，分布有北运河、永定河、大清河、子牙河、南运河、蓟运河等。运河的存在对长芦盐业的发展具有重要推动作用，所谓"水利兴而后盐利可通，水利淤塞而盐利无从出之地"[①]。然目前对长芦盐业研究，从运河角度较少有所关注，今试予以论述。

一、明清时期运河对长芦盐业推动

（一）促进长芦盐业行政中心的转移

"长芦"之名始自明初，洪武二年（1369）置北平、河间都转运盐使司，后更名河间、长芦都转运盐使司，永乐间简称长芦都转运盐使司，简称"长芦运司"，自此便有"长芦盐"之名。当时运司驻地为河间府沧州（今河北沧州市），是因沧州位"九河下梢"，运河交通发达，号称"沧盐近河，其价最廉"[②]，很快成为食盐集散与管理中心。

然而入清后，随着运河功能的完善与发展，天津的地理优势凸显出来。天津位于南运河、北运河、蓟运河汇集之处，且为海河干流区，又濒渤海，为长芦盐业转运提供了更加便利条件，使天津逐渐成芦盐转运中心。康熙十六年（1677），长芦都转运盐使司移驻天津。长芦盐业行政中心的转

[①] （明）朱廷立：《盐政志》卷七，北京图书馆出版社，1999年。
[②] （明）丘浚：《大学衍义补》，京华出版社，1999年。

移，主要源自沧州盐业运道的衰落。清代沧州所在南场盐业因运道阻塞，盐运多由陆路，"脚价视盐价不啻三倍，故中引商人皆愿领价告买补于北场。灶丁煎盐，弃置不用"，这种运道变化带来的影响便是灶丁纷纷改业，"一二近河者仍其旧业，余皆改事农商，纳折色于运司"①。

因长芦盐业转运历来主要依靠水路，明清时期沧州等地因运道阻塞，运输不便，运价昂贵造成盐业生产萎缩；天津则由于河网遍布，水运发达，商人乐于行盐，成就了芦盐转运中心地位②。由此可见，运河交通的变迁对长芦盐业地域兴衰起到举足轻重的作用，运河在地方的盈缩直接导致天津与沧州盐业的兴与衰，奠定了今天长芦盐业的发展格局。

（二）促进芦盐行政管理对运河的重视

明清时期长芦盐业的最高管理机构是长芦盐课察院，设巡盐御史一人，监察长芦盐政③。因运河对长芦盐业的重要作用，促使芦盐管理机构对运河的治理极为重视，部分职能转向对运河的管理。明永乐十三年（1415），朝廷在沧州设长芦巡盐御史，职能之一便是兼理河道，通过巡盐御史对运河的治理、维护，起到促进芦盐转输便利的作用。正统三年（1438），朝廷命长芦巡盐御史兼理南至济宁（今山东济宁市）北至通州（今北京通州区）张家湾一带运河④。此举将长芦巡盐御史的运河管理权扩大到除通惠河之外的整个华北地区。天顺二年（1458），又令长芦巡盐御史兼管北直隶河道⑤。至此，整个华北地区的运河管理都纳入长芦巡盐御史的兼理范围。成化八年（1472），命长芦巡盐御史兼管通州直抵济宁州一带河道，并提督所属军卫有司，时加疏浚修筑，督收钱钞，缉捕盗贼，盘检马船等⑥。至此，长芦巡盐御史对运河的管理职能达到完善，这种做法一直延续至清代。

（三）促进长芦盐业行销网络扩大

长芦盐业行销网络的构建与扩大与运河交通密切相关，明代及以前长芦盐业行销重心在沧州，主要因其运河便利："南所之盛，其机操之于河道。而柳河最为要津。唐代无棣、马颊为南场之南道，而柳河为其北道，故南场犹盛"；后因运河水路的变道及淤浅等问题，沧州所在南场盐业开始衰落，"盖大河徙而柳县废，柳河绝而南场废，皆以交通不利，而地产、商业及人事之乘除盛衰胥因之"⑦。与此同时天津所在北场盐业开始兴盛，"柳河之塞，在长芦之截地，于是南场运路断

---

① （明）陈子龙：《明经世文编》卷三百六十《答王总制论屯盐书》，中华书局，1962年。
② 张毅：《明清天津盐业研究（1368—1840）》，天津古籍出版社，2012年，第179页。
③ 傅崇兰：《中国运河城市发展史》，四川人民出版社，1985年，第245页。
④ （明）汪砢玉：《古今鹾略》卷四《会计》，北京图书馆出版社，1999年。
⑤ （明）杨宏、谢纯等：《漕运通志》卷四，方志出版社，2006年。
⑥ （明）汪砢玉：《古今鹾略》卷三《职掌》，北京图书馆出版社，1999年。
⑦ 贾思绂等：《盐山县志》卷五《法制略》，民国五年（1916）刻本。

绝，而北场有蓟运、南运诸河以为委输，相形日绌"①。

北场盐业最为兴盛者当属芦台场（位今河北唐山），该盐场濒临蓟运河，囤集装载食盐极为便利，因而发展极为迅速："（芦台场）共设四坨，其在寨上北者曰'北坨'，又名'汉沽坨'，位于场署南八十里，北、东、南三面共长二百八十五丈，临蓟运河，可容盐二百万石；在营北者曰'南坨'，位于寨上南五里，北、东、南三面共长三百八十四丈，亦临蓟运河，可容盐一百三十万石；又张家码头可容盐四十五万石。"②

在明清长芦盐区，除规模较大的运河外，众多规模较小的运河或其他水道对食盐的运销也起到重要作用。这些小的运道能够直接连通各盐滩或盐场，便利盐船的进出，供灶户将用产之盐运至大的场坨集中囤放；再通过连通规模较大的运河，将食盐分销到各地。如唐山芦台场"有北、中、南三沟，为运盐之路"③；清光绪间，宁河县（今天津宁河区）港庄有"渠四道，俱东通大海，绕贯摊坨。宽二丈，深五尺，取水晒盐。西北流入蓟运河"④。

明清长芦盐业的行销主要通过运河运往外地。商人挂号手续齐备，将盐船齐泊盐关，听候巡盐御史亲临盐关开放船只，出关后盐商分赴所认引岸，或由北河，或由淀河，或由西河，或由南河分运各处⑤。盐船走北运河者，食盐大部分分销沿河州县，剩余部分至通州张家湾改为车运分销附近；盐船走淀河者，食盐大部分分销沿河州县，剩余部分至保定县（今河北保定市）张青口及清苑县（今河北清苑县）改为车运分销附近；盐船走西河者，食盐大部分分销沿河州县，剩余部分至衡水县（今河北衡水市）之小范、任县（今河北任县）之邢家湾、宁晋县（今河北宁晋县）之白沐、丁曹及邯郸（今河北邯郸市）等处改为车运分销附近；盐船走南运河者，食盐大部分分销沿河州县，剩余部分至大名（今河北大名县）之龙王庙、白水潭二处改为车运分销附近；盐船销岸为河南州县者，则由白水潭运至卫辉府（今河南卫辉市）及道口镇（今河南安阳市道口镇），车运渡黄，再行分运卫辉府盐厂⑥。由此可见，明清长芦盐业运河行销范围为今河北省内、北京、天津及河南北部等地区。

（四）提升长芦盐业对外影响力

明清时期长芦盐区因临近京畿，成为宫廷用盐的首选，一旦被定为贡盐，则其对外影响力自然水涨船高。明清长芦贡盐主要包括青盐、白盐、盐砖、盐卤四种，其中盐砖最为沉重，每块均重15

---

① 贾恩绂等：《盐山县志》卷五《法制略》，民国五年（1916）刻本。
② 周庆云：《盐法通志》卷三十九《场产十五》，文明书局，1914年。
③ （民国）财务部盐务署：《清盐法志·长芦建置门》，民国九年（1920）盐务署铅印本。
④ （清）丁符九等：（光绪）《宁河县志》卷三，上海书店，2004年。
⑤ 张毅：《明清天津盐业研究（1368—1840）》，天津古籍出版社，2012年，第127页。
⑥ （清）黄掌纶等：《长芦盐法志》卷九《转运》，嘉庆十年（1805）刻本。

斤①。在长芦贡盐中，以盐砖最为贵重，而盐砖因其重量较重，运费高昂，又决定盐场地区非有运河之利不能承办。事实上，明清长芦地区，盐砖并非每个盐场皆有能力生产。明初盐砖主要由可通舟楫之富民、丰财、厚财三场；万历十一年（1583），长芦盐运使高世雨查知芦台、兴国二场亦系沿河，交通便利，遂加派二场；后以芦台场临近蓟运河，价格低廉，又将盐砖烧造任务交给芦台一场承办②。可见盐砖烧造的前提是造价低廉、运费低，而水运交通便捷、成本低的优势便成为官府指派盐砖生产的首选，由此运河交通对提升长芦盐业成为贡品，扩大对外影响力上具有重要意义。

二、明清时期长芦盐业运河行私与缉私

（一）长芦盐业运河走私

明清时期运河对长芦盐业的发展起到重要的推动作用，然而便利的交通又成为食盐走私的温床；同时运河作为漕运官道，官员及漕卒的加入，以及水道河汊本身的纵横交错又增加了走私的猖獗与缉私的困难。其情形恰如明万历间长芦巡盐御史姚思仁所奏："长芦之盐，北多而南少，在南场者十之三，在北场者十之七。且南场俱系陆运，即有私贩，亦易以诘捕；北场余姑无论，如芦台、越支产盐之数，场分既大，煎晒亦多，天津富商皆在二场收买，大伙兴贩盐徒往往亦出其间。"③可见明清长芦食盐走私主要集中在沿运地区，重点在北区盐场。

1. 官私

明清时期长芦盐场位于运河沿岸，而运河作为国家漕运通道，"运河往来，权势军民人等舳舻相望"④，官船易夹带私盐，为走私提供了便利。官员利用官船做掩护，夹带大量私盐躲避检查，已成为运河走私非常严重的社会现象，以致有"弊窦在往来官舫"⑤的说法。

官私主要分为两种类型，一是高级官员可以凭借权势在运河公然行私。如明成化年间"勋戚、内官、权势之家奏讨开中盐利，驾马快官船多至二三百艘，于长芦等处满载南行，张揭钦赐黄旗，虽有巡盐、巡河等官，莫敢谁何！"⑥正德四年（1509），内官监太监杨镇沿运走私长芦盐，"凡用官民舡六百余艘，劫胁濒河官吏，索厚赂一万六千二百余两，其家人韦庆等亦得几千两"⑦。正德十年（1215），司设监太监刘允借行差之便沿运走私长芦盐，"载盐船只填满河道，南北官、

---

① （清）段如蕙等：（雍正）《新修长芦盐法志》卷六《灶籍》，学生书局，1966年。
② 张毅：《明清天津盐业研究（1368—1840）》，天津古籍出版社，2012年，第93页。
③ （明）吴亮：《万历疏钞》卷二十七《千盐类》，上海古籍出版社，1996年。
④ （明）陈子龙：《明经世文编》卷三百六十《答王总制论屯盐书》，中华书局，1962年。
⑤ （明）顾炎武：《肇域志》卷一〇，上海古籍出版社，2012年。
⑥ 《明宪宗实录》卷二百六十，成化二十一年春正月己丑条，线装书局，2005年。
⑦ 《明武宗实录》卷五十一，正德四年六月丙子条，线装书局，2005年。

民、商旅舟楫一切阻塞，不容往来"①。正德十一年（1516），"先朝各王府奏讨食盐不过二三百引，今公差人员奏讨不下数万。又织造等项名虽二万，夹带实多。及进贡马快等舡在于长芦运司收买私盐，公行无忌"②。这些高级官员主要为亲王、勋臣、宠信太监等皇帝身边近臣，他们沿运行私主要特点为凭借权势、公行无忌，气焰极为嚣张——"横行江河，攫夺市肆，商贾不通"③。

另一类为普通官员，主要为假借公事之便，夹带私盐。普通官员没有皇帝近臣的权势，他们转而通过行使公务的便利，在官船中夹带私盐，造成的影响也比较恶劣。如明成化十三年（1477），"公差人所驾马船、快船，用一索十，多至百余艘，往往夹带私盐重货，所经之处，尤被扰害"④。成化十九年（1483），"近马船、快船回公差回，多于长芦收买私盐，至于仪真发卖"⑤。以致民间部分私盐贩争相冒充官船，以求牟利，"奸民效尤，亦以民船混作官船，随后夹带"⑥。

2. 漕私

明清京杭运河作为国家漕运主通道，漕船的行进在运河中具有特权。法令虽然规定："粮船昼夜攒行，不许片刻停泊，亦不许闲人上船"⑦，但漕运路途遥远，船上人员日用不能缺乏食盐，朝廷对漕运人员的食盐需求有特殊照顾，允许他们夹带食盐运漕；或者在运漕结束空船回程时，为体恤漕卒，允许他们夹带货物沿途贩卖，以贴补家用。如明弘治十七年（1504），朝廷规定："如回空运军每名夹带私盐达五十斤以上者，请照例盘诘；如其瓶罐装买不足五十斤者请放行，不作追究。"⑧清雍正四年（1726），为体恤漕卒，朝廷规定漕船回空每人可带食盐"四十斤"⑨。这些特权或措施都为漕船食盐走私大开方便之门，并同样增加了食盐缉私的困难。

明清沿运地区的食盐漕私中，以长芦食盐最为严重，"芦私居十之八九，淮私居十之一二"⑩。漕船之夹带、私贩食盐，主要发生在漕船回空南下之时，如明弘治十四年（1501），朝廷"申严运军私带食盐之禁"⑪。天启年间，长芦地区"各船动多夹带私盐"，回空漕船利用行使特权"舳舻百千，扬帆冲关"⑫。缉私官员前往检查，漕卒竟然"持梃相向"，甚至烧毁漕

---

① （明）陈子龙：《明经世文编》卷一百二十四《乞取回刘允及停止张玉不差题本》，中华书局，1962年。
② 《明武宗实录》卷一百四十一，正德十一年冬十月甲戌条，线装书局，2005年。
③ （明）陈子龙：《明经世文编》卷八十五《题为钦奉事》，中华书局，1962年。
④ 《明宪宗实录》卷一百六十六，成化十三年五月庚午条，线装书局，2005年。
⑤ 《明宪宗实录》卷一百六十二，弘治十三年五月丁卯条，线装书局，2005年。
⑥ 《明孝宗实录》卷二百四十六，成化十九年十一月辛亥条，线装书局，2005年。
⑦ （清）载龄等：《钦定户部漕运全书》卷八十三《通漕禁令》，上海古籍出版社，1995年。
⑧ （清）唐执玉等：《畿辅通志》卷三十六《盐政》，清雍正十三年（1735）刻本。
⑨ 《世宗宪皇帝实录》卷四十三，雍正四年四月甲子条，中华书局，1986年。
⑩ （清）陶澍：《陶文毅公全集》卷十五，清道光二十年（1840）刻本。
⑪ 《明孝宗实录》卷一百七十七，弘治十四年闰七月癸卯条，线装书局，2005年。
⑫ 《明熹宗实录》卷四十一，天启三年十一月戊辰条，线装书局，2005年。

船，杀伤人命，使巡私人员"莫敢呵止"①。崇祯间，"漕船悍卒辄敢公然装载，拒捕焚舟，哄如夷虏"②。漕运走私的长芦食盐中，又以天津所在的北区盐场最为严重，"透漏盐斤之弊，以天津为最甚"③。如清嘉庆十六年（1811），缉私人员查出湖北三帮之漕船夹带私盐，数额高达"二十九万二千余斤"，经审讯得知，所带私盐皆购自天津一带常春等官盐店④。

（二）长芦盐业沿运缉私

明清长芦盐业运河行私严重扰乱了正常的食盐行销秩序，并妨碍了政府盐课征收，严重者造成对地方社会的扰乱。为维护盐区统治秩序的稳定，保障食盐市场的正常运行，官方采取严厉措施进行缉私；相较陆运缉私，运河缉私自有其特点。

1. 完善支盐制度

食盐走私源头在于支盐制度的监管不力，明清政府为预防食盐走私，要求用官方盐船进行支取，将食盐发放纳入官方控制之下。如规定商人领引赴场，需在盐垣中买卖，由场官验明放行，"灶户运盐上仓，将带军器及不用官船起运者，同私盐法"⑤。将不通过官方盐船起运，私自在运河用民船支盐的行为一律斥为私盐，尽可能在源头遏制食盐走私入运河。

2. 严惩沿运私贩

明清政府对沿运河私贩芦盐的行为，通过制定相关法规予以严惩。如对回空漕船夹带芦盐的处罚，根据不同的私贩程度，给予不同的惩罚："有夹带私盐闯闸、闯关，不服盘查，聚至十人以上者，持械拒捕杀人及伤人三人以上者，为首、并杀人之人拟斩立决；伤人之犯斩监候；未曾下手杀伤人者发近边充军。其虽拒捕不曾杀伤人，为首绞监候，为从流三千里；十人以下，拒捕杀伤人者，俱照兵民聚众十人以下例分别治罪。"⑥通过对运河私贩的严惩，起到震慑与惩戒双重作用。

3. 设置盐关要隘查私

明清政府对运河盐运的交通要道一般设置盐关要隘进行检查，对发现私贩行为依律予以没收、严惩，在私盐流通环节予以打击。如明万历二十一年（1593），长芦巡盐御史姚思仁请求在天津直沽河（今海河主干道）设置盐关，查缉私盐。因为"直沽一河为行盐要地"，通过设立浮桥，横以

---

① （明）陈仁锡：《陈太史无梦园初集》劳集二《两淮盐政》，北京出版社，1998年。
② （明）毕自严：《度支奏议》山东司卷二，上海古籍出版社，2008年。
③ 《宣宗成皇帝实录》卷一百八十七，道光十一年四月丁卯条，中华书局，1986年。
④ 《仁宗睿皇帝实录》卷二百四十九，嘉庆十六年十月己未条，中华书局，1986年。
⑤ （嘉庆）《长芦盐法志》卷七《律令》。
⑥ （嘉庆）《长芦盐法志》卷七《律令》。

拦江铁索，系以木桩，遇夜封锁，天明始开，"纵有神奸不能越渡"①。清康熙五年（1666），在大沽口设立盐关要隘进行检查，因"装盐船只别无小河可通，必从天津大沽口出口，由海边行走"之故②。雍正元年（1723），朝廷规定回空漕船通过天津关时，由长芦巡盐御史会同天津镇总兵官亲往验放，"如发现夹带之私盐，尽抛入河，失察各官照例议处"③。乾隆二十年（1755），令每年回空漕船过天津关时，由缉私人员进行盘查验放，除每船准带食盐40斤外，"如有多余，起获充公"④。

明清政府实施的芦盐沿运缉私措施，对遏制食盐走私、打击犯罪起到一定积极作用，有利于芦盐正常市场行销制度的实行。然而这些缉私措施仍存在不少漏洞，如官员缉私中利用便利自己贩卖食盐，权势之家更是公然蔑视盐法，缉私人员在盐关要隘受贿放私等行为，无疑加剧了食盐缉私的困难，实际这也是封建特权社会的一种折射。

综上所述，明清时期运河交通对长芦盐业发展起到重要推动作用，包括盐业管理中心的转变，奠定了今日长芦盐业格局；促进芦盐管理对运河的重视，完善其行政职能；扩大芦盐行销网络；提升了芦盐的对外影响。然而运河的便利也带来食盐走私的盛行，政府对此实施相关缉私措施，然在执行过程却因各种原因难以称善，这对今日芦盐执法仍有一定借鉴意义。

---

① 《万历疏钞》卷二十七《钱盐类》。
② （雍正）《畿辅通志》卷三十六《盐政》。
③ （清）内务府等：《钦定大清会典》卷五十三《户部》，商务印书馆，1908年。
④ 《钦定户部漕运全书》卷八十三《通漕禁令》。

明武宗时期宦官奏讨盐引研究
——以长芦盐场为例

冷 明

(辽宁师范大学)

摘 要 明代宦官用事基本上与皇明一朝相始终，其人数众多，机构庞杂，不仅掌管内廷一切事物，并介入财政、军事、司法等领域。明武宗时期宦官更是猖狂，刘瑾专政党羽密布，大肆收揽权力，其触角涉及内廷外政的各个方面，宦官将盐课视为牟取利益的重要手段，对上奏讨盐引，对下私自夹带，加快了开中法的崩溃，成为明代盐课税收的蛀虫。

关键词 明武宗；宦官；盐政；奏讨盐引；长芦盐场

盐政被视为关乎民生的要政之一，因此一直为学者们所关注，奏讨盐引问题更是盐政中一个极为重要的领域。奏讨盐引多与私盐贩运现象交织在一起，使得盐政问题错综复杂。明代前期实行开中法，严格控制盐的生产和流通，健全盐业经营的各个环节，因而明代前期的请盐现象较少。但随着开中制度弊端的显现、国家监察制度日益松弛，致使私盐泛滥情况越来越严重。私盐日行，官盐滞销直接威胁国家的财政收入，进而动摇明王朝的根基。明武宗时期对全国经济进行大肆搜刮，上行下效的作用下，各级官员对人民亦是层层搜刮。这其中最为猖獗的要属皇帝的心腹——宦官，他们巧立名目奏讨盐引的同时亦行私贩之事，在私盐贩运中扮演着重要角色，宦官为祸是明代盐政崩溃的一个重要因素。

长芦盐场毗邻明代政治中心，更为宦官私贩食盐提供交通之便，舟车往来频繁，顾炎武曾在《肇域志》中有"弊窦在往来官舫"之说。

一、明代长芦盐场设置

长芦盐场得鱼盐之利历史悠久，"其产盐发源最古，周有幽州之利，秦有上谷之饶"[①]。汉朝于此置郡国盐官，后历代皆置官管辖。明时设河间长芦盐运司，下辖沧州、青州两分司，批验所长芦和小直沽，域内二十四所盐场，以其为河北盐产总汇之地。食盐行销北直隶，河南彰德、卫辉二府，输边宣府、大同、蓟州，是为当时北方最大的海盐产区。而伴随着食盐专卖制度而来的私盐问

---

① 曾仰丰：《中国盐政史》，上海书店，1984年。

题，亦是长芦盐场食盐流通领域不可避免之事。长芦盐场是明代北方盐业生产、流通的重镇，其私盐问题错综复杂，名目繁多，且对长芦腹地的社会、经济、文化等方面的发展产生巨大影响。

二、宦官进入盐政体系

宦官是在宫廷中为皇帝及其亲属生活服役的官役人员。宦官出现的具体时间，历史说法不一，有认为始于周朝，有认为始于秦汉。虽然具体时间无法确定但其伴随着古代社会的始终可以确定无疑。中国宦官制度随着各个时期历史情况的不同，宦官人数的多寡、机构设置与统辖、权力范围大小均有异同。总的趋势是人数日益增多，机构设置日趋繁杂，权力范围越来越大，这个发展趋势在明代达到顶峰。朱元璋时期废黜宰相制度，中央集权空前加强，皇帝总揽一切大权，明初皇帝尚能勤于政事不至于大权旁落，到明中期，皇帝多无心政治贪图享乐，面对堆积如山的奏章、纷繁复杂的政务，皇帝不得不寻找帮手，而皇帝们多忌惮外臣，唯恐外臣权力过大威胁皇权，便将目光放在了与他们朝夕相伴，服侍其生活起居的宦官身上，阉人无后即使获得权力也无从继承，这使得皇帝放心地把皇权分割与宦官。因而宦官干政在明代达到顶峰。盐税是古代社会财政支柱之一，为历朝历代所重视，明朝皇帝也不例外，朱元璋初起，即立盐法，设局置官，先后建立六所都转运盐使司、七盐课提举司，派遣盐官与税官总理盐务。自明中期始，宦官依势皇权的特殊恩宠大量进入盐课管理系统，皇帝派遣盐官、税官的同时又遣宦官去监视他们，因而给太监盗运贩卖私盐可乘之机。

明代开中法，通过召籴、输纳、报中、守支、市易完成食盐交易，开中法实行初期对明代维护政局、安定边疆起到了积极的作用，但随着时间的推移，到明中期越来越多的问题暴露出来，而出现这些问题的根源则为皇权的衰落。正德时期皇帝多倚靠宦官，不临朝不问政，整日沉醉于酒色之中，宦官成为沟通内廷与外廷的桥梁，使他们直接进入权力核心。名噪一时的刘瑾、"八虎"等宦官，他们打着皇帝的旗号在经济领域横征暴敛、巧取豪夺，他们看到盐业利润丰厚，利用手中特权勒索受贿，挥霍民脂民膏，加重了盐业负担，不但使盐法之维继更加艰难，更加快了国家财政体制的崩溃。

三、宦官奏讨长芦盐引途径

明中叶开始盐法大坏，考其原因，第一便是奏讨盐利的人太多，所谓"奏讨"即请求皇帝批准一批盐给他们出去贩卖，这种无本之盐，商人自是无法与之竞争；第二则为贩运私盐。奏讨盐利者通常贩运私盐以求更高利润。这批奏讨盐利的大军中宦官充当了主力军，他们利用职务之便奏讨盐引，借织造之名行私盐之事，从中渔利，扰乱明朝盐政体制。正德元年（1506）"太监王攒、崔通差往南京、苏、松织造段疋，乞支长芦官盐一万一千引为路费，盖逆瑾等主之也"[①]。他们巧言令色极尽能事谄媚于上，达到满足自己私欲的目的，正德五年（1510）十二月"己酉太监李时奏差官

---

① （明）陈洪谟：《继世纪闻》，中华书局，2007年。

南京织造，乞支领长芦盐三万二千引应用，上以太监乔忠、吴经往焉，忠等复乞关津及巡盐衙门不得盘诘阻滞，于是户部尚书杨一清奏盐法之设专以供边储，非边报紧急不得擅开，非□人正名不许代支，往年织造官员夤缘乞盐，辗转贩鬻，盐法大坏，三边开报往往无人近者庶政一新奉诏停止，而忠等复行奏带至，欲破巡诘之禁以遂己私，生事扰民，弊将何及请依先年权宜事例将长芦原拟盐引准折银三万二千两于两淮运司给出支用庶织造盐法两无所碍，得旨仍支长芦盐一万二千引，两淮盐价银二万两"①。对于宦官讨盐、贩盐之事皇帝不但不禁止还多加庇护，户部大臣就太监奏讨盐引一事，以织造开卖盐之端，私盐横行民间，官盐受阻，商人不行为由一再疏谏，皇帝无奈之下同意户部之请，但也仅是减少盐引数量而非完全取消盐引。正德元年八年"令少监崔杲等往应天等府织造彩妆缎匹。工部科道疏谏皆不报，杲寻奏讨长芦往年支剩盐一万二千引。科道又疏谏，不允。户部执奏与六千引，后阁臣疏谏，上犹未决。日讲，上问曰：'户部何不全与？'健等对曰：'内官装载官盐，夹带私盐，沿路害人，且壅滞商客。先帝末年锐意整理盐法，此正今日急务。'上不悦，曰：'天下事，岂止是几个内官坏了？譬如十人中，也有三四个好人。'健等退，复具揭帖。上不得以，如户部议"②。宦官以织造之名奏讨盐利虽遭到廷臣强烈反对，但此现象仍层出不穷，正德十四年（1519）六月"以长芦盐运司盐四千引给南京，供应机房太监刚聪，以供织造。先是，巡盐御史王完盐：'军国之需，仰给盐课，祖宗立法甚严，近年乃以织造之用，阻坏盐法，乞停止。'户部议如所请。不许"③。皇帝对宦官贩运私盐的维护态度，对明代盐政起到了不容忽视的消极作用。

宦官穷极一切手段敛夺财富，受皇命派遣出使藩国，亦不忘讨盐侵利之事，正德时"命司设监太监刘允往乌斯藏，赍送番供，以珠琲为旛幢，黄金为七供，赐法王金印袈裟及其徒馈赐以巨万计；乃议仿永乐……一百三十三员，应付廪给口粮马匹车辆船只及过番物件，共给长芦、两淮课盐七万余引以应用，水衡度支为一空"④。随行人员亦仗势谋利，夹带盐引，载盐船只填满河道，往来商旅、官民舟船阻塞难行，可见当时私盐夹带之盛。

正德时期宦官奏讨盐引不仅数量巨大，而且次数频繁，在短短的一年间，宦官就一事一再奏请盐引，可见当时宦官以织造之名奏讨盐引之滥，正德十四年六月"太岳太和山太监许满，复奏乞长芦运司盐三千引给散道众，户部言前此太监潘真已有此请，一年之间不宜再给，诏仍与之"⑤。屡请屡得使得宦官奏讨盐利的气焰更盛，无所惮忌。

宦官不仅借织造之名奏讨盐引，且在地方进行搜刮，打着皇帝的旗号将其变成公开、合法之事，宦官左右用事之人亦勒取盐利，正德四年六月"丙子内官监太监杨镇赍官银万两，并长芦黄盐八千引往南京易银买丝织造乃以其银私自买盐，混同装载，凡用官民舡六百余艘，劫胁濒河官吏索

---

① 《明实录》，台湾中研院历史语言研究所，1962年。
② （明）谭希思：《明大政纂要》，清光绪间刻本，辽宁师范大学图书馆藏。
③ 《明实录》，台湾中研院历史语言研究所，1962年。
④ （清）毛奇龄：《明武宗外纪》，《明代宦官与经济史料初探》第2章，中国社会科学出版社，1986年。
⑤ 《明实录》，台湾中研院历史语言研究所，1962年。

厚赂得银至万六千二百余两,家人韦庆等所得亦几千两"①。这种以织造为借口横行地方的现象在武宗时期屡见不鲜,他们鱼肉百姓欺凌地方,沿途官吏应答稍迟,便被责打惩罚,因此更无人加以检查。杨振之事后因宦官内部矛盾被刘瑾控制的内行厂人告发才加以惩戒"刘瑾令旗尉发其事,下南京三法司逮治狱,上命降镇为奉御南京内官监,闲住庆发辽东广宁卫充军"②。事实胜于条文,明律中所载"凡监临官吏诡名,及权势之人中纳钱粮、请买盐引勘合、侵夺民利者,杖一百,徒三年,盐货入官"③成为一纸空文,《明史》中所言:"鬻盐有定所,刊诸铜版,犯私盐者罪至死,伪造引者如之,盐与引离即以私盐论"④。明律和大诰中的这些禁约在明武宗时期遭到严重的破坏,根本无法阻止宦官屡犯盐法,明代盐政之颓势已无力挽回。

四、宦官奏讨盐引对明王朝的危害

(一)官盐不售,私盐盛行

宦官奏讨盐利贩卖于市,因其成本大大低于商人报中之盐,所以出售价格也低于官盐,百姓择廉者买之,这便使得私盐销售市场广阔。私盐销售周期短,利润回报高,更加刺激了宦官掠夺财富的欲望,他们打着各种旗号奏请盐引,获取盐利。食盐市场是有限的,百姓购买了低价私盐势必造成官盐销售受阻,在私盐的一再冲击下,官盐严重滞销,正常的食盐贸易无以为继。

(二)开中法进一步遭到破坏

明代实行开中法,即商人购买粮食并将粮食运到边地上缴,获得报中盐引后到指定盐场排队支取食盐,领盐于指定地区销售,此即完成了开中食盐的所有步骤。宦官奏讨盐引使得商人空有领盐凭证却无法获得食盐,对于一些小商人来说这足以使其破产,而这些商人破产则直接导致输粮于边的数量减少,使得边境粮食短缺,在这种恶性循环中开中制破坏严重,濒于崩溃。

(三)灶户贫困愈演愈烈

宦官奏讨盐引贩卖私盐使得收归在仓的官盐因市面余盐过多而积压滞销,各处引岸,皆被余盐、私盐占据。灶户基本的生产生活资料大多由上缴食盐换得,官盐受阻,政府随之降低灶户的生活待遇,富灶又利用这一时机,大量地扩展制盐的草、荡,蚕食贫灶,使得贫灶生活更加困苦,已成山穷水尽之势,逃亡现象严重,旧有的生产秩序难以维持,额盐难收。

---

① 《明实录》,台湾中研院历史语言研究所,1962年。
② 《明实录》,台湾中研院历史语言研究所,1962年。
③ 《大明律》,怀效锋点校,法律出版社,1999年。
④ (清)张廷玉:《明史》,中华书局,1974年。

（四）国库空虚

盐课收入是明代财政收入的重要组成部分，盐课税收的好坏直接关系着国库的盈亏，宦官奏讨盐利并借机夹带贩运私盐，实际上是盗国库之资满足私欲，宦官打破了政府和商人之间的食盐贸易，侵占了政府和商人的双重利益，这一行为直接造成盐税锐减，政府财政收入萎缩，为明王朝后期出现的经济危机埋下隐患。

五、小　结

盐课的好坏上关系到国家税收，下关系着百姓日常，长芦盐场是明代盐政体系中的一个缩影，代表了明朝盐政的兴衰。长芦是北方重要的盐场之一，正德时期私盐肆出现象严重，宦官对这一问题有着不可推卸的责任，武宗宠信太监刘瑾、"八虎"之辈，纵容他们代行皇权经理盐政，宦官一遭得势便中饱私囊、侵夺盐利，层层效法，私盐之风日盛，盐政积弊愈演愈烈，成为明末财政崩溃的一个重要原因。

参 考 文 献

［1］　陈洪谟.继世纪闻［M］.北京:中华书局,2007,7-8.
［2］　官修.明实录［M］.台北:台湾中研院历史语言研究所,1962,1157-3381.
［3］　官修.大明律［M］.怀效锋,点校.北京:法律出版社,1999,79.
［4］　毛奇龄.明武宗外纪［M］//王春瑜,杜婉言.明代宦官与经济史料初探:第2章.北京:中国社会科学出版社,1986,144.
［5］　谭希思.明大政纂要［O］.清光绪间刻本.辽宁师范大学图书馆藏.
［6］　张廷玉.明史［M］.北京:中华书局,1974,1937-1938.

黄骅海丰镇盐业兴衰史

张宝刚

（河北海盐博物馆）

摘 要 黄骅市的海丰镇遗址，其兴衰与盐业密不可分。从春秋时期"煮海为盐"始，历经两千多年，海丰镇盐业由兴盛到衰落，直至新中国成立后重新复苏。海丰镇因盐业的兴盛而发展，因盐业的枯竭而衰落。

关键词 盐业；海丰镇；兴衰

海丰镇遗址在黄骅市东25千米，于今黄骅市羊二庄乡海丰镇村村南至杨庄村之间，向东20千米与渤海相接，面积超过228万平方米。遗址所在地中间高四周渐低，呈台状，其中心最高处为一东西向土岗，高出周围地表3米左右。海丰镇遗址2000年被国家文物局评为全国重大发现；2006年5月25日被国务院公布为全国重点文物保护单位。海丰镇遗址是在唐宋时期这一带通商的基础上，利用其滨海的地理优势而发展起来的以瓷器贸易为主的集散地。国外特别是东亚、东南亚国家出土的相当一部分宋金时期的瓷器是从这里输出的。然而，谁又知道它的背后有强大的盐业经济支撑着呢。据《盐山新志》记载：

> 海丰镇在天津未兴之前为海口第一繁荣之区……至元盐业不振，渐废为墟……海丰镇为繁盛之区皆以行盐故也……

说明海丰镇的兴衰与盐业密不可分。2000年4月和2002年5月，为配合朔黄铁路建设，河北省文物研究所会同沧州市文物管理处、黄骅市博物馆对黄骅市羊二庄海丰镇遗址进行了两次发掘，面积达2000平方米，从现场发现了十九个盐灶，同时还出土了十几粒莲子（莲子在古代用来测试盐卤的浓度）。11世纪时，姚宽用莲子测试盐卤的质量。其方法是，选出较重的莲子，将10粒莲子投入水中，若有3粒或4粒浮出，便是浓盐卤；若有5粒浮出，便是最浓的盐卤；若浮起的莲子不足3粒，则盐的质量必定是很差的；倘若10粒都沉底，这种盐水即便经过蒸煮也不会得到食盐。元代的陈椿对此进行了改进，制成一种莲子式的液体比重测量计。他写道：

采石莲先于淤泥内浸过，用四等卤分浸四处，最咸卤浸一处，三分卤一分水浸一处，一半水一半卤浸一处，一分卤二分水浸一处。后用一竹管盛此四等所浸莲子四枚于竹管内，上用竹丝隔定竹管口，不令莲子漾出。以莲管吸卤试之，视四莲子之浮沉以别卤咸淡之等。

这四枚经不同液体浸泡过的莲子相当于比重不同的色球，其原理与现代的浮子式比重计很相近。明代对这种比重计又做了改进，即只用一枚莲子来测定盐卤的浓度，其原理与现代的浮笔式液体比重计相似。由此可以推断，此地当时制盐业的兴盛。其盐灶的形状大同小异，由烟道和灶膛组成。灶膛皆为圆形，用半头砖砌成，下大上小，直径0.4—0.5米、残存高0.2—0.4米；烟道呈斜坡状，有砖砌和土壁两种。通过对盐灶的复原，再现了当时海丰镇作为金宋时期我国最大的一处内陆码头经济繁荣、文化兴盛、交通发达的盛况。两千多年来，海丰镇人民世代相袭，以制盐为业，历经春秋的始兴，唐、宋、辽、金的中盛，明中叶的极盛和明后期至清、民国间的衰落，新中国成立后又蓬勃复兴。

一、盐业的肇始

春秋时期，齐国大臣管仲为谋求富国强兵，建议齐桓公"煮海为盐"，发展盐业，以鱼盐之利称雄天下。黄骅当时地处齐国北部，盐业始兴。秦始皇时期，因此地鱼盐富饶设柳县（在羊二庄东南十余里即今海丰镇附近）。西汉元封元年（前110），桑弘羊为治粟都尉，请置大农部丞37名，分驻全国产盐多的郡县，全国始设盐官38处管理盐政。勃海郡章武县（县治今黄骅市故县村北）为首批置盐官之县，时今海丰镇一带已有盐民小规模煮盐，盐运以水路为主。王莽时期（9—23），渤海西岸发生大海侵，"天尝连雨，东北风，海水溢，西南出，寝数百里，九河之地已为海所渐"。九河之地包括今之天津、宁河及黄骅一带，海水浸没约一百年，盐业、农业均遭摧毁。东汉末年，勃海郡高城东北一百里，北尽漂榆（今黄骅市海丰镇附近），东临巨海，民咸煮海水，藉盐为业。到1800年前的东汉时期更呈现了"万灶青烟皆煮海"的盛况，所产原盐运抵当时的国都长安。西晋愍帝建兴元年（313），后赵主石勒派王述在角飞城（城本故柳县即今海丰镇村）煮盐，场灶范围相当于今黄骅沿海盐场及今海兴县境（《水经注》载）。北魏武帝永熙三年（534），在沧、瀛、青、幽四州"傍海煮盐"，以沧州为最盛，多达1484灶（《盐山新志》载为4884灶），而沧州之场灶，多在今黄骅市海丰镇附近。时盐运水路以柳河（北临海丰镇）航运为要津。过角飞城（今海丰镇），西南经羊二庄，西至章武县治所（今黄骅市故县村），再经高城县治北（今盐山故城赵村）复西行沧州捷地，经达长芦（今沧州市），连接漳、衡二水。陆路由羊二庄经沧州而总汇瀛州（河间）为转运，西行行销各地。

二、鼎盛时期的盐业

唐、宋、辽、金,为海丰镇盐业兴盛时期。唐代以前,海丰镇盐民煎盐为一家一灶或数家合灶,官府派吏监督收税。唐中叶盐铁恢复专卖,设度支盐铁转运使,理财专家刘晏整顿盐法畅运,以广财源。高宗时重开浚无棣河,内河航运盛况再现,海丰镇一带盐运繁忙,往来经商的船只经常阻塞了河道,当时得名"通商镇"。唐代诗人刘长卿所作"晚来潮正满,处处落帆还"的诗句正是描写当时盐场矗立、商贾云集、一川白浪、帆樯如织的盐业盛景。辽金之际,沧州司设盐场9处,晋献16州始得河间煮盐之利,于是塞北各州尽食沧盐。据《盐山新志》载:沧盐之极盛启于五代金辽,南场之盐犹复偏给北方泉州(时海丰场属南场)。至金代,海丰镇一带盐业更盛。《金史·食货志》卷四十九载:

> 益都,滨州旧置两盐司,大定十三年(1173)四月,并为山东盐司。二十一年,沧州及山东各务增羡,冒禁鬻盐,朝论虑其久或骇法,遂并为海丰盐使司……是后惟置山东、沧、宝坻、莒、解、北京、西京七盐司。

金大定二十二年(1182),沧州、山东两盐使司合并为海丰盐使司。海丰镇盐场成为沧州、山东一带主要产盐区。元至明初,盐业大发展,长芦盐运使司所辖南、北二司各有十二场。北十二场设青州分司管理,主管称运判;南十二场设沧州分司管理,主管称运同。海丰场时属沧州分司(时沧州分司署衙在今黄骅市羊二庄乡海丰镇一带),范围东界大海,连深州海盈旧场(盐山县苏基),西北过孟洼至武帝台,接利国场(今黄骅城区)。盐民户籍属地为今河北省沧州、盐山、黄骅、青县,山东省乐陵、庆云,是历史上的鼎盛时期。元代惠民河的开挖,横断并淤塞柳河河道,使海丰镇运盐水道受阻,从此废水易路,内河航运由陆路运输取代,其盐业一度衰落,渐废为墟。明太祖洪武年间(1368—1398),盐业转衰为盛,海丰场主管改称盐课司大使,场衙设在今黄骅市羊二庄。据《盐山新志》记载:明初沧州分司运同驻羊二庄东街以辖南司十二场。靖难之役,因盐民阻燕军南下而遭杀戮,南司诸场尽废,盐业大衰,致使河南省北部地区"民皆淡食"。明成祖永乐(1403—1424)初,山西、山东、北京及浙江一带移民陆续迁来,场灶重立,诸场恢复,以海丰场规模最大,产量最高。山西省洪洞县李柳西迁来此后,观海丰场煮盐盛况,曾著《杨二镬志》一书,详记海丰场制盐规模、煮盐过程以及产盐数量。明世宗嘉靖元年(1522)迁洪洞、福建、南京盐民来海丰场传授晒盐技术,海丰场率先易煎煮为滩晒,开长芦盐区滩晒制盐技术之先河。据《长芦盐志》载:明嘉靖元年(1522),在今河北省黄骅、海兴县境内,"有大口河一道,源出于海,分为五流,列于海丰、深州海盈两场之间,河身通东南而远去。有福建一人来传此水可以晒盐,让灶户高淳等于河边挑修一池,隔为大、中、小三段,次第浇水于段内,晒之,浃辰(即十二天)则水干,盐结如冰。以后,海丰场灶户高登、高贯,见此法比刮土淋煎简便,各于沿河一带择方便滩地，亦修池晒盐。共占官地一十二顷八十亩，建立滩地四百二十七处，所晒盐斤，或上纳丁盐入官，或卖于商人添包"。长芦盐运使刘思贤询知晒盐利厚，曾减征盐课以资鼓励，可惜此举并未得到明王朝重视，变革迟缓。而清初却得到全面推行，为盐业发展的中兴奠定了基础。据《盐山新志》记载，镬产所占唯柳河潮道在焉，镬在柳河北场，在河南李家桥，此明代南场未并时海丰一场之可敌者，西北接严镇场入沧州界延广二百余里。其实，海丰场滩分南北。南滩于羊二庄东南20千米，设滩20副，各有进潮沟1道。北滩位于羊二庄东北17.5千米处，设滩18副，共有进潮沟6道，全场年产盐5千—6千包（每包293.5公斤）。时海丰场署在今羊二庄西街。嘉靖后期，盐税苛重，造成盐民逃逸，出现"有场无灶""有灶无丁"的局面。各场灶滩，草荡多为豪强侵占。长芦盐区诸场萧条，海丰场几近废弃。明穆宗隆庆三年（1569），海阜场并入海丰场。按当时的规模，海丰场在长芦盐区属上等场，产盐量居各场之首。

三、盐业的衰落

明朝后期，北司水运路畅（北司前身为北场，唐庄宗以赵德钧镇芦台军，因置盐场为榷盐院谓之新仓，为北场发轫之始。辽金以后遂与南场代兴）；南司（以海丰场为主）唯靠陆运，盐业生产呈北盛南衰局面。据《盐山新志》记载：万历二十一年（1593），姚思仁奏请与北所运判互调，谓北所产多，事繁，同知法令易行；南所产少，事简，运判已足催办，请将两司所辖地方印务互调。于是以运判驻羊二庄者十余年及三十九年运判乃移驻长芦。明初，南所为运同，北所为运判，尚有重南轻北之意。万历互调之时北盛南衰已可见。此后，海丰仅一大使驻之，其盛衰之源皆由运道通塞之故，非昔产而今竭也。清顺治时，经巡盐御史亲临海丰场清查，共有灶地334顷46亩。康熙时（1662—1722），虽曾推广晒制之法，大规模开滩晒盐，终因盐路不畅、运输不便，未能持久。康熙十七年（1678）海丰场存滩97.5副，十八年（1679），深州海盈并入海丰（因并场，故面积较前广），共有灶地868顷88亩。清乾隆四十六年（1781），青州分司改称天津分司。道光十二年（1832），裁撤沧州分司，所辖海丰、严镇二场归属天津分司。光绪期间（1875—1908），严禁刮土淋盐，巡役借故敲诈，加之原盐运销不畅，制盐无利，盐民弃滩改业者十有八九，海丰场滩田面积为590顷79亩。民国元年（1912），海丰场存滩仅16副，全年产盐仅300余包，其主管改称所长。民国六年（1917），海丰场被裁废。黄骅境内无官办盐场，所存民间制盐虽未间断，但频遭禁令，加上战乱干扰，危乎殆尽。至1944年，黄骅仅存民间散滩10副。

四、新中国成立后盐业的复兴

1945年，黄骅县解放。县政府大规模组织晒盐，在原海丰场内左庄、辛立灶开海滩200余副。1947年，黄骅境内又开井滩277副、淋滩387副。1949年，中华人民共和国成立后，由于缺乏系统的管理，加之滩田形状不一、规模不同、生产工艺落后、生产能力低下、产品质量粗劣、劳动生产率低、产量低而不稳，一般年产量在5000吨左右，仅能供应当地群众食用。1952年，黄骅县根据产大于销、运输困难的现状，对全县制盐业进行了调整，保留了原海丰场内两处盐田，存滩152副。1957年，全国原盐紧缺，国务院发出《关于恢复扩建和新建盐场的指示》，经国家计委轻字第136号文批准，沧县专区工业局在黄骅县羊二庄乡齐庄村东部兴建长芦黄骅盐场（《长芦盐志》载：该场系古、近代著名的产盐区。元设海丰诸场，产量为河北之冠）。原设计南北长40千米，东西宽20千米，总面积75万多亩，全部工程分二期进行。第一期工程1958年6月动工，投资1360万元，于1960年春建成投产，开滩80副，占地1288亩，分一、二两个分场。建场后，因运输困难造成原盐积压，加之国民经济失调，1961年，长芦黄骅盐场开始陆续裁减工人。1962年全部停产，仅留300名职工维护生产设备，处理存盐。1965年，在原二场的基础上恢复生产，逐渐形成规模，为轻工部长芦盐务局直属中型制盐企业。1966年正式生产，修复滩田20.6副，总面积29 013亩，产盐7506吨。此后的40年，长芦黄骅盐场通过改进生产技术、扩大滩田面积，使产盐量逐年迅猛增长。2006年，长芦黄骅盐场原盐总产量达到96万吨，再创历史最高水平，总产量位于全国同行第三位。海盐运输已从传统的水运、陆运发展成为海运、公路、铁路等现代化运输，呈蓬勃发展之势。

黄骅盐区滩晒工艺

张宝刚

（河北海盐博物馆）

摘 要 黄骅盐业有着悠久历史，是长芦盐业的主产区之一。但是对于这里的滩晒一直鲜有详细解读。本文从黄骅盐业滩晒400年的变革出发，较为具体详细地为大家解读黄骅盐区的滩晒工艺，为探求长芦盐业的变革提供一分力量。

关键词 黄骅盐区；滩晒

黄骅盐业有着悠久的历史，据史载：自春秋以来，"鱼盐之利，人民多归"。汉设盐官，盐业大兴。元置场署，辖5产场，产量冠河北。明嘉靖元年（1522），黄骅海丰场率先易煎煮为滩晒，实现了制盐技术的重大改革，推动了长芦盐区制盐业的发展。滩晒生产工艺历经400年的不断完善，现代的黄骅盐区盐业发生了翻天覆地的变化。

海盐滩晒，是根据海水所含各种盐类溶解度不同的原理，在近海处开辟盐田，利用太阳辐射和风能，将海水自然蒸发浓缩成盐。黄骅盐区生产工艺包括修滩整池、纳潮、制卤、结晶、采收等主要环节。

一、修滩整池

海盐生产系露天作业，滩田受各种自然因素影响，经常受到损坏。修滩整池之目的是增强与自然抗争能力，保持盐田完好，充分利用蒸发量，保证生产的正常进行。修滩整池的原则即坚持常年维修，四季保养，产盐淡季集中抢修；修滩与改滩相结合，修滩与制卤相结合。

1. 结晶池的修整

由于各场所处地理位置、土质结构不同，平晒池与塑苫池收盐次数、池板损坏程度各有差异，故整池方法及周期亦不尽相同。正常整池做法为泡池、除泥、晾晒、轧碴、清扫等步骤。

泡池，是以卤水浸泡结晶池。旨在化净池内残存盐、芒硝、二水盐等物质，使结晶池板咸度达到上下一致。泡池卤水浓度由轻到重，且须因时因池制宜。一般首次泡池使用10波美度左右轻卤，二次泡池使用17—19波美度卤水，最后泡池卤水达到23—24波美度才落池。对黏性大的烂池板，浓度可适当降低，松软塌陷严重的池板，应先翻土或换土，经晾晒整平后再泡池。

除泥，又称"碾泥"。池子泡好后，要落卤除泥。以人力持木耙除净池内浮泥、盐皮和残留卤水，而后用抹板抹平脚窝，保持池板平整。

晾晒，除泥后池板水分尚多，需要晾晒。晾晒时间视池板和天气情况而定，少则一天，多则数日，以池板不黏脚、不黏砘为度。晾晒过程中，结合修好池埝、池道。

轧砘，目的为挤出土壤中多余水分，增加土壤密度，加大承重量，减少渗漏，使池板坚实。池板晾晒到不黏砘时，即开始上砘。轧砘由轻到重，先轧小砘，接轧中砘，后轧大砘。中砘换大砘时，以薄轧过后脚印或湿印不甚明显为准。轧池多采用横轧一遍，竖轧一遍的方法。轧砘操作初为2至4人绳系石砘，牵引拉动。20世纪70年代后改大砘为机械（轧池机），但小砘仍在使用。轧池后的检测标准为坚固、坚韧、平整、光净，用脚踏试，不起浮片，不出坑洼和裂纹。达到标准，即可灌池。

新型集中式盐田结晶池的修整，先用8吨汽车碾轧实，随之以水测平，起高垫洼，再用轧路机轧实。灌池后，为适应长期结晶和收盐机、运盐车在池中操作的需要，扒盐时，要保留一层10—15厘米的死渣盐，以保持足够的抗压能力，避免池板损伤。

2. 制卤、保卤设备的修整

蒸发池面积较大，根据实际需要，做出计划，逐年轮修。调节池一年修整一次。各池修整时，须清除淤泥、晾晒、轧实、防渗。尽量采用熟泥做埝，埝坡打榔头或轧实。贮水池面积更大，视池埝损坏程度有计划地进行大修。

保卤井、保卤圈是雨季保卤的主要设备，在雨季前进行维修，挑出淤泥，帮埝用熟泥套做，榔头砸实，底部修平整，做到不渗漏。

3. 沟壕、滩坨的修整

修整沟壕，主要是挑挖疏浚，使水卤畅通。结晶区内的沟壕，需在修整结晶池时挑好。纳潮沟、导水路用挖泥机每年清淤一次，小型盐场仍按旧时人力挑挖。排淡沟在雨季前疏浚。滩坨在产盐前修好，先清除杂物，用卤水泼匀，后上砘轧实，修垫平整呈龟背形，并挖好周围泄卤沟。

二、纳　　潮

纳潮是利用海潮水位升高，以自然流入或动力汲扬，将海水引入盐滩的过程。纳潮是海盐生产的头道工序，按潮汐规律和季节性海水浓度变化，选纳高浓度海水，为晒盐提供优质原料。

1. 潮汐

黄骅盐区属半日潮类型，每天分昼夜两潮。农历每月十三至二十日间，潮汐增大，二十一至二十七日减小，二十八至下月初五增大，初六至十二日又减小；每月朔望后3至5天，即农历初三至初五、十八至二十日大潮，上下弦后3至5天，即农历初十至十二日、二十五至二十七日小潮。潮位与风向有关，海面来风潮位高，大陆来风潮位低。

2. 海水浓度

海水浓度随季节而变化，一般规律是：雨季降水排淡，海水浓度低；春、冬干燥风多浓度高，年均在2.5—3波美度。

3. 纳潮

滩晒早期，纳潮为自然流入式。新中国成立后，改自然纳潮为动力纳潮。纳潮工艺有所改进，盐场可根据季节变化按生产需要安排扬水计划，主要措施：春初冰雪融化期，海面淡水多，浓度低，除生产急需外，一般不纳潮。产盐季节，蒸发力大，海水浓度增高，尽量多纳潮。长晴天抢拉潮头，雨天后淡水浮在海面，则甩开潮头，多拉潮尾。此为"抢晴躲雨"。进入汛期，雨水多，主要是做好排淡及卤水回收工作。冬季结冰，冰下海水浓度高，不论潮头潮尾潮水大小，均及时纳潮（图一）。

图一　纳潮

三、制　卤

俗称"赶卤""导卤"。即利用自然条件将海水逐步蒸发浓缩成饱和卤（25波美度）的过程。为海盐生产中一项常年性基础工作。

制卤分滩外、滩内两部分。滩外制卤，是将纳入汪子的海水统一蒸发浓缩到6—10波美度后输入各滩。各滩再利用自己的蒸发、调节面积制成饱和卤，称"滩内制卤"。

在走水路线上，采用平赶卤形式，即将卤水引入第一段蒸发池后，逐段往下直跑，同段蒸发池浓度相同，至末段达到饱和。

制卤的基本方法有深水制卤、深存薄赶和冰下抽咸。

深水制卤又称卤咬卤。将各步蒸发池铺有一定深度和浓度的底水（即咸水铺底）后，开始走水，按步卡放，平赶直下。走水时，池内均留有一定深度的卤水，再灌以上步轻度卤水，谓"卤咬卤"。咸水铺底的深度，视卤源多少和落差情况确定；走水深度则根据不同季节和当时蒸发量大小而定。其主要优点是，在太阳辐射热能和风能的作用下，使卤水保持一定浓度，既可延长蒸发时间，又可借风浪增加卤水表面积，扩大蒸发量，在春晒、秋晒阶段普遍采用。

深存薄赶多用于雨季制卤，系集中深存与薄赶勤跑相结合。深存是指将蒸发池、部分调节池、保卤圈及制卤场重水汪子的卤水深存起来，以减少因雨损失。薄赶是指利用结晶池、部分调节池及制卤场下段汪子，抓住短晴天气，加速蒸发制卤。

冰下抽咸是指根据冬季低浓度卤中水分结冰而溶质不结冰的原理，在每日的气温最低时刻，从低度卤水冰下抽取浓度高的卤水。

四、结　　晶

饱和卤灌入盐池，经日晒蒸发，从中析出盐（氯化钠）结晶体的过程谓之结晶。

新中国成立后一段时间一直沿用"老、浅、短"结晶工艺。该工艺卤水混合使用，钠镁比值低、结晶时间短、盐质差、产量低、工人劳动强度大。20世纪70年代以后，随着塑膜苫盖结晶池技术的普及，变季节性生产为长年结晶。这一技术结合"新、深、长"，越冬晒盐工艺，不仅增强了抗雨能力，而且打破了传统的春、秋分晒的界限，变季节性为长年性生产，大大提高了盐的产量（图二）。

五、采　　收

海盐采收（图三）包括扒盐、吊盐、撩码、苫封等工序，简称扒、吊、撩、苫。

扒盐机将盐扒至喂料槽内，由高压泵、射流器与盐浆泵配合，对卤水产生压力和流速，使盐卤混合旋转通过管道流到滩坨，经弧形筛脱卤后堆坨。

扒盐后，结晶池内留一层盐渣，用人工将池内母液勾动，搅起混泥，由泄卤口排除，谓"赶混"。赶混后，灌入新卤继续结晶。

产盐由滩池吊入滩坨后，人力使用木掀撩成"金字塔"形，谓"撩码"。为了防止雨水淌化，对滩坨进行苫盖，谓"苫封"。

黄骅滩晒工艺是勤劳智慧的黄骅人经过长期的摸索实践总结出的宝贵经验，这一技术大大提高了工作效率，促进了盐业发展。

图二　结晶

图三　收盐

原刊于《盐业史研究》2006年第3期

浅析长芦盐在金代财政中的地位

王德强

（河北海盐博物馆）

摘　要　盐税对历代税赋贡献极大，尤其在金代这个政治版图四分五裂的历史时期中，长芦盐的贡献更显得弥足珍贵。在金代，长芦盐由沧州和宝坻两部分组成，在全国七大盐使司中独占其二，稳定地为金朝输入财政血液。而金朝在对盐业失去控制权，并失去盐业收入后，迅速灭亡。

关键词　沧州；宝坻；盐税；长芦盐

在我国古代，常有"天下赋税，盐利居半"之说。这是因为当时封建社会的经济环境特点所造成的，封建社会都是重农轻商，以农业为主，商业为辅，在金代，盐税虽贡献极大，但依旧被化为杂税之列。长芦盐业自古以来就是朝廷财政主要收入来源之一，每朝每代都格外重视，金代更不例外，盐税成为朝廷的命脉。

一、长芦官盐对金朝财政的贡献分析

1. 金代税赋构成

金朝前期的财政状况是处于"税赋无常，随用度多寡而敛之"这种随心而遇的状态，极为不科学不合理。金代建国后，学习辽、宋政治制度、财政制度，并慢慢形成了自己的特色，改革前朝及辽宋不合理的收税方式，并独创了物力钱这种类似今天财产税的征税方式。收国二年（1116）五月，太祖"诏除辽法，省赋税"。天会年间，"时承宋季之弊，民赋繁重失当"。河东北路转运使范承吉"乃为经画，立法简便，所入增十数万斛，官既足而民有余"。大定十九年（1179）三月，世宗表示："以承荫人主权沽，此辽法也。法弊则当更张，唐宋法有可行者则行之。"

与历代封建王朝一样，金代也以土地税为主体的正税以及盐税等杂税，作为财政收入的主体。同时金朝通过所谓"通检推排"评估城乡居民的财产状况，以此为基础按照等差征收物力钱。除此之外，金朝每年还可以从南宋得到丰厚的岁币。天眷议和议定南宋向金朝支付银二十五万两、绢二十五万匹，世宗初减至各二十万两、匹，章宗末年为报复韩侂胄北伐又把岁币额度提高到银绢各三十万两、匹。此外还有酒、茶、边境榷场等收入来源。这些构成了金代财政的主要收入来源。

虽然土地税是金代主税，物力钱也极有特色，但因与本文关系不大暂不详谈，现重点谈一下金代的盐税。

盐税是金代杂税的主要构成部分，也是金朝杂税的最主要税种。"金制，榷货之目有十，曰酒、曲、茶、醋、香、矾、丹、锡、铁，而盐为称首"。金朝主管盐税征收的机构为盐司。几经兴废，至世宗朝末，"惟置山东沧宝坻营解北京西京七盐司"，盐务范围覆盖全国。

2. 长芦盐的地位

金朝盐场分布较广，女真大本营滨海地区产盐，临潢以北产盐，嫩江上游的乌古里石磊部有盐池，宋金之战胜利后，原北宋的一些重要盐场也落入金朝手中，"及得中土，盐场倍之"。如解州盐、沧州盐等，他们大都分布在中都路、西京路、河北东路、山东东路等处。为更好地管理这些地方，以取得最大的盐课收入，金朝进行了大胆的探索，在全国建立了严密的盐务管理体系。当时金代全国共有七处主要产盐之所，沧州和宝坻（为长芦盐）。其他五处则分别为山东、解、辽东、西京、北京。

其中：

山东盐使司下属盐场有十二处，分别为涛洛（日照南）、临洪（江苏连云港）、独木（江苏连云港）、板浦（江苏省涟水县）、信阳（山东诸城市）、西由（山东掖县东北）、衡村（今山东莱阳、海阳二市的部分地区）、黄县、巨风（山东蓬莱与烟台之间）、福山（山东烟台西）、宁海州（山东烟台市东）、文登。

沧州盐使司下属盐场有长芦、海丰、海阜、盐山等场。

宝坻盐使司下属盐场有平州、滦州、芦台、越之等。

解州盐使司下属盐场有坛山道、盐池。

西京盐使司下属盐场有平城外郭盐场和净州天山盐场（呼和浩特北）。

北京盐使司下属盐场有宗州（辽宁绥中以南）锦州，临潢府之北的大盐泺、乌古部盐池。

辽东盐使司下属盐场有肇州（今在黑龙江）速频路（今俄罗斯滨海地区乌苏里斯克城又称双子城）。

由此可见，七个盐司区位划分明确，分别管理金朝一个地区的盐业生产与销售。其中，沧州与宝坻二盐使司所辖区域即今长芦盐区。

长芦盐区之重要，从盐官分封上可见一斑。历代盐史一职，地位尊崇，下面只谈一下金代盐务机构的官员地位。关于盐官品级，"使一员，正五品"，"副使二员，正六品"，"判官三员，正七品"，其使、副使的职责为"掌榷盐利以佐国用"，使、副使之下设置的"管勾二十二员，正九品"，其责为"分管诸场发买收纳恢办之事"，这是盐史司内的领导阶层组成，同时，下面还设置一定的"同勾管""都监""知法"等负责办理具体职务的人员。金代七个盐使司构成大抵相同，但具体数量上却有所差别。单拿沧州为例来说，只设盐使司一人，而山东则是二人；判官一人，而宝坻和山西则是二人；勾管四人，而宝坻、西京、解则为六人。其中，盐判官在明昌三年（1192）开始，以进士充任。泰和三年（1203）更是把这种措施制度化，这种情况在历代是极为罕见了，也可以看出盐课收入对金朝财政举足轻重的地位。从上述官员人数上可以判断盐区的重要性。其中长芦盐区盐官数量为：盐使两人，判官三人，勾管十人。一个长芦盐区就有如此多的盐官，足见其地位之重要。也说明其在金代产量及分布面积不小。

盐课是金代国家财政的主要收入来源，然后究竟比例是多少？

下面以大定年间（1161—1189）和承安三年（1198）以后七盐使司岁入情况做举例说明（表一）：

表一 大定年间和承安三年以后七盐使司岁入情况表

盐司	大定年间岁入（贯）	各司岁入所占比率（%）		承安三年上调盐价以后岁入（贯）	各司岁入所占比率（%）	
山东	2 547 336	40.91	79.75	4 334 184.4	40.23	78.43
沧州	1 531 200	24.59		2 766 636	25.68	
宝坻	887 558.5	14.25	92.83	1 348 839	12.52	90.7
解州	814 657.5	13.08		1 321 520.256	12.27	
辽东	131 572.87	2.11		376 970.256	3.50	
北京	213 892.5	3.44		346 151.6172	3.21	
西京	100 419.696	1.61		280 264.608	2.60	
合计	6 226 637.066			10 774 566.1372		

其中山东为多，西京最少，七使司岁入总额为10 774 566贯。

前文曾提及，金朝主要税收包括物力钱、征榷税、杂税三项为主。承安三年，物力钱总数不过2 586 702贯，物力钱仅占财政收入的13%左右，其各项收入包含土地税、酒、茶、榷场、南宋的岁币等，也不过占了32%，而盐税则是占财政收入的54%还多，近55%。

大定十五年（1175）以后盐课成为金朝的主要财政收入，这种状况一直维持到金代晚期。

根据表一，我们得出如下数据：

还以承安三年数据来计算，盐税收入约占金代财政收入近55%，那么金代当时全年财政收入为19 590 120.241贯；长芦(沧州宝坻）盐总收入约占盐税总收入的38.18%，即4 115 475贯，占金代财政总收入的21%！

有一个很奇怪的现象很值得讨论，那就盐价的变化与长芦盐对政府财政的贡献影响变化却并不大。究其原因大致如下：

一是由于实行销售分区制度，沧州盐销往山东、河北、大明、河南、南京诸府、路及亳、陈、蔡州、中都路（宝坻盐销售区，即今日河北、天津、北京部分地区）。在销售计量方法方面，山东、沧州、宝坻以袋为单位，每三百斤为一袋，二十五袋为一套。其他地区则是以席、石等为单位，因此产生了全国各处度量上的明显不同，阻碍了盐在不同地区的流通，达到了政府最初设定的分区销售，同时垄断盐高额利润的目的。应该说，这种方法在一定时间内是有效的，但是其后果却异常明显，那就是造成了私盐泛滥。这个话题在本文第二部分会详细讨论。

在盐的售价方面，全国也呈现参差不齐之势。最高的就是山东、沧州、宝坻三司达到45文，最低的是辽东、北京则只有15文，最高一斤盐相差近27文。因此山东、沧州、宝坻三司盐利润也高达320%，而北京、辽东只有50%。高产量与高盐价是造成盐税贡献突出的两个主要因素。对于盐价格差异情况，盐业界学者都曾做过专门论述，在此不再细谈，仅总结专家经验及自己观点，价格差异大致有三个原因：一是由于民族差异，即保护本民族，盘剥其他民族。这是少数民族统治中原地区一贯做法，如后来的元、清朝。二是经济发展水平不同，作为原宋的区域，沧州、宝坻、山东三司食盐销售区经济是金朝最发达的地区，人口众多，资源丰富，居民收入相对较高，因此可以负担起较为昂贵的盐价。三就是产盐量的不同。北京、辽东地区产盐地区较多，但是人口密度不大，客观造成盐价较低。根据北宋景德年间数据，沧州设3务，产盐457 250斤。金代数量亦大致相当。

就盐价而言，金代曾屡次调整，因为盐价高低直接关系到政府财政收入，所以金政府控制的极其严格。史籍上能查阅到的资料中，关于金代盐价最早的记载是大定二十九年前的盐价，其中山东、沧州每斤为四十一文，宝坻最初为每斤四十三文，后来又改为每斤三十八文。大定二十九年（1189）十月，金章宗同朝臣百官就盐价问题专门进行了一次讨论。针对盐课减少，私盐盛行的问题，户部尚书邓俨锄建议在原来三十八文的基础上，"乞更减去八文"，他认为"官家既贱，所售必多，自有羡余"。如果减价的话，可起到打击私盐，又能保证盐课收入不会因为盐价下调而减少。针对邓俨锄的建议，礼部尚书李晏认为"必欲杜绝私煮盐贩之弊。莫若每斤减为二十五文，使公私价同，则私将自己"。同知大兴府事王倚提出将盐价降到每斤二十文的激进建议。宰臣经过权衡，认为每斤减做二十五文较为合适。最后，金章宗将盐价定位每斤三十文，后因国用不足，又将盐价调整到每斤三十三文。承安三年（1198）十二月各地盐价再一次调整，山东、宝坻、沧州每斤盐的价格为四十二文，解州盐由原来的每席五贯文增加为六贯四百文，辽东、北京盐由原来的每石九百文增至一贯八百文，西京煎盐由原来每石二贯文增至二贯八百文，捞盐由一贯五百文增为二贯文。承安三年的这次提价范围涉及最广，七个盐使司全部进行了调整，只是各地因具体情况不同而调整幅度不同。

虽然这几次的提价对财政收入影响较大，但是对长芦盐的贡献影响却并不大，从大定到承安，不管盐价的调整，长芦盐的贡献依旧在21%左右。

大定二十一年至大定二十五年（1181—1185），山东盐使司和沧州盐使司合为海丰盐使司，山东盐暂归长芦，如果以此计算长芦盐业贡献的话，那将是很惊人的43%！当然，这是种很牵强又不科学的算法，虽然山东盐场数量和产盐量都多，但将其合并为海丰盐使司而不是山东盐使司，在某种程度上还是证明了长芦盐的重要性，毕竟这里距离金中都更近，更加方便管理，当年的海丰盐使司处所就在现黄骅市羊二庄镇的海丰镇遗址上。

客观来讲，长芦盐区在金代长达107年的统治中（1127—1234），长芦盐每年所供税赋占金代财政五分之一还要多，称其为国之命脉一点都不为过。当然，这是个理论的数字，实际上，从金朝中都被成吉思汗占领到金哀宗仓皇逃窜，最多到1215年，甚至很可能在1200年金对长芦盐区就已经失控。《大金国志》卷二十一泰和五年（1205）："时岁饥，耕猎皆废，河北、河南、山东之民，贫悴饥疲，无力以耕，寇盗蜂起。"当宋对金战争开始，山东人民聚众反金的斗争已拉开序幕。此时，金朝就已经逐步失去了对长芦盐的控制。长芦盐实际被金朝控制的年份不到100年。而抛弃山东长芦盐如此重要的国之命脉，仓皇逃窜，说明金朝已经奄奄一息，离覆亡不久矣。

二、失去盐课收入间接导致金朝灭亡

失去盐课收入原因有两个，一个是私盐，二是更为彻底的失去盐课收入，即失去对盐场的控制。而无疑的，失去对山东和长芦盐控制，间接判了金朝死刑。对政府而言，私盐最大的危害就是影响官盐的销售，扰乱社会经济结构，且不缴纳任何课税，进而影响政府财政收入。另外，政府对私盐的打击，还会引起盐贩与官兵的对抗，引发社会混乱。

大定六年（1166）三月，右丞相内族宗浩、参知政事贾铉言："国家经费惟赖盐课，今山东亏五十余万贯，盖以私煮盗贩者成党，盐司既不能捕，统军司、按察司亦不为禁，若止论犯私盐者之数，罚俸降职，彼将抑而不申，愈难制矣！宜立制，以各官在职时所增亏之实，令盐司以达省部，以为升降。"从这段话可以看出，盐课已经成为金朝续命仙草，是名副其实的生命线。为了保证政府财政收入，金朝政府采取了严厉的措施来打击走私、贩卖私盐的活动。

金代私盐状况与宋朝大同小异，唯一的差别就是女真权贵的参与。究私盐贩卖者，无非以下几种人：

第一个就是女真族的权贵，他们享受特权，法律对他们网开一面，而使之娇宠日盛，使之成为私盐的主力。

第二个就是生产者和寻常百姓。他们依仗地利，偷偷煎煮，规模越来越大，盐使司无能为力。宣宗贞祐二年十月，户部言："阳武、延津、原武、荥泽、河阴诸县饶碱卤，民私煎不能禁。"盐户是私盐的主要生产者，他们生产的私盐主要卖给私贩、军兵等。居住在盐卤之地的广大户民利用其便利条件煎煮盐货，数量同样不小，所煎私盐或自贩或卖与客商以及私贩，盐户与居民在私盐结构中所占比重很大。

第三个就是监守自盗者。官盐在运销途中所生产的私盐，主要是纲吏舟卒和各级官吏的侵盗所致。因为底层盐官收入微薄，根本无法养家糊口，勉强维持自身生活。在这种情况下，他们将库内官盐盗卖给商贩以获取一定收入。

第四个就是官员腐败。官员为追逐私利，每次稽查私盐时，"巡捕人往往私怀官盐，所至求贿及酒食，稍不如意则以所怀诬为私盐。盐司苟一图羡增，虽知其诬亦复加刑"。如此一来，官员们由掺杂使假得以中饱私囊，而广大消费者却饱受侵害之苦。

在私盐运贩过程中，还涉及一个越界私盐的问题。

越界私盐，简单说就是越过原本规定地区销售的官盐和私盐。基本有两种情况，一是越界之前为官盐，纳过税，只是有一些盐商为了取得更多利润，将盐贩卖到别的价格更高的地区，从而变成了私盐。二是越界前本身就是私盐，或是买，或是私自煎煮的。

前文已经论述过，山东、沧州、宝坻三处盐销售区盐价为全国最高，因此其他地方的盐，特别是解州盐，往往越界贩卖，以获取高额利润。而长芦本地的私盐或者是低价销售，或者是通过海丰镇港口等处贩卖到南宋，通过榷场进行销售。

关于宋金榷场，在这里需要谈一下。

征服了中国北方以后，金朝得以接管了原有的运输系统，包括陆路和水运。交通运输之所以至关重要，主要是因为像北京这样的大都市，其粮米都必须依赖于外部输入。开封的环境要好一些，因为这个城市位于精耕细作且粮食自给有余地区的中心。水运远比陆路更为重要，在河南、山东和河北一带已有一个由大运河和其他河流组成的庞大漕运系统。交通运输网络的一个重要作用，是向金与宋、高丽和西夏的边境榷场输入和输出货物。对外贸易是金朝经济中重要的组成部分，其收入甚至超过了从宋朝所获的岁币。宋朝的主要中心是安徽东北部的县城盱眙，流过开封城的汴河就在那里与淮水交汇。而金朝的中心是泗州。除此之外，被官方所准许设置的榷场，在宋朝一方共有9个以上，金朝一方则有11个，其中在山东的一个，多半是专为海上贸易而设的。宋金之间贸易仅仅是在1161—1165年海陵王发动侵宋战争期间，以及1206—1208年宋朝发起北伐战争期间才被中断，此后便时有时无地维持着，直到1217—1218年战争爆发和金朝灭亡才告结束。

金朝对榷场贸易的管理十分严格，要求过关商人必须以一半货物作抵押保证交易量，所谓"凡榷场之法，商人货直千以下者十人为保，留其货之半在场，以其半赴南边榷场博易。俟得南货回，后易其半以往。大商悉拘之，以俟南贾来"。因此政府获利丰厚，也不问盐的官私属性了。而南宋的盐质量较差，受西夏青白盐和金朝私盐冲击，南宋政府收入受到严重影响。

根据大定和承安三年的盐课收入表，我们可以初步断定，在政府将盐价格下调之后，确实对私盐的销售产生了一定的冲击，而越界私盐则要承担很昂贵的运费，销售因此而减少。但是本地私盐则受影响不大，毕竟取材方便，从业者众多，再加上官商勾结合伙牟利，私盐如金朝头上恶疮却始终除不掉。事实上，不管在哪一个朝代，私盐都是令统治者头疼的事情，但是在盐法的执行力度上、对贩卖私盐的处罚上，金朝宽松太多。

宋金之战、蒙金之战、农民起义，是造成金朝灭亡的直接原因。而财政恶化，加大对人民的剥削则是起义的原因。金朝末年，各地起义抗金活动风起云涌，《遗山先生文集》卷二十八《临淄县令完颜公神道碑》："贞祐二年（1214），受代有期，而中夏被兵，盗贼充斥，互为支党，众至数十万，攻下郡邑，官军不能制。渠帅岸然以名号自居，仇拨地之酷，睚眦种人，期必杀而后已。"特别是盐民暴动，盐民弃灶改业，曾经让金朝引以为傲的七大盐使司也逐一沦陷，私盐横行，彻底破坏了官盐市场，虽然最后只剩下解州盐尚在可控范围之内，但依旧要和蒙古进行反复拉锯的争夺。失去了盐税的给养，失去了盐课这个垄断的超高额利润提供者，金朝财政状况迅速恶化，崩溃，直至灭亡。

参 考 书 目

[1] 《金史食货志》，同治江苏书局版。

[2] 《金史百官志》，同治江苏书局版。

[3] 《金史地理志》，同治江苏书局版。

[4] 《盐山新志》，同治版。

[5]　《长芦盐志》,百花文艺出版社,1982年。

[6]　(清)黄掌纶等撰,刘洪升点校:《长芦盐法志》,科学出版社,2009年。

[7]　《辽夏金经济史》,河北大学出版社,1998年。

[8]　郭正忠:《中国盐业史》,人民出版社,1997年。

[9]　《宋史》,中华书局,1985年。

[10]　曾仰丰:《中国盐政史》,上海书店,1984年。

[11]　《遗山先生文集》卷二十八《临淄县令完颜公神道碑》,民国涵芬楼影印。

[12]　《大金国志》卷二十一,扫叶山房本。

海丰镇港史初考

王德强

(河北海盐博物馆)

摘 要 据文献记载,海丰镇金代始名,唐宋曰通商镇,南北朝时期曰漂榆邑,又叫角飞城,历史最早记载可上溯到汉,为柳侯国故地。众多历史资料对海丰镇产盐保持了高度一致,然而对海丰镇是金代北方最大港口一事却鲜有历史记载,笔者通过查阅大量历史资料及周边历史遗迹的考证,认为海丰镇不单一个产盐之地,而且还是一个集贸易、军事、港口为一体的重镇。本文重点论述海丰镇港口兴衰史和其贸易重镇的身份。

关键词 海丰镇;武帝台;郭堤城

一、港史溯源

《周礼·地官·职方氏》载:"幽州其利渔盐。"[1]幽州包括今河北黄骅海丰镇一带,是当时周朝北方重点产盐区。而"渔"指的就是渔业,即下海打鱼。根据黄骅历史海岸线变迁考证,此时海丰镇距离渤海边很近,一来方便引海水晒卤煮盐,二来也方便渔民下海打鱼,这时候的海丰镇港的雏形应是一个渔业码头。

公元前219年,徐福东渡日本,据《史记》载,徐福东渡日本从琅琊港起航[2]。根据民俗传说,徐福在离开之前,徐福带童男童女在今千童镇(河北盐山县)暂住,并从海丰镇一带(卯兮城)登船[3],沿海航行到山东,然后再前往日本。这样做的原因极可能是当时航海路线单一造成的。历史上,徐福曾先后两次东渡,第二次更是带着3000人出海,能容纳3000人同时出海的港口,已经粗具规模。可见秦朝时海丰镇港口已经具有一定规模。2016年,黄骅市博物馆对卯兮城进行了系列考古发掘,初步证实了上述论断。

据《汉书》《史记》《后汉书》等资料记载:武帝常航行海上[4]。元封元年(前110),武帝封

---

[1] 《周礼》。
[2] 《史记》。
[3] 《盐山新志》同治版。
[4] 《汉书》《后汉书》《盐山县志》。

禅泰山，又东巡海上，沿渤海湾西岸航行，直抵河北昌黎县北的碣石山。元封四年（前107），武帝南巡，自寻阳浮江东下，船舶相接，出长江口后入海北向，直抵山东海岸的琅琊。太始三年（前94），又东巡，乘海船沿山东半岛航行，直抵芝罘，在诸岛之间巡航。汉武帝之所以对航海事业如此热衷，除了对海外仙山的向往之外，也是出于军事考虑。武帝曾在海上进行军事行动打击南越。汉武帝巡海之时，经常带着外国商人同行，以展示大汉的地大物博，恩威并用，以震慑他国，事实上也起到了这种效果。汉武帝对航海及对外贸易的最大贡献是，沟通了我国北起丹东，南至广西白仑河口的南北沿海大航线及海外贸易。

在海丰镇附近有两处较为著名的古遗址，一个是武帝台，也称望海台。据考古发掘资料显示，武帝台为战汉时期建筑，基址有丰富的战汉时期遗存。史料记载是汉武帝望海求仙处。笔者认为这是对武帝台真实功用的一个巧妙遮掩，武帝台的真实作用应该是烽火台、军事瞭望台、航海灯塔！中国港口历史上不乏类似夯土筑造的地标灯塔，武帝台应为灯塔类指引海上航船的港口必备建筑！明永乐年间吏部尚书王翱曾登临此台并写诗道："地筑高台百丈余，登临望海有仙居。晚年下诏方哀悔，栾大文成总是虚。"从天官王翱的诗中可以推断，至少在明朝武帝台依然"地筑高台百丈余"，并且是在至少汉朝之后被历代反复的修葺维护。另一处是郭堤城，也称武帝城，据河北省文研所的考古发掘资料报告显示[①]，为战汉时期建筑，地表遗存时代绵长，直到唐。我们很容易从中推断，汉武帝从海丰镇港口登陆，登武帝台观海求仙也好、看煮盐盛况也罢，最后还要视察郭堤城，甚至宿于郭堤城。而郭堤城的发掘报告中同样发现了练兵场、军营、行军灶台灰坑等军事建筑痕迹。汉武帝是一个热衷开辟疆土、致力国内统一的皇帝，热衷军事。而郭堤城也很好地佐证了这一点，根据考古资料及民俗传说，郭堤城是一个上起战汉，下至宋金时期的驻军之地。如果海丰镇是一个重要港口、煮盐基地、少数民族戎狄的军事侵扰等情况联系在一起，而不是片面孤立地去考古发掘寻求证据，得出的结论是海丰镇历来是一个受政府重兵保护的重镇。而根据最近几次对郭堤城的考古发掘发现结果，众多专家认为，郭堤城应是一个历经数个朝代管理盐业的城池。因为郭堤城的历史与长芦盐业，特别是海丰镇一带盐业有相伴相生的关系。特别值得提及的是，汉武帝是历史上第一个将盐铁官营列入基本治国之策的皇帝，而海丰镇一带左右重要的产盐所在，皇帝亲自视察也不无可能，而海丰镇也刚好在汉武帝去泰山封禅的路上，加上海丰镇港口的便利，一切便顺理成章。

王莽时期（9—23），渤海西岸发生大海侵，"天尝连雨，东北风，海水溢，西南出，寖数百里，九河之地已为海所渐"[②]。九河之地即包括今之天津、宁河及黄骅一带，盐业、农业均遭摧毁。泉州、雍奴、章武、东平舒等县治全部内迁，海水浸没一百余年。此时的海丰镇港口和盐业生产完全消失。这与海丰镇考古中发现海水浸没痕迹是一致的。而在随后海水退却之后，土地含盐分更多，除了更易煮盐外，海丰镇港口也随着盐业的兴起而重新崛起。《水经注》卷九曰："清河又

---

① 黄骅市博物馆：《郭堤城考古发掘报告》。
② 《长芦盐志》，百花文艺出版社，1992年。

东迳漂榆邑故城南,俗谓角飞之城。"《赵记》①:后赵石勒太和元年至建平元年(328—330)使王述煮盐角飞城。角飞城即今黄骅县海丰镇。

唐宋时期,海丰镇名为通商镇②,通商含"交通""商业"两层意思:一是海丰镇陆路水运交通便捷,便于食盐南运北销。同时因为港口的原因,客商往来频繁,其中不乏朝鲜、日本等国商人③。而通商之名,更像是政府特许之意,是为贸易市场之始。

二、兴盛时期

北宋时期,海丰镇与板桥镇、登州港一样,是对外通商的重要港口,但地位要低于上述二港。北宋时期山东地区的一些口岸在入金之前曾有大规模的海上贸易,密州板桥镇就是中原物产销往南方和海外的重要海上港口④,哲宗时代范锷的奏折"板桥有西北数路商贾之交易,其丝、棉、帛又蕃商所欲之货,此南北所以交驰而奔辏者"⑤,就很好地反映了这一点。

随着北宋为金所灭,南宋与金以河南为界,南宋以南方泉州、庆元港口为主,金则以北方港口为主;同时因为军事原因,战争频繁,板桥镇和登州港衰落,海丰镇港迎来爆发式的发展契机,成为这一时期北方最大港口及贸易中心⑥。

海丰镇在金代极为繁华,港口也成为金和西夏与南宋进行榷场贸易的主要通道。《盐山新志》指出:"至其盛衰之源,皆有运道通塞之故,非昔产今竭也。南所之盛,其机操之于河道,而柳河最为要津。柳河西通长芦、深州一带,衡、漳之水本通渠也。唐薛大鼎浚无棣,民颂之曰:'新沟通舟楫,利属沧海鱼盐,至美哉,薛公德滂被。'盖唐代之无棣、马颊为南场之南道,而柳河为其北道,故南场犹盛。后南道皆埋,而北道独存,益为南场之命脉所系……"从这段文字中可以看出,当时海丰镇水陆交通畅通,与大运河、漳河、浮沱河,甚至和卢沟河等都成为一个密集水运网络,金代的大部分物资都是通过水运航道运到中都(今北京)。所以,金代也设置了一个巡河官之职责,可见金代在以中都为中心的水运是如何的发达。

据《金史·百官志》记载:

> 都巡河官,从七品。掌巡视河道、修完堤堰、栽植榆柳、凡河防之事。分治监巡河官同此。其泸沟、崇福上下埽都巡河兼石桥使,通济河节巡官兼建春官地分河道。诸都巡河官,掌提控诸埽巡河官(明昌五年设,以合得县令人年六十者选充。大定二年设潸

---

① 《赵记》。
② 《盐山新志》同治版。
③ 刘昫:《唐史·食货志》。
④ 《宋史》。
⑤ 范锷的奏折。
⑥ 《宋史》《金史》。

沱河巡河官二员）、散巡河官（于诸局及丞簿廉举人，并见勾当人六十以下者充）。

黄汴都巡河官，下六处河阴、雄武、荥泽、原武、阳武、延津，各设散巡河官一员。

黄沁都巡河官，下四处怀州、孟津、孟州、城北，各设黄沁散巡河官各一员。

卫南都巡河官，下四处崇福上、崇福下、卫南、淇上，散巡河官各一员。

滑浚都巡河官，下四处武城、白马、书城、教城，散巡河官各一员。

曹甸都巡河官，下四处东明、西佳、孟华、凌城，散巡河官各一员。

曹济都巡河官，下四处定陶、济北、寒山、金山，散巡河官各一员（凡二十五埽，埽兵万二千人）。

诸埽物料场官，掌受给本场物料。分治监物料场官同此。惟崇福上、下埽物料场官与当界官通管收支。

南京延津渡河桥官，兼讥察事。管勾一员，同管勾一员，掌桥船渡口讥察济渡、给受本桥诸物等事，内讥察事隶留守司。余浮桥官同此。

查阅《金史》及《朝鲜史》[①]中关于金代贸易的记载，金朝贸易对象有限，仅限于金辽、金夏、金丽（丽即朝鲜，朝鲜为高丽）贸易，而贸易的形式则是在海丰镇置榷场。贸易的主要货物就是瓷器。这一点从海丰镇出土的瓷器碎片中90%来自北方的磁州窑和定窑可以看出[②]。而其他南方窑口的瓷器有两个来源：一是商人的运销，二是南宋政府的"岁币"顶替商品。南宋政府这一段屈辱历史，相信史学家们都不愿谈及，最终涉及海丰镇的记载也因此而寥寥。金代，盐茶酒醋等商品交易都在政府的严格控制下进行，市场化程度不高。盐是金代财政主要收入来源，是严格禁止出售和贩卖私盐的，但是因为私盐屡禁不止和官员的腐败，对海丰镇的交易事项记载也是严加控制的[③]。

元灭金宋之后，元朝初期海丰镇仍旧是北方重要港口，元朝在继承金代榷场的基础上还大大地扩展了对外贸易的范围，元代的对外贸易已经发展到日本、朝鲜、阿拉伯等地。值得注意的是，元代与朝鲜的榷场贸易无论就规模、水平、还是数量来说，都大大超过金朝。自元太祖十七年（1222），元政府同意在两国边界"各置榷场，依前买卖"，两国的贸易不断扩大，官方的使节贸易逐渐成为常态，民间贸易也得到了政府的允许，高丽的马匹、人参、纸张，元朝的书籍、彩帛、绣缎都成为重要的贸易商品[④]。

元代出口商品以陶瓷为主，这项事实从各地港口出土元代陶瓷可见一斑。元代瓷器大量出土于

---

① 〔日〕旗田巍：《朝鲜史》。
② 王德朋：《论金代商业经济的若干特征》，《辽宁大学学报（哲学社会科学版）》，2009年。黄骅市博物馆：《海丰镇考古发掘报告》。
③ 《金史·食货志》《金史·地理志》。
④ 张雪慧：《对我国元代与高丽的贸易研究》，《中国社会经济史研究》2003年第3期。〔日〕旗田巍：《朝鲜史》。

日本、韩国、东南亚、锡兰、印度、阿拉伯。琉球出土大量高品质的元代青花，澎湖出土大量元代陶瓷，印度古里出土元代青花，埃及出土元代青花，肯亚、坦桑尼亚、马达加斯加出土元代瓷器，国内港口遗址中也发现大量元代瓷片，海丰镇港口遗址中元代瓷片的数量占了近10%。这些出土文物是繁荣的元代海外贸易的具体物证[1]。

而边境地的榷场，在元世祖时已不存在，但元丽官方在其他场所的互市活动并未停止，仍在继续[2]。

榷场贸易的停止，为海丰镇港口的衰落埋下伏笔。

三、衰败时期

随着惠民河的挖掘，柳河阻断和天津港的兴起，海丰镇港口开始慢慢地衰落下来。《盐山新志》记载："元代开惠民河，此邦横河皆纵断之，柳河之塞在长芦之截地，于是南场运路断绝。而北场有蓟运、南运诸河以为委输，相形日细，南场盐业大衰，灶户皆归籍改业，不惟滩荒灶废，并灶课亦多无从追乎。"这段文字虽然主要说的是盐场兴衰，但是也在暗中提示了，海丰镇港赖以贯穿内地的柳河之淤塞，直接断了海丰镇港口的命脉。它作为内陆贸易转运码头港口的使命，也到此结束。

天津的兴起大抵与金代盐业有关，凭空增加了宝坻等县，加之天津港运条件的便利，取代海丰镇一事便水到渠成了。据高丽文献明确记载：元代海路贸易的口岸，在北方有今天津附近的直沽，而没有提到海丰镇。元与高丽进行贸易的主要地区，包括今山东半岛、北京、天津一带、辽宁、吉林等北方、东北地区和江、浙、闽等东南沿海省区。海路贸易的口岸，北方有今天津附近的直沽，明确见于高丽文献的记载。元朝的大都商人经海路往高丽，最近捷的港口也就是直沽。山东半岛也有与高丽通航的港埠，高丽官方曾到益都贸易[3]。山东与朝鲜半岛有历史悠久的海路交通和数处重要港口。据《管子》等书所讲，春秋战国时齐国就从海路进口朝鲜的"文皮"。朝鲜境内考古发掘到我国战国时期的很多货币，如明刀钱、安阳布钱和各种金属用具。

《老乞大》中李姓等高丽商人是"从高丽王京（今开城）来"，来时走的旱路，待把马匹等货物脱手卖出，购得元商品返回高丽时则走北方海路："到直沽（今天津）里上舡过海"，沿海岸线向北经过辽东半岛海岸，再沿朝鲜西海岸南行，抵高丽中部之王京。

笔者根据黄骅历史海岸线的变迁、黄河历史及历代河渠志的研究，推断海丰镇港口的衰亡原因大致有五：一是退海的影响，黄骅本就是退海之地，历史上多次海陆变迁，随着海岸线的不断退

---

[1] 张雪慧：《对我国元代与高丽的贸易研究》，《中国社会经济史研究》2003年第3期。关树东：《金朝的水利与社会经济》，《隋唐辽宋金元史论丛》第三辑，2013年。《元史·地理志》《元史·河渠志》《元史·食货志》。

[2] 张雪慧：《对我国元代与高丽的贸易研究》，《中国社会经济史研究》2003年第3期。关树东：《金朝的水利与社会经济》，《隋唐辽宋金元史论丛》第三辑，2013年。《元史·地理志》《元史·河渠志》《元史·食货志》。

[3] 张雪慧：《对我国元代与高丽的贸易研究》，《中国社会经济史研究》2003年第3期。

却,海丰镇离着海岸越来越远。黄骅古贝壳堤是海岸线演变的最好证据,目前,在黄骅境内共有四道贝壳堤,最早的一道古贝壳堤距今6000—5000年,此时,天津、黄骅地区仍在海中,这一点也和史料没有产盐记载相符合。小王庄—张贵庄—巨葛庄—沙井子—黄骅市常庄一线贝壳堤距今3800—3000年,这段时间海丰镇位置正处于海边;而白沙岭—泥沽—歧口—狼坨子一线,距今2500—1100年,此时海丰镇一代海丰镇变化不大,所以港口运营得以继续;蛏头沽—海河口—歧口一线距今700—500年,海丰镇离海岸渐远(表一)。1271年元建朝,1368年灭于明,而明代距今大约650年,和海岸线演变时间刚好相符,同时也从地理学角度证明了海丰镇港在明朝已经废弃的论断,侧面证明了海丰镇港至少已经废弃了700年。今日海丰镇遗址距海13千米,说明迄今为止的2000余年里,海岸线一共后退13千米(图一、图二)。二是黄河带来淤积泥沙的影响。根据文字记载,黄河曾经多次改道。河道变迁的范围,西起郑州附近,北抵天津,南达江淮,纵横25万平方千米。周定王五年(前602)至南宋建炎二年(1128)的1700多年间,黄河的迁徙大都在现行河道以北地区,侵袭海河水系,流入渤海[1]。历史上黄河屡次改道、入海带来的泥沙不断在海边淤积,也造成了交通不便、港口通行不畅的结果,大船很难进出,大宗贸易无法进行。三是陆路交通的影响。惠民河的开挖造成泥沙淤塞柳河,通往海丰镇的道路变得日益不畅,随着盐业生产的衰落,直接导致了陆路交通不畅。四是元明的海禁政策。元代曾先后四次禁海,同时出于军事、经济方面原因的考虑,特别是天津港的兴起,是导致了海丰镇港衰亡的最直接原因。明朝一再厉行海禁,明朝时期海禁以后,广州成为唯一的对外通商口岸。明朝时期政府实行贸易的双轨制度,将贸易分为官方的"朝贡贸易"和民间贸易,明初政府颁布禁令"非入贡即不许其互市""禁濒海民不得私出海"[2]。这让海丰镇港看不到一点复兴的希望,最终功能越发单纯,与此同时,明代制盐技术从煮盐过渡到晒盐,在大大提高盐产量的同时,也占据了大片海滩,截至此时海丰镇港口功能已经消失,只剩下了盐业生产[3]。最后一点不得不提的是"燕王扫北"。"惠帝建文年间(1399—1402),燕军来往沧盐,遭到南场灶民抗拒,燕军赤其地,海丰诸场荒废"。海丰场盐工被悉数杀光,盐业生产也停滞了几十年,也许压垮海丰镇港的最后一根稻草便是燕王朱棣放上去的[4]。虽然后来明政府组织移民来恢复盐业生产,但港口已经彻底废弃了[5]。

海丰镇港消失是历史发展的必然,这里有客观原因也有主观因素,是符合历史发展规律的。在南排河镇还有许多的渔港码头,供渔民们出海使用。世纪大港黄骅港的建设和蓬勃兴起,也让海丰镇港承载的历史使命和航运的灵魂得以传承下去。

---

① 岑仲勉:《黄河变迁史》,中华书局,2004年。
② 《明史》。
③ 郭正忠:《中国盐业史》,人民出版社,1997年。郦道元:《水经注》卷九。
④ 《长芦盐志》,百花文艺出版社,1992年。
⑤ 《明史》。

表一　古贝壳堤历史变迁简表

	分布地区	形成年代（距今年）
Ⅰ堤	蛏头沽—海河口—歧口	700—500
Ⅱ堤	白沙岭—泥沽—歧口—狼坨子	2500—1100
Ⅲ堤	张贵庄—巨葛庄—沙井子—黄骅县常庄	3800—3000
Ⅳ堤	固居—苗庄	5200—4000

注：Ⅰ堤—Ⅳ堤位置自海向内陆。

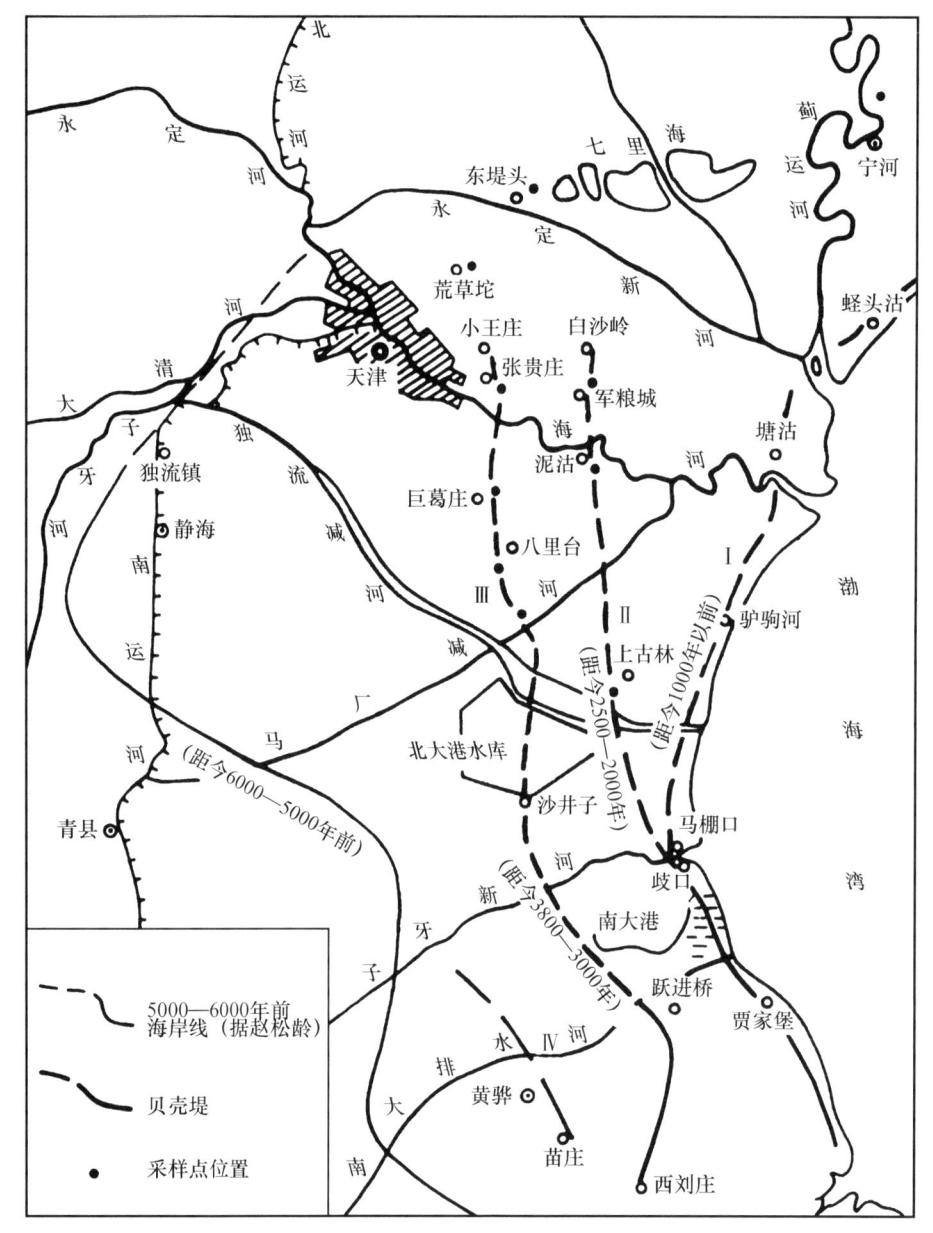

图一　渤海湾西岸贝壳堤和古海岸线分布图

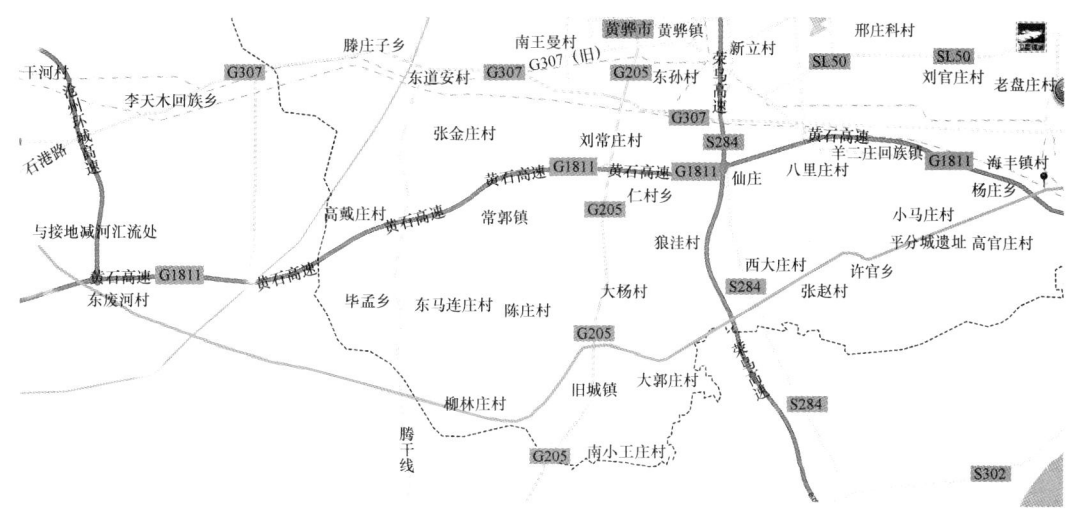

图二　柳河在黄骅境内流经示意图

黄骅境内历代盐署场灶考
——兼论长芦南场盐业发展史

刘佳昊

（中捷高新区招商一局）

摘　要　黄骅，区位独特，资源丰富，自古是我国食盐重要产区之一。境内盐署、场灶及滩坨虽几经兴废，但大部分终以"古地名"的形式流传下来，这对我们研究长芦南场盐业发展史，无疑是最直观的佐证。本文结合地方史志及考古资料，对黄骅境内历代盐政衙门、场灶中心、滩坨草荡作一定位性考证，力求最大限度地还原长芦盐区生产管理脉络关系。

关键词　盐署；场灶；长芦；盐业；发展

一、引　言

黄骅市东临渤海，西倚运河，古为燕齐交壤之地，九河汇聚之区，总面积2219平方千米，海岸线65.8千米。由于历史上海侵、海啸等自然原因，加重了境内原本多为"退海之地"的土地盐碱程度，一度形成了"涝则洼海相连、旱则斥卤斑白"的独特景象。

得天独厚的滨海潮道资源，为后世盐业繁荣发展奠定了坚实基础，使得"业盐"逐渐成为这一区域先民们维持生计、世代传袭的重要生产生活方式。这里经历了煮海为盐、淋卤成片、滩晒结晶等盐业生产技术革命进程，从而也走向了中国当代最具影响力的盐产品商贸中心、盐文化传播中心。我们要感恩盐给这一区域带来的福祉，铭记并发扬先民们在华夏盐业史上艰苦奋斗的精神。

值得庆幸的是，通过走访调查及反复辨析，境内滩坨草荡、场灶衙署之名千百年相沿至今。为进一步探索黄骅长芦盐业发展史，笔者试从历代盐署、场灶、滩坨沿革方面作一考证，实为管中窥豹，呈请方家批评指正。

二、先秦两汉盐业方兴

在浩瀚的盐业史上，黄骅区位独特、资源丰厚，"向以谷麦渔盐并重"。早在西周时期，境内沿海一带已出现了海盐产区。春秋中叶，齐相国管仲为谋富国强兵之道，建议齐桓公大规模"煮海为盐",要"以鱼盐之利称雄天下",这一区域盐业始兴。近年来,黄骅周边沿海发现古盐灶遗址多处,出土的大批煮盐"盔形器"被认定为是春秋战国时期的产物。

秦统一六国后,继而着手开发"享鱼盐之利"的富庶边贸地带,遂在境内上谷郡地设柳县(今海丰镇附近),史上"上谷之饶"与盐有着密不可分的关系。西汉元封元年(前110),朝廷谋划全国产盐大区,首批在勃海郡章武县(县治今故县村北)设置盐官。是时盐民分散煎煮,官方统一管理,灶地、草荡、牢盆等所有生产资料均由官方分发到户,所出之盐全部交官,盐署按交盐数量核算灶户成本。一时间,章武、柳县"场灶林立",境内中捷农场多处老灶遗址系属秦汉,"狼虎灶""黑锅灶""鬼家灶"等场灶有多个叠加文化层出现。新莽时期(9—23),渤海西岸发生大海侵,"天尝连雨,东北风,海水溢,西南出,寖数百里,九河之地已为海所渐"。九河之地即包括黄骅在内的津南鲁北一带,海水浸没近百年,这里的制盐业一度受阻。东汉末年,勃海郡高城县边贸繁盛,百姓搭灶煮海,籍盐为业,制盐业得到了稳健发展。境内中捷农场武帝台遗址西南侧曾出土铜鎏金官印一枚、刀币布币若干、五铢钱一筐、建筑柱础两个,该地应系早期盐署所在地之一。

按贾佩卿先生所言"盐山为齐之北鄙,齐以鱼盐雄天下,然其产盐之区乃在北海……其时盐山犹不产盐也。盖春秋以前,盐山适居鬲津徒骇之间,正河水泛滥游荡之区,河水淡则足以敌碱,凡近河流海岸皆不成盐,至大河南徙以后,盐山一隅几为产盐总汇……此邦者,皆未明地势变迁者也"。他推断大河改道前这一区域的原盐零产量或是形不成规模的,但按今天发掘的春秋战国时期的场灶规模来看,所谓大河改道前境内制盐业已经萌芽,且为后世规模化生产奠定了坚实基础。

三、魏晋南北朝盐业大振

魏晋以来,制盐业得到了官方彻底掌控。当然,盐业发展也赖于官方的全方位推动。如正史所记,后赵王述煮盐"角飞城"。东晋元帝大兴元年(318),后赵王石勒占领河北地区,第二年即于柳县建角飞城(今海丰镇),差派大臣王述煮盐于此,并治理滨海盐务。石勒虽为胡人,但起家于山东,深知盐业是滨海一带支柱性产业,力建"角飞城",寓意在于后赵王朝日后要蓬勃发展、欣欣向荣。角飞城,即海丰镇。

南北朝时期(420—589)"勃海郡高城县(县治今盐山县故城赵村)东北百里,地尽漂榆(今海丰镇),东临巨海,民咸煮盐为业"。推想那时的海丰镇,已成为当时国家的盐政中心,盐灶衙门定在海丰镇内无疑。这与黄骅市文保所对海丰镇一带建筑基址的发掘勘探结果不谋而合。

魏天平元年(534)静帝迁都于邺城(今临漳县东南)后,在沧、瀛、青、幽四州"傍海煮盐",沧州场灶多至1484个,境内盐业大振。而沧州场灶,多在境内滨海地带,尤其是海丰镇为中心的古代盐区。是时盐运以柳河航运为要津,过角飞城,西南经羊二庄、贾象一线,过章武县治所南,再复西行至旧沧州,经达长芦(今沧州),并能与"漳衡二水"相连。自此以后,境内盐政中枢、场灶衙署及盐业运销路线历代相沿。

四、隋唐五代盐业中兴

隋唐以前，盐民煎盐为一家一灶或多家合灶，官府派吏监督收税。唐初，盐民谓之"亭户"，至天宝间，盐铁恢复专卖，设度支盐铁转运使，朝廷派御史大夫刘晏整顿盐法，以积国库。刘晏曾进谏"盐吏多则州县扰，惟出盐之乡因旧制监盐官与吏及亭户"。高宗李治时，沧州刺史薛大鼎重浚无棣沟，内河航运盛况再现，盐运繁盛。按《盐山新志》载："唐代之无棣、马颊为南场之南道，而柳河为其北道，故南场犹盛。"柳河上下，往来经商的船只经常阻塞了河道，海丰镇当时得名"通商镇"。这一时期，形成了以海丰镇为中心，境内周边地区如搬到井、歧口、辛立灶等地为辅的盐业商政中心。

唐人李白《送当涂赵少府赴长芦》"维舟至长芦，目送烟云高"，及刘长卿《晚泊无棣沟》"晚来潮正满，处处落帆还"的诗句，正是描写当时境内场灶青烟不断、商贾云集如织的盐业盛景。

迄于五代，"南场之盐犹复偏给北方，泉州虽自汉置盐官，非其敌也"。五代虽然朝代更迭频繁，政权崩塌较快，但每一朝对盐业发展都给予了最大支持。以后唐庄宗李存勖施政为例，他以赵德钧为节度使镇守芦台地方，在芦台盐场设立榷盐院，谓之新仓（似取新坨之意），在南场盐业兴隆之时，继而发展北场，达到了南北呼应、共兹繁荣的效果。又如后周世宗时，专饬河北盐务，增加盐赋，两税并行。也正是这个时代，北方盐业渐渐奠定了在全国盐区的重要地位。

五、辽宋金元盐业极盛

辽初，"晋献十六州地，而瀛、莫在焉，始得河间煮海之利"。由于煮海之利是朝廷经济的立身之本，辽朝拿到资源必然要加大生产管理力度，振兴盐业，而黄骅境内盐产区毗邻瀛洲边陲，也必然会借机得到进一步发展。据史料记载，从那时起，燕、云以北的各州县食用的几乎都是沧盐。

宋初开宝三年（970），朝廷考虑到"河北土皆斥卤，民间税地五谷不丰"，惟有"刮碱煎之，以纳二税"，境内灶户编"庆丰年秧歌调"歌颂大宋开国惠政，至今仍在民间传唱。《范忠宣集》卷十二《许驾部墓志铭》写道："……知大名府朝城县事，改某官，徙沧州盐山，提举沧滨棣州税……其治盐山五年，课增至万万，邑屡逢河菑，民逋租田课积及千万，久皆流亡，责及齐人，君上疏极论其事诏为蠲免。綦莎河决，君筑隄五十九里以障水患。复盐灶税七百万，民田税二百三十万……"许希道墓志铭说明，北宋时期的提举沧滨棣州盐税官员驻地在盐山县，因自北齐至明初，高城（盐山）县治一直在今旧城镇，故盐政衙署长期在该镇无疑。

宋辽交战之际，境内盐区一度成为主战场。中捷农场四队西侧曾在20世纪70年代出土大量行军所用的韩瓶、箭镞等实物，叠压在盐灶灰坑之上。此地地名"老灶上"，在"十里河"及"刘李灶（即六里灶）"东南，"四里井"以东，"三里灶"东北，"二里灶"以北，"一里坨"偏西。金朝兴起后，沧州盐司复设规模盐场9处。据《盐山新志》载："沧盐之极盛启于五代金辽，至金代盐业更盛。"《金史·食货志》载："大定二十一年（1181）沧州及山东各务增羡，冒禁鬻盐，朝论虑其久而堕法，遂并为海丰盐使司……是后，惟置山东、沧、宝坻、莒、解、北京、西京七盐司。"金大定二十二年（1182），沧州、山东两盐司合并为海丰盐使司，海丰镇成为渤海沿岸主要产盐区。

元承辽金后，制盐业蓬勃发展，朝廷诏令开始大规模设场煮盐。自元太宗元年（1229）至至元二十四年（1287）长芦盐区南北所各置11场，共计22场，其中场署所在地在今黄骅境内8场（俱在至元七年前设立）。衙署可考者，海丰场场署在今羊二庄镇，利国场场署在今黄骅镇，利民场场署在今冯家堡村附近，润国场场署在今常郭镇附近，海阜场场署在今羊二庄镇附近。此说载于《中盐长芦沧盐志》，有待详考。

元代惠民河的开挖，横断并淤塞了柳河河道，使境内运盐水路受阻，内河航运由"老盐大道"陆路运输取代，由此也埋下了南场走向衰败的种子。总之有元一朝，境内盐业总体成发展态势。有元末明初钱塘诗人瞿祐《至长芦》"万灶青烟皆煮海，一川白浪独乘风。遥瞻宝塔凌霄汉，知是前途在梵宫"的佳句相佐。

六、明清民国盐业缓衰

明太祖洪武元年（1368），朝廷改革元制，整饬盐法，在灶户煮盐基础上命令戍边军卒也可组织煎煮，并于沧州长芦镇置北平河间盐运司，次年改称河间长芦都转运盐使司，以"长芦"为产盐总汇之区，后简称长芦都转运盐使司，"长芦盐"之名声名远播。

明初在长芦旧22场基础上，南北盐司各增一场，共计24场。实在境内者，海丰在杨二镇（今羊二庄镇），阜民在常郭（今常郭镇），利国在韩村（今黄骅镇），利民在沧州之毕孟（今常郭镇毕孟街西），严镇在沧州之同居（今齐家务乡同居村）。后来，盐运司在海丰场增设沧州分司衙门，衙署亦在羊二庄，"辖南司十二场"。

靖难之役，因盐民阻燕军南下而遭杀戮，南司诸场尽废，盐业大衰，致使中原北部地区百姓无盐可吃。成祖永乐年间（1403—1424），山西、山东、江南及京东滦州一带移民陆续迁来，场灶重立，盐业复振。山西迁民李柳西曾著《杨二镇志》，详细记载了海丰场制盐规模、煮盐过程以及产盐数量。李柳西在笔记中还讲到海丰场"有灶产、镬产之分，灶产所占为斥地，由湾洼头南涯起至杨二镇南河北岸止，潮道在其中，是为灶产（东至海，北连镬产，西南及南随斥为界），镬产所占，惟柳河潮道在焉（东至海，西至则随潮为界），镬在柳河北，场在河南李家桥"。另查当地氏族家谱，得知"严镇场聚馆刘氏""利国场仁村刘氏"所占灶产情况大致相同。

明世宗嘉靖元年（1522）迁福建、南京等地盐民来境内传授晒盐技术，海丰场率先废煎煮为滩晒，在大口河畔筑池晒盐，开长芦盐区滩晒制盐技术之先河。据《长芦盐志》载：灶户高淳等于河边挑修一池，隔为大、中、小三段，次第浇水于段内，晒之，浃辰则水干，盐结如冰。以后，海丰场灶户高登、高贯，见此法比刮土淋煎简便，各于沿河一带择方便滩地，亦修池晒盐。共占官地12顷80亩，建立滩地400余处。时海丰场延广二百余里，盐区有南北两滩，南滩在杨二庄东南40里，滩共20副，各有进潮沟1道，北场在杨二庄东北35里，滩共18副，有进潮沟6道，每岁产盐平均五六千包，包重587斤，盐坨在场署东北隅，本场所产原盐都在这里贮藏。嘉靖末期，盐税苛重，而盐民赋征不免，造成盐民逃逸，出现"有场无灶""有灶无丁"的局面。境内灶滩、草荡多被当地有势力的家族霸占，长芦盐区诸场萧条。

清朝定鼎，海丰场在首次接受巡查中，统计纳课灶地334顷46亩。至康熙十七年（1678），海丰场存滩97.5副。康熙十八年（1679），深州海盈场并入海丰，共有灶地868顷88亩。雍正十年（1732），巡盐御史奏言"利民、阜民、利国、富民、海盈、阜财六场滩坨久废，从不煎晒，灶户散归各县，征催益难，从前征收灶课，灶户在场制盐，征收得以就近征收耳。今既弃滩归籍，场官岂能遥制，应将灶课银两分归各管州县征解，六场大使均应裁汰"，于是彻底并场，境内只剩了海丰和严镇两场。究其原因，贾佩卿先生写到"盖大河徙而柳县废，柳河绝而南场废，皆以交通不利而地产商业及人事之乘除，盛衰胥因之"。乾隆四十六年（1781），青州分司改称天津分司。道光元年（1821）滩地正式为灶户私有，滩地出现租典和买卖。道光十二年（1832）裁撤沧州分司，所辖海丰、严镇两场归属天津分司。光绪年间（1875—1908），严禁刮土淋盐，加之原盐运销不畅，制盐无利，灶户大多弃滩改业。

附清初境内可考场灶及当前文字佐证：

利民场，场向在灶坡庄，今迁至毕孟镇，俱系沧州地方，距运司二百四十里，分司六十里，东连阜民场，西接沧治，南至旧县，北抵大浪白，周围二百里，户籍在山东乐陵、直隶沧州、南皮盐山、庆云、青县、交河、河间、东光等处，旧有盐坨，今废，镬存十五，滩移东南，荡地荒芜。据考，其衙署旧在沧县灶坡村前街，后迁移到今境内常郭镇毕孟街西，滩并随滩草荡无考，盐坨在场署西北。目前，市博物馆存民国初年该场灶户杨云堂灶课完纳底单二份，该场灶户吴姓等典卖灶地文书多份。

阜民场，场在盐山县常葛镇，距运司二百七十里，分司七十里，东至利国之仁村，西连利民之枣园，南接赵村，北抵柳叶庄，周围一百余里，户籍在山东济南府乐陵、直隶庆云、宁津、交河、盐山等处，盐坨二，镬十四，滩荡荒废。据考，衙署在今境内常郭镇常郭村东街，滩有十余副，早废，与利国场滩相邻，随滩草荡荒芜，多与民地交错，盐坨有大小之分，俱在场署附近。目前，黄骅市博物馆存常郭《观音禅寺碑文铭》有"阜民场"之记载，国家档案馆《内务府呈堂稿》及《长芦盐法志》有境内仁村刘氏带"阜民、利国两场灶地"投旗之记载，另狼洼庄赵氏一族存道光末年该场灶课完纳底单一份。

利国场，场在盐山县韩村，距运司二百四十里，分司九十里，东连海丰场界，西接王门庄（旧至九女坟止），南抵望树镇，北至寇村，周围二百余里，户籍在沧州盐山兴济天津等处，盐坨一，镶十四，滩居东北，荡地荒芜。据考，衙署在黄骅镇大街北小学附近，滩有十余副，随滩草荡多在海滨近滩之处，另有在唐家洼北、沙洼北者，盐坨有一，在场署东侧。目前，赵氏族谱及地亩册均有对"利国场"记载，并注明清末在"利国东场"纳课，可知利国场有东、西之分，亦或有东、南、西、北之别。另，国家档案馆《内务府呈堂稿》及《长芦盐法志》有境内仁村刘氏带"阜民、利国两场灶地"投旗之记载，灶产四至"搬倒井屯荒碱草地一段，计一百四十九顷三十四亩二分八厘，东至海沙岭、西至三里灶刘强坟、南至道、北至道；又东西地一段，计五顷三十八亩五分八厘一毫二丝，四面至道"。民间有"利国场小灶地"典卖文书多份。

海丰场，场在盐山县羊儿庄，距运司三百六十里，分司一百二十里，东界大海，南连深州海盈旧场，西北过孟洼至武帝台接利国场东界，户籍在山东乐陵海丰直隶沧州盐山青县庆云兴济等处，盐坨一，镶十二，南北各六滩，荡仅有本场旧数海盈所归者已废。据考，衙署在羊二庄北街，道光后移到西街，滩有六副，随滩草荡荒芜，多在场署西北海滨近滩，盐坨在海丰镇。目前，海丰场资料较为完善，民间亦有灶地典卖文书多份。

严镇场，在沧州同居镇，距运司百二十里，分司九十里，东近大海，西界唐官屯，南抵利国场界，北连兴国、富国两场，周围百二十里，户籍在玉田、武清、宝坻、丰润、沧州、南皮、盐山、宁津、交河、青县、静海、东光十二州县，坨二，镶二十有四，滩居东北（距场七十余里），据考，衙署在齐家务乡同居村东街，滩有十副，随滩草荡荒芜，一在同居镇南，一在海滨近滩，盐坨有大小之分，大坨在场署后，小坨在大道口庄。《聚馆刘氏家谱》记载灶产情况如下"洪公原籍山左涞水之即墨，永乐初迁都，公率四子二侄随驾北上，时长芦盐务荒芜，上谕从驾者承受场灶，吾分隶于严镇大村镶，居场东北五里聚馆，滩在庄东三十余里，滩名四里坨、要棚口、灰坨子、狐皮窝等处，随滩均为灶产"。

民国元年（1912），海丰场存滩仅16副，全年产盐仅300余包，这时的海丰场场官改称所长。民国六年（1917），海丰场被裁汰。此后，今黄骅境内无官办盐场。所存民间制盐，虽未间断，但频遭禁令，加之战乱干扰，几乎殆尽。至民国三十三年（1944），黄骅境内仅存民间散滩十余副。民国二年（1913），海丰场有滩16副，严镇场有滩29副；民国三年（1914）严镇场并入丰财场（今塘沽盐场），民国七年（1918），海丰场布告停晒，裁废平毁。民国十六年（1937），盐区沦为日伪统治，民间仅有零星的制盐活动。

七、新中国成立后盐业复兴

民国三十四年(1945),黄骅全县解放,县政府号召恢复原盐生产,发展地方经济。不久,在原海丰场内的左庄、辛立灶开滩200余副。民国三十六年(1947),又开井滩277副,淋滩387副。民国三十七年(1948)渤海区工商局河北盐务局在无棣县小包头成立,管理黄河以北天津以南地区盐务,同时在黄骅县吕家桥、羊二庄设盐务所管理黄骅地区盐务。是年由渔民和农民自发组织在刘洪博、盘洼(今属海兴县)开滩270副,年底境内共有小盐滩1133副。

中华人民共和国成立后,机械化生产程度较低,一般年盐产量在5000吨左右。1952年,境内制盐系统进行调整,保留原海丰场内2处盐田,存滩152副。1957年,全国原盐紧缺,国务院发出《关于恢复扩建河新建盐场的指示》,经国家计委批准,1958年6月,沧县专区工业局投资1360万元,在黄骅县齐庄村东部兴建南北长40千米,东西宽20千米,总面积75万多亩的长芦黄骅盐场。1960年春,建成投产,开滩80副,占地1288亩,分一、二两个分场。1962年,北京军区在黄骅建立盐场,开滩制盐。1965年,在原二场基础上长芦黄骅盐场恢复生产,修复滩田20.6副,总面积29 013公亩。1966年,产盐7506吨。1972年黄骅县建立县办盐场。1976年,黄骅县大力发展乡村盐场,盐业生产能力逐年扩大。1982年10月20日,黄骅县盐务局成立,驻地黄骅县城,统管全县盐场盐务。1986年,县盐务局设杨庄盐政所、赵家堡盐政所。1988年11月,增设新村盐政所。1989年撤县建市,黄骅县盐务局更名黄骅市盐务局。1990年12月,黄骅市盐务局始设盐政科。2007年8月,新村盐政所更名为刘洪博盐政所,办公地址由新村迁至刘洪博村。

至2008年,盐业作为黄骅传统地方特色产业,拥有大小盐场33处,盐田面积220万公亩,年产原盐113.1万吨,盐业总产值达到4.6亿元。尤其在近五年来,境内原盐生产持续增收,精细盐化工及以健康为主题的深加工产品已畅销世界。

八、结　语

盐业是黄骅之根,黄骅依盐立县。盐业在黄骅市形成与发展进程中有着无可替代的历史地位。自春秋时期,齐国在此"煮海为盐"开创中国海盐生产之先河,迄今已有两千七百年之久。其间历经前代的兴、盛、衰落及新中国成立后的蓬勃复兴,历史一步步向这里聚焦,笔者希望家乡黄骅大力发展这一传统特色产业,并将海盐文化及海盐精神薪火相传、发扬光大。

参考书目

[1] (北宋)范纯仁:《范忠宣集》,清道光刻本。
[2] (清)王涣等:《河间府志》,清康熙十六年(1677)。
[3] (清)赵炯等:《盐山赵氏族谱》,清康熙五十一年(1712)。

[4]　（清）莽鹄立：《长芦盐法志》，清雍正四年（1726）。

[5]　（清）徐时作：《沧州志》，清乾隆八年（1743）。

[6]　（清）索诺木札木楚：《长芦盐法志》，清嘉庆十年（1805）。

[7]　内务府衙门：《内务府掌仪司呈堂稿》，清嘉庆道光间。

[8]　（清）江毓秀等：《盐山县志》，清同治七年（1868）。

[9]　（清）沈家本等：《重修天津府志》，清光绪二十一年（1895）。

[10]　（清）刘如阜等：《渤海刘氏家谱》，清宣统三年（1911）。

[11]　贾恩绂：《盐山新志》，民国五年（1916）。

[12]　刘兰村等：《聚馆铺刘氏家谱》，民国十年（1921）。

[13]　张凤瑞等：《沧县志》，民国二十二年（1933）。

[14]　河北省黄骅县地名办公室：《黄骅县地名资料汇编》，1982年。

[15]　河北省中捷友谊农场地名办公室：《中捷友谊农场地名资料汇编》，1984年。

[16]　河北省南大港农场地名办公室：《南大港农场地名资料汇编》，1984年。

[17]　中国人民大学清史研究所等：《清代的旗地》，中华书局，1989年。

[18]　黄骅县地方志编纂委员会：《黄骅县志》，海潮出版社，1990年。

[19]　李锡鹏等：《黄骅李氏家谱》，1991年。

[20]　河北省地方志编纂委员会：《河北省志·盐业志》，中国书籍出版社，1996年。

[21]　中盐长芦沧盐志编委会：《中盐长芦沧盐志》，中国标准出版社，2009年。

[22]　黄骅市地方志编纂委员会：《黄骅市志》，方志出版社，2013年。

[23]　黄骅市博物馆：《黄骅市文物志》，北京燕山出版社，2015年。

[24]　黄骅市博物馆等：《黄骅市海丰镇发掘报告》，文物出版社，2015年。

黄骅盐业发展略述*

郑树彬

（黄骅市人文学者）

摘　要　中国盐业，历史悠久，源远流长。由于盐是人们日常生活不可或缺的调味品和营养品，盐的税利收入是中国传统社会历代官府的主要财政收入之一，国家对盐业的控制很严，盐业与国家的经济、政治、军事乃至社会、文化的发展都有密切的关系。黄骅盐业作为长芦海盐的主产区之一，自西周迄今已有三千多年的历史。其盐业的生产与销售一直在长芦乃至全国占有十分重要的地位。万灶青烟皆煮海，又是最早设盐官的地方。明、清中前时期，产量居长芦之冠。清朝后期至民国，虽然有因交通运输易水为陆的原因，但乃是长芦盐的主产区。新中国成立后，盐业的生产与运输发展较快，2000年，原盐产量达180万吨，并且成为化工工业的主要原料之一。

关键词　黄骅；盐业；长芦生产；运输；税收；管理

盐业作为生活必需品自春秋、战国已载入史册，汉代始设盐官，盐业大兴。唐、宋、辽、金制盐业已较为发达，明代中叶达到鼎盛时期，明后期至清及民国间，盐业衰落。

1949年以后，黄骅县内制盐业得到较快发展。

一、概　　述

盐业在区域内历史悠久，自春秋以来便鱼盐之利，人民多归。齐有渠展之盐，燕有及东之煮。清雍正四年（1726）修《长芦盐法志》载：夏禹贡海岱惟青州厥贡盐絺，此为赋盐始。《周礼》盐人奚四十人掌盐之政令，供百事之盐。即为设各级管盐之人。《尚书·洪范》载：水曰润下，润下作咸。就盐的根源作出科学的解答。

《尚书·说命下》载：君王与傅说对话中有"若作和羹，尔惟盐梅"。意即如果我要做羹汤，就请你充当调味的盐料。说明在当时甚至更前，盐已作为调料进入了人民的生活中。

汉元封元年（前110）在全国规划产盐场区，签发亭户（灶户）。将官有灶地、草荡、牢盆（煮盐用铁锅）分配给灶户使用，分散煮盐。按灶定额由官府发给灶户应得工本费，一时章武、柳县盐业大兴，盐场林立。柳河运盐繁忙为市舶要冲。《北魏·食货志》载：天平元年（534）于沧

---

*　本文数据收集至2000年。

瀛幽青四州之境，傍海置盐官，以煮盐置灶，煮盐收入成为稳定政权的重要经济支柱。

至元朝煮盐业大发展，设海丰场于羊二庄管理盐政。永乐元年（1403）境域遭兵乱，场灶尽废，后移民中设灶籍，盐业渐兴。明代嘉靖元年（1522）盐业改煮为晒，实现制盐技术上的重大改革与突破，推动盐业的快速发展。明代后期至清初，盐业大衰，盐户负担苦重徭役，官吏奸商相逼日甚。虽有清中期的调整，但至民国十四年（1925）境内场灶尽废。废盐改农，使境内地脊民穷。

清朝中后期，滩地私有化和部分灶地被开垦成农田，盐业发展受到限制。民国期间盐业没有得到恢复，转入民间零星的制盐活动（表一）。

表一　明初境内盐场表

场名	建场时间	场所所在地		隶属	面积	裁撤
		地址	今名			
利国	1265—1270	盐山韩村	黄骅城关	沧州分司	525顷67亩	乾隆十年入海丰
利民	1265—1270	沧州毕孟	黄骅毕孟	沧州分司	1314顷29亩	雍正十年
海丰	1265—1270	羊儿庄	羊二庄	沧州分司	590顷79亩	1918年3月
阜民	1265—1270	常葛	常郭	沧州分司	739顷24亩	乾隆三十年
润国	1265—1270	常葛附近	常郭	沧州分司		隆庆三年入阜民
海阜	1265—1270	无棣梁王庄	梁王庄	沧州分司		隆庆三年入海润
海润	1265—1270	盐山板塘	冯家堡附近	沧州分司	491顷96亩	康熙十八年入阜财
深州海盈	1265—1270	盐山苏基	苏基	沧州分司	534顷88亩	康熙十八年入海丰
严镇	1265—1270	沧州同居	同居	青州分司	1327顷9亩	1918年3月

二、盐业生产

1. 生产环境

境内滩涂面积广阔，地势平坦，海拔1.5—2米。滩涂土质为盐渍砂质黏土，地下2.5—3米处分布有厚度约0.65米的黏土层。土质结构细密，渗透率小，是开滩晒盐的理想土层。处于大陆季风气候区，光照充足，盛行西南风，年均蒸发量为降水量的四倍以上。春季干旱少雨，连晴日数多，为制盐旺季。

2. 生产工艺

古代海水制盐都用火力煎熬法，故称灶。用锅灶煎煮成盐，故称制盐户为灶户。以后利用风力把海水储到滩池内，利用太阳能蒸发海水，逐步浓缩成盐（图一）。这时，灶户改称滩户。老式的制盐方法是晒沙淋卤，采用刮土淋卤火力煎熬。明章潢《图书编》卷九十一《长芦煎盐之原委》详载其方法：

（1）采卤—摊泥

以咸泥置漏碗中使其咸卤沥出，掘土堆积漏碗四周。经过刮泥、抄泥、集泥、挑泥、治漏、淋

图一 古代煎煮海盐图

漏、藏卤等过程。

（2）制盐—篾盘煎熬

盘用竹篾制成，两面涂以壳灰，壳灰之外刷以柴灰，以防渗漏。盘搁于灶，灶之四角直竖坚木四支，直木之上又架以经横木四支（横木即谓大桁），上纵架粗竹十六支谓之子桁，悬绳四十根，下各系以钩，钩于篾盘之格楞，使盘受卤重量，不致有坍塌破裂之虞。新制之盘，先用火烘干，同时倾以灰卤，使盘底罅隙尽为堵塞，然后可倾卤煎盐。煎时卤汁沸腾，泡沫污物浮上面，随时掬去。功候至，结晶，用扒集聚以木瓢盛之。

铁盘煎熬，凡小灶多用铁盘，每灶十丁，伙置浅锅一面，阔五尺，深埝在滩，二三四月天道晴明，将滩内碱土黑色者用耙或锄产浮在地晒干，刮土入池，以水浸之，淋卤流入池内，陆续舀入泄锅内，发火烧煎，随干随添，盐至满锅方止。约可得盐二十斗，每次为用三日，若遇阴雨则点散，其盐不成。以上是说煎煮法所用的工具、时间月份、主要过程、主要原料。其中淋卤是技术关键：试卤之法，先以石莲子投于卤中，如沉而下者，则卤淡，浮而横侧者，则卤稍淡，煎之俱费草而难成；必浮而立于卤面者可入锅，煎之不但省草，盐且易成。简言之，试卤就是检验卤水的浓度，只有饱和状态时最佳。

（3）轧池

历史上由煎煮为盐，到全部滩晒制盐历时300多年。明嘉靖元年（1522）有福建制盐专家来海丰场传授晒盐方法，让灶户高淳等于河边挑修一池，隔为大、中、小段，次第放水于段内，晒之，浃辰（即从子至亥一周十二天）则水干，盐结如冰。这一户试晒成功后，海丰场灶户高登、高贯，海盈场灶户姬彰等50多户，见此法比刮土淋煎简便。各于沿河一带择方便滩地，亦修池晒盐。共占官地十二顷八十亩，建立滩地四百二十七处。所晒盐斤，或上纳丁盐入官，或卖于商人。长芦盐运使刘思贤询知晒盐利厚，曾减征盐课以资鼓励。可惜此举并未得到明王朝重视，变革迟缓。盐区全部易煎为晒延至清末。

制盐改煎为晒初期，纳潮扬水全凭人力。清同治十年（1871）塘沽生员井煦，仿江南盐城稻田所用扬水风车，制成八面布帆扬水风车，安装在丰财场试用，此后在长芦盐区推广。

1949年境内原盐生产除扬水使用部分动力外，其余均为手工操作。1960年风车全部淘汰，为电力扬水，统一纳潮供卤。原始工具为木耙，1953年开始试验扒盐耙（当时称联合扒盐机）。1956年推广小车推盐。20世纪60年代，先后试验制成电动牵引机、水力管道输盐设备、多斗出舱机、斗轮装盐机、机拖轮、过磅装袋器等多项新机具，形成扒、吊、撩与驳运、筑放三条机械化、半机械化作业线。1967年后实行结晶机械化作业（图二、图三）。

图二　人工轧池

图三　机械轧池

（4）晒制

井滩：掘井汲取地下卤水晒盐，井深视地下卤水深浅而定四五尺至丈许不等。明清时期，井滩分布于海丰、严镇两场，以严镇场居多，有219眼。1945年至1949年间，歧口、马棚口、王徐庄、齐家务等处民众亦开设过井滩，1950年后逐渐废止。

海滩：晒工艺包括压池、纳潮、制卤、结晶、收盐等几道工序。

淋滩：采用刮土淋卤晒滩。1947年沿海居民，在政府扶持下，开淋滩387副。刮取盐碱土淋卤晒盐。1959年黄骅盐场严重缺卤，亦曾组织职工刮碱淋卤晒盐。此后，再无淋晒之举（图四、图五）。

1945年黄骅县解放，渤海区政府组织渔民、农民在左庄、辛立灶开滩晒盐。增设盐务管理站，改变食盐管理的松懈局面。1947年冬，为打破敌人对大沽盐业的封锁，解决华东野战军和各解放区吃盐难的问题，渤海区党委、政府采取食盐专卖制度等一系列措施。在刘洪博、盘洼以东海滩开滩晒盐，发展盐业生产。成立以席华亭等5人组成的开滩指挥部，由齐耀庭具体负责招工，指挥部设在刘洪博。由于大部分群众对开滩外行，加上没有口粮吃，对开滩缺乏信心。

为此，黄骅县委采取一系列相应措施：①提供技术，资助工具。②预拨粮食。县政府拨粮125万斤，救济粮88万斤，每个开滩民工150斤，解决了吃饭问题。③加强组织领导。成立盐民工会，负责领导与组织群众经营盐业。

图四 修滩

图五 扒盐

1948年2月北海银行黄骅办事处发放贷款4000万元，帮助道安区、扣村区、海堡区劳力不足不能建造海滩的贫苦农民发展井盐、锅盐。至4月份，王徐庄、齐家务建井滩227副，道安区32个村有井滩，最多的一个村达到60副，刘官庄村332户有160户晒井盐。用锅烧盐仍以道安区最发达，留老人村128户，有123户熬盐，每天出盐5000斤。全县全年共计产盐10 365.37万斤。

1956年成立利民（后改海滨）盐业社，又将30副滩合并为10副。1957年组建芦嘴子（大口河）盐业社，经营盐滩10副。1958年6月海滨、芦嘴两个盐业社并入黄骅盐场。1962年黄骅盐场停建，滩田多荒废。1965年黄骅盐场恢复。1966年以后，北京军区黄骅盐场，县办及集体小盐场亦相继建成。

制盐业是黄骅的支柱产业之一。2000年，全市有盐场32处，盐业加工企业2家。盐池面积74.5万公亩，结晶面积4.7万公亩。原盐产量约36万吨，销售26万吨。

三、盐政管理

汉元狩四年（前119）汉武帝推行盐业专卖，由中央垄断制盐和销售。管理盐业生产的办法是召集盐民自己出资煮盐，官府发给煮盐用的牢盆（大铁锅），盐价由官府确定，由官府收买。牢盆上面刻有国家盐官的铭文和编号。它是生产必需的工具，又是政府允许煮盐的凭证。如果不用牢盆煮，就是私自制盐，一旦发现，不但没收其器具，还会被处以严刑。

西汉元封元年（前110）桑弘羊为治粟都尉，请置大农部丞37名，分驻全国产盐多的郡县。其中派驻勃海郡章武（今常郭镇故县村北）的大农部丞，隶属大司农，为记载长芦盐区最早的盐官。东晋大兴元年（318）后赵主石勒派王述在角飞城（今海丰镇村）煮盐，兼理盐政。南北朝时期，北魏在沧州设盐官，傍海煮盐并兼管盐务。《新唐书·食货志》载：唐设转运使、盐铁使。唐乾元元年（758）盐铁使第五琦初变盐法，就山海井灶近利之地置盐院，游民业盐者为亭户，免杂徭。

宋设转运使。宋时，惟河北地区允许民间自由买卖，称通商制。

金大定二十一年（1181）沧州、山东两盐使合并为海丰盐使司。四年后，设沧州盐使司，设盐使、副使、判官等职。掌理督制及收纳盐斤诸事。

元朝初设河间盐运使司，设转运使、运同、经历。泰定二年（1325）改称大都河间等路都转盐运使司，统一管理今长芦盐区盐务，今境内盐务受其管理。据《元典章》卷二十二《户部八盐课办课合行事理》载：元朝盐户生产及盐的交纳都是在盐运司严格监督下进行的。如诸场盐袋，皆判官监装，需要斤重均平，无有余欠。运使以下，分转检校，仍于袋上书写监装检员职位姓名，以千字文为号，如法编垛。盐户纳盐，要有详细登记：灶户赴场纳盐，置簿明白附写某字号一廪，自几年月日，灶户某人纳盐为始，至几年月日，灶户某人纳盐为尾，计盐一千引，各开备细花名盐数。政府要求盐户纳盐应随到随收。诸场灶户中盐到场，皆需随时两平收纳，不得留难。应该说，元朝政府规定是很严格的，对销售过程实行标准化管理。

明朝设七级管理层。明洪武元年（1368）于沧州长芦镇置北平河间盐运司，次年改称河间长芦都转盐运使司。明永乐元年（1403）更名为长芦都转运盐使司，所辖盐区，始称"长芦"。明万历二十一年（1593）长芦盐区盐业北盛南衰，北司运判调南司，仍驻羊二庄。万历三十八年（1610）沧州分司由羊二庄移驻唐官屯，遂成定制。各场派驻盐大使管理场盐业务。

清朝在基层设五级管理机构。清康熙十六年（1677）长芦都转盐运使司沧州运司迁往天津。道光十二年（1832）废沧州分司，由天津分司管理境内盐务。宣统三年（1911）撤天津分司，由长芦都转盐运使司直接管理所辖各场盐务。

民国四年（1915）11月设丰财渔盐总局及歧口分局。民国六年（1917）废除海丰、严镇两场并入丰财场，各场设滩坨局管理境内盐务。

民国二十六年（1937）长芦盐务稽核分所与长芦盐运使司合并为长芦盐务管理局。民国三十四年（1945）10月，国民党政府改之为河北盐务管理局，县内盐务由其管理。

1948年中共渤海行政公署工商局在小泊头设盐务管理局，管理黄河以北盐区盐务，黄骅县设羊二庄、吕桥两处盐务分所，专责征税和缉私。

1949年5月羊二庄、吕桥两分所合并为黄骅县盐务处，隶属中共渤海行署工商局下属河北（指黄河）盐务局，专责征税和缉私。下设歧口、马棚口、齐家务、刘宏博四处盐政所，管理黄骅及静海一带的盐政。6月10日县盐务处归长芦盐务管理局汉沽直属分处管理。1952年撤销马棚口、齐家务盐务所，保留歧口、刘宏博两所，增设辛立灶盐务组。1956年长芦盐务管理局撤销，黄骅县盐务处隶属汉沽盐务局，为黄骅县盐务分处。1958年8月长芦黄骅盐场建立后，接管黄骅县盐务分处和海滨（歧口）、芦嘴（大口河）两盐业社，属天津盐化局。

1982年10月20日，盐务局成立下辖杨庄、赵家堡两个盐务管理所，管理县内各盐场盐务。1990年成立黄骅市盐业公司，管理全市（不含长芦集团）的盐业生产。1993年更名为黄骅市盐业总公司。

1986年，长芦黄骅盐场隶属轻工业部长芦盐务管理局。1989年1月下放到河北省管理，更名河北省长芦黄骅盐场。1990年12月青峰农场移交河北省长芦黄骅盐场管理。2000年，市、乡、村盐场隶属市盐务局管理。

四、生产体制

唐代以前，其民间煎盐为一家一灶或数家合灶，官府派吏监督收税。辽金两代，制盐规模扩大。至明代境内设利国（驻地城关）、利民（驻地毕孟）、海丰（驻地羊二庄）、阜民（驻地常郭）、润国（驻地常郭附近）、海阜（驻地无棣梁王庄）、海润（驻地冯家堡附近）、严镇（驻地同居村）诸场。除严镇场属青州分司外，其余属沧州分司。清末境内仅海丰、严镇二场产盐，余尽废。民国期间，境内盐业管理机构撤销。场废，滩坨划归石碑场、芦台场和丰财场。抗日战争时期，境内官办盐业尽废，余为沿海盐村户生产。

1949年底，刘洪博、辛立灶一带有私营盐滩200余副，每副滩8—10人。1956年成立海滨盐业社，改造小盐滩。由原30副并为10副，有效生产面积56129.4公亩，年产原盐18 000吨。1957年汉沽盐务局拨款13万元，责成黄骅盐务处筹建芦嘴子（大口河）盐业社，其性质为民办公助，当年开滩10副，有效生产面积41 378.4公亩。两盐业社共有职工400余人。1958年1月1日两社并入国营长芦黄骅盐场。1961—1964年盐场基本停产，留287名职工做好保卫、维修任务。1962年北京军区在黄骅建立盐场，开滩制盐。1965年长芦黄骅盐场恢复生产，为轻工部长芦盐务局直属中型制盐企业。1972年建立县办盐场。1976年发展乡村盐场。

自1988年盐业系统推行不同形式的承包经营责任制。1999年，市内办盐场实行盐田内部经营承包责任制。

1. 销售区域

唐代宝应元年（762）以前为官专卖时期。灶户产盐全数交官，或官府自卖，或批卖给商人经营零售。区域自由。

明代万历四十五年（1617）创行纲法至宋代实行引票制，规定销售区域。引票是纳税的凭单，购盐的证券，运盐的护照。作为运销证券的盐引，所含盐的斤两，不同时期和地区有不同的规定。宋时行销直隶、彰德府、卫辉府、宣化府、大同、蓟州等。元、明、清朝略同以上区域。

1990年销售区域增加四川、福建、吉林、内蒙古四省区，达21个省市区、173个县。2000年销售区域为河北、河南、山西、天津、北京等省市。

2. 盐业运输

盐运的兴衰，在于交通之通阻。汉唐以来，在境内沿海地区柳河实为北路之要津，按自今范家堡溯航，南经老盘庄，西过海丰镇，西南经羊二庄，西经旧城北直达故县、常郭到沧州（今沧县东关）、通捷地转长芦大道通向西北边疆，或通过水路直达深州。

元朝以前，境内盐业运输主要以水运为主。经羊二庄、盐山县治（今旧城村）西行捷地、长芦，经运河销售各地。元朝开通大运河，横断并淤塞柳河等东西河道，使境内运盐水道受阻。给这一区域盐业运输造成重大挫折。易水为陆路运盐，集中建造陆路的盐坨外运。经羊二庄直达沧州（今沧县东关）的官盐大道。常郭村南有一地名叫坨地，即为阜民场储盐地。南场之盐外销改为陆运，这一转折使南场盐业日趋凋零。正如民国《盐山县志》总结的：盐之为政，始于秦汉，盛于元前，衰于明，仅存于清，此其大略也。这是给废水易陆后，使盐业受挫的一个恰当的评语。

明代盐运路线有四条：①南路东起埕口，经苏基、献庄、马村至盐山。②中路从沿海范家堡等地，西经海丰镇、羊二庄、贾象、大郭庄、张留舍、泊二庄、边务至盐山。③北路北起歧口，西南经张巨河、王肖庄、韩村南向旧城、张留舍、泊二庄、边务至盐山。④严镇场盐运西行至乾符达李村、兴济转河间外运。此间运输水陆并进，陆路须走官道。

雍正四年（1726）南所盐运又由陆运改为水运。南所盐场有八处，在黄骅境内有五处，即海丰、利国、利民、阜民、严镇。各场之间，道路相连，若以利国为中心，东南则达山东海丰县境北，东北直至歧口，向西南经常郭、毕孟去旧州，向西去沧州，向北经羊三木、吕家桥再北去同居，这些道路亦属运盐车道或乡间土路。

境内盐运可分为四个阶段：

第一阶段自公元前2世纪至公元6世纪（东魏），盐运以水路为主。南路依无棣河经高城北（故城赵）至今南皮境内连接卫河；北路以柳河为主，西达长芦，连接漳、衡二水。所经沿河附近，鱼盐丰富，万灶青烟，一川白浪，帆樯如织，是今沧州东部渔盐路初期的黄金时代。

第二阶段自7世纪（唐）至13世纪（辽、宋、金时期）。隋末由于无棣河堵塞，南路已废，鱼盐之路，惟依柳河。自沧州刺史薛大鼎倡浚无棣河后，南路再现繁荣。所谓杨柳夹岸绿，鱼盐载满仓，船放中流日，人歌大有乡。彼时盐业供销两旺，西至太行，北至幽蓟，南达皖豫，为全国之冠。

第三阶段自13世纪末（元、明）至1949年。据考1048年（北宋仁宗庆历八年）至1194年（南宋光宗绍熙五年，金章宗明昌五年）约一个半世纪，黄河第三次从天津入海，黄泛影响，金、元以前，天津无盐场。因而境内盐业独盛。然而，从元代疏通大运河，东西河道尽废，因此运盐不得不改由陆路。南盐北迁。

第四阶段自1949年后，经整顿旧盐区，发展生产。成立机构，盐业复兴。1959年盐生产区开挖驳运盐沟，用艚船通过盐沟运至盐坨，利用风篷工拉船，人力撩码堆坨，人工装麻袋，抬盐上海船。1966—1968年仍沿用人拉船驳运，上海船开始采用轱辘马车。1968年后，逐步增置斗轮机、出舱机、皮带机。1982年集运筑装，实现拖带机械化。

1982年以后，全部靠汽车外运。1982—1990年黄骅盐场的一部分原盐由滩内装槽船运至大口河码头，而后由国家航运部门运至天津新港码头。1985年铁路建成后，除部分近场路运放销外，以火车运盐为主。艚船驳运于1998年废止（图六—图一三）。

图六　人工撩码堆坨作业

图七　抬盐堆坨

图八　1960年吴宝太推盐法

图九　装船

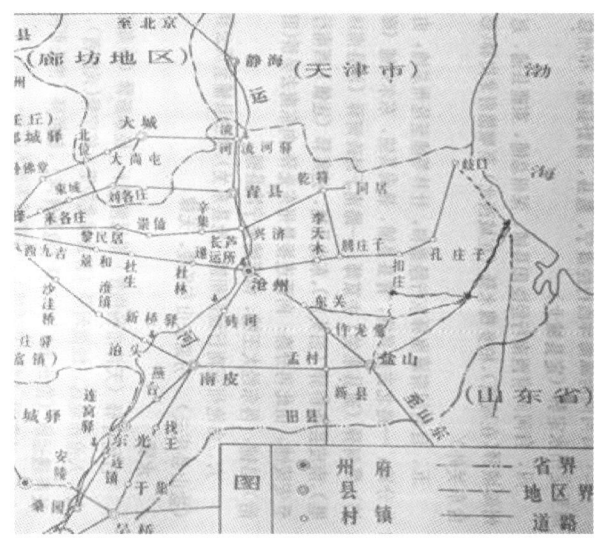
图一〇　清朝陆路运盐道路

图一一　机拖轮拖带艚船驳运原盐

图一二　斗轮机装船

图一三　火车运输大量盐包

五、盐价盐税与专卖

1. 盐价

盐价的构成由成本价、出场价、分配价、销售价组成。

（1）成本价

清代以前盐的成本价是每大引400斤由官付工本米1石。民国间盐的成本按照各滩实用修滩、挑沟、修补器具、风车及食粮、工资、坨码封存、驳盐、雇员薪金、公杂等项费用之总和。1949年10月1日长芦盐区每吨盐成本7.35元。1988年每吨成本34.37元。1997年粉洗盐每吨成本35.14元。

（2）出场价

即指场坨卖价，亦指不含盐税价。明万历四十五年（1617）以前，税寓于价或大于价或平于价。以后税价分离，场价由商、灶定，始有价规。天启年间每引（360斤）盐价5钱。清光绪年间每百包（400斤1包）盐价约银10两。1913年每担（50公斤）为1角2分5厘。1948年每公担180 000（法币），年底7.4元（金圆券）。1957年每吨原盐出场价24.32元。1984年每吨出场价37元。1988年每吨出场价47元。2000年原盐出场价每吨110元。

（3）分配价

分配价由盐的出场价、盐税、中央平衡差、分配调拨服务费用构成。1989年11月，河北省物价局对食盐、工业盐的分配价按不同的放盐市场、不同的品种、不同的运销地区作出具体规定。1995年3月，河北省物价局取消分配价，改为批发价。1996年河北省物价局对食盐产区批发价格作适当调整，至2000年未变。

（4）销售价

即商销零售价，历代对销价皆有规定。唐代贞元四年（788）1斤食盐均价30—50文。金代每斤42文。元代太宗年间每引（400斤）定价银10两，折每斤20文有余。明永乐二年（1404）规定户口食盐纳钞，民买盐1斤160文。清宣统年间，沧州食盐每斤44文左右。民国二十年（1931）沧州盐店每斤官价售大洋9分。

1945年，上半年每斤3元1角至8元6角，下半年15元至35元。1957年沧州地区每斤1角2分。2000年食用盐每斤1元左右，工业盐每斤0.5元。

2. 盐税

旧称盐课。这是一个古老的税种，历代史书均有盐法专章记载。自秦汉以来，历代设专司经办。

夏代以前，盐本无税。夏以后始有税，随之有盐法。齐国管子认为，以海资源成就王业的国家，必须慎重盐税政策。说明了我国历史上食盐税赋是其他行业税赋的开端。依《史记·货殖列传》记载，西汉初，民营制盐业发展很快，政府设官征税。

秦至西汉，盐税苛重。东汉时期，盐税大幅度减征。盐业由民间经营，政府置官收税。唐代以前，其民煎盐为一家一灶、数家合灶，官府派吏监督收税。有税制又分征税与专卖两类。征税制，就是盐经过官府征税之后，听民自由贩运和买卖。

《隋书·食货志》卷二四载：开皇三年（583）隋文帝罢酒坊，通盐池盐井与百姓共之。即实行无税制。从此，直到唐玄宗开元九年（721）为中国盐政史上无盐税时期。

元代以前，施以实物税，灶户煎制之盐全部纳官，名曰"办课"，官场给以工本银、工本钞。元以后，盐税渐重。

明代以前盐税征收重在场灶，而不在商，名谓灶课或丁课，即由官府委派官员稽考后，每年给亭户（灶房）扣制盐二引外，按额输盐，额以丁计，以一丁出额盐4引20升（293.8公斤为1引）。

清代盛行商运商销，盐课归商而不归灶，即官府在盐场低价收购原盐，再以高价卖给商人，把盐课并在卖价之内，官卖收益归官府所有。在场征税，分灶课、丁课两类，灶课按滩荡场灶面积计征，灶课是对制盐户征收的盐税。丁课按盐民人数计征。此外还征盐厘。

清初利民场灶课，每亩征银八厘八毫，闰年加征五丝。丁课每人征盐三十一斤八钱一分八厘九毫。改为运销征税后，税额以销盐数量为标准。盐厘即盐之厘金，咸丰年间各地为筹措经费开征厘金，盐与其他货物一样也征收厘金。由于厘金的特点是逢卡过关都要抽收，所以运盐越远，课厘越重。

从征税制到专卖制，历经数代之演变，税种、税目繁杂。直到清宣统三年（1911）督办盐政处归并各项税目，才统称盐税。清末民初，长芦税目不下二三十种。

民国二年（1913）实行新税制。将以前推行地丁之盐课豁除，任人到盐场，实行买盐纳税。

民国三年（1914）黄骅县盐区盐税，每百市斤盐征税1.25元。同年，实行《均税法》后，每百市斤盐征税2.5元。民国七年（1918）每百市斤盐征税3元。民国二十年（1931）5月30日国民政府颁布《新盐法》规定：盐税正税一律在盐场征收，不得重征或附加。民用盐每百市斤征收5元，渔业用盐每百市斤征收0.3元。并规定农业、工业用盐征税范围。

民国二十二年（1933）每百市斤盐增征中央附加税2元。渔盐每百市斤增征税0.3元。

中华人民共和国成立初,食盐每百公斤征税27元(折合新人民币)。农牧业用盐征税比食用盐低60%,渔业用盐比食用盐低80%,工业用盐免征盐税。境内盐区实行产销税合一,税不重征,税目因而从简。1949年原盐场价(不含部分差价及业务费)每担计小米4斤。

1950年政务院颁布《关于全国盐务工作的决定》,盐税属同中央税收,时执行调整税收,酌量减轻民负的税收政策,盐税减征50%。1月1日起,以实物小米价格计征盐税,即斤盐斤米,担(50公斤)盐税率为100斤小米。

1955年,使用新币(1元等于旧币1万元)原盐场价每吨征税0.8元。食盐每百公斤征税14元。1957年1月1日起,长芦区食盐税率每吨增加32元,按每吨172元征收。1975年,盐税由县财税局为中央代征,按2%比例留成。盐税一直占全县财政总收入的50%以上。1975—1985年盐税收入总计22 992万元。1984年5月工业用盐实行全额征税每吨152元。

1985年2月起,精制盐征税,由每吨154元减按130元征收。粉洗盐征税,由每吨154元减按140元征收。出口盐、平衡储备盐、盐民食用盐免征盐税。

2000年,工业盐价格放开,由生产单位与用盐企业议价,最高每吨105元。

3. 盐品专营

盐品专营分官专卖、官商专卖、商专卖,至中华人民共和国成立后实行计划管理。

(1)官专卖

春秋时期,齐国宰相管仲创立官山海之策,开始有专卖法,此制延续近一千年。唐代乾元元年(758)第五琦创立盐法,实行民制、官收、官运、官销。元初食盐的销售采取商运商销和官运官销两种方式。

(2)官商专卖

在官专卖的唐朝中期,刘晏改进第五琦之法,盐归民制,运销归商,官主收盐,寓税于价,转售商人,商人缴价领盐,准其在盐铁使管辖区域内自由贸易,并在偏远之地储备常平盐。至明朝中期官商专卖体制没有大的改变。

(3)商专卖

万历末期,袁世振创行纲法。纲法初为疏销积引,编成纲册,纲册有名者,永远据为窝本,无名者不得加入。在册者称纲商,各自垄断销地。从此,官只取税,不再取盐,商人直接和灶户交易。称"引岸专商",即商专卖。

清代引岸专商形成定制。招商认窝领引纳税。引由户部印官,运司具文请领,盐商按引额纳税后,到指定的盐场收购,到规定的地区销售。即为民制、商收、商运、商销。

清末,引岸专商制开始动摇。1946年引岸专商废除,开始自由贸易。滩户制盐非经财政部许可,不得采制,河北盐务局(长芦局)核发登记合格证,方准晒盐。

4. 缉私

盐为高税商品，自征税或专卖始，即有私盐出现。历朝历代为打击走私盐，订过很多条律。也曾设立专门机构查、堵返运私盐。一查无税之私盐；一查越界之私盐。但始终没有堵住贩运私盐之路。

黄骅境内作为长芦盐的主要产区，早已载入盐法盐志史册，自明朝嘉靖十一年创修《长芦盐法志》起至2000年，计有多部志书问世。记述盐业的发展历史与变革。但历史上，盐并没有给区域内人民带来福音，资源的流动带动资本的流动，留下来的是贫穷，历史给出证明，几千年的渔盐之利，并没有让境内成为财富的先进地区。

随着工业革命的到来，社会制度的变革，盐成为重要工业原料之一，开始为民众造福。

黄骅海盐风物考略

曹俊英

（黄骅市黄骅中学）

摘　要　作为海盐的重要产地，黄骅境内风物无不带了咸味。笔者在长期的考察实践中，大量检索相关史料，对旧城、海丰镇遗址和黄骅传统晒盐、做酱习俗等反复推演，认为这些都与海盐息息相关。盐作为一方的经济命脉，自古就和生活密不可分，甚至影响了一个地方的兴盛和衰败。

关键词　海盐；兴衰；传统

一、旧城为何成了一座旧城？

建于汉高祖五年（前202）的盐山县，原称高成县，西晋改称高城县，因县境内近海处有一座火山爆发形成的盐山，盐山古称碣石山，又一说是曹操"东临碣石，以观沧海"处，山下有明月沽产盐，山腰建有盐神庙。北齐天保七年（556），盐山县治移至盐山城北大留里，也就是旧城。隋文帝开皇十八年（598），借此山名改高城县为盐山县。明洪武九年（1376），盐山县治由旧城迁至香鱼馆（今盐山县城）。从南北朝北齐始，经隋唐、五代、宋辽、金元到明朝止，旧城成为盐山县治，前后历时八百二十年之久。县治迁居，旧城从此真的成了一座旧城了。

一个地方，成为县治，抑或消逝县治，一定是有其历史渊源的，旧城也不例外。

旧城的南边，原来有一条河，叫柳河，曾是黄河入海的一条主干河流。这条河，也曾是北方一条很重要的盐运水路，它的入海处，就是历史上宋金时期北方最大的通商口岸——海丰镇。

自秦始皇，齐就以鱼盐雄天下，盐山县是齐的最北面，在海丰镇附近曾设柳县。西汉元封元年（前110），全国始设盐官38处管理盐政。勃海郡章武县（县治在黄骅市故县村北），为首批置盐官之县。东汉末年，勃海郡高城东北一百里，北尽漂渝（今黄骅市海丰镇附近），东临巨海，民咸煮海水，呈现了"万灶青烟皆煮海"的盛况。《隋书·食货志》也记载，当时"傍海置盐官，以煮盐，每岁收钱，军国之资，得以周赡"。

位于柳河畔的旧城，得了天时、地利、人和，成为县治就不足为怪了。柳河两岸，至今尚存一些很能体现地域符号的村庄，大郭庄，大、小河南，堤柳庄，一溜儿马闸口……唐元和八年（813），沧海水浸百年，盐山县死者甚众；元世祖至元二十七年（1290），春旱夏涝，居民啖藜藿木叶；明太祖洪武九年（1376），县治迁至鱼香馆；再以后是燕王扫北……再加上惠民河的挖掘，导致了柳河淤塞，黄河入海改道。天灾人祸，使得历史上一条灵动又繁荣的河流消逝了。

二、古代海丰镇缘何兴盛？

柳河的入海处，孕育了一个古代北方最大的通商口岸——海丰镇。

那里出土的瓷片，还有其间出土的围棋子，以及女人的铜镜，都昭示着海丰镇曾经的富足。其富足的源头，我认为还是盐。

据《盐山新志》记载："海丰镇在天津未兴之前为海口第一繁荣之区……至元盐业不振，渐废为墟……海丰镇为繁盛之区皆以行盐故也……"考古学家在遗址中，发掘出灶十九个，这些灶大同小异，由烟道和灶膛组成，专家说，这极可能就是海丰镇煮盐的灶。除了盐灶还出土了陶罐、陶盆，它们里面有一层白色附着物，基本断定就是煮盐的器物。盐灶和盐罐的发现，佐证了海丰镇当时也是一个大的煮盐场所，而盐在当时很大程度上代表了一个地域的经济。海丰镇的富足，可见一斑。

海丰镇有水陆两条盐运古道。盐运水路，以海丰镇南面的柳河航运为要津，过角飞城（今海丰镇），西南经羊二庄，西至章武县治所（今黄骅市故县村），再经高城县治北（今盐山故城赵村）复西行沧州捷地，经达长芦，连接漳、衡二水。盐运陆路，由羊二庄经沧州而总汇瀛洲（河间）为转运，西行行销各地。

唐代河间府诗人刘长卿所作"晚来潮正满，处处落帆还"的诗句，描写的就是商贾云集、一川白浪、帆樯如织的盐业盛景。

据《盐山新志》载：沧盐之极盛启于五代金辽。到了金代，海丰镇一带盐业尤盛。金大定二十二年（1182），沧州、山东两盐使司合并为海丰盐使司。海丰镇盐场成为沧州、山东一带主要产盐区。元至明初，盐业大发展，长芦盐运使司所辖南、北二司各有十二场，也就是历史上的长芦二十四场。

兴极一时的海丰镇以后衰落，最流行的说法是：海丰镇的衰落缘于元代开凿了惠民河。惠民河横断并淤塞了柳河河道，使海丰镇运盐水路受阻，从此黄河改道，内河航运由陆路运输取代，其盐业一度衰落，海丰镇渐废为墟。

其实除了地理的原因，历史上有名的靖难之役，也是导致海丰镇盐业大衰的原因。盐民阻止燕军南下，大多遭杀戮，以致南司诸场尽废，河南省北部地区"民皆淡食"，正是应了张养浩的"兴，百姓苦；亡，百姓苦"。

三、古代黄骅人如何晒盐？

辛立灶，是南排河镇的一个小渔村，自古以来，打鱼却并非主业，这是一个制盐专业村，而且一脉承袭的是明世宗嘉靖元年（1522）福建莆田人传到长芦的滩晒制盐法。海盐从煎煮到滩晒，是从明世宗嘉靖元年开始的，这是海盐历史上的一次很大的变革，而海丰场率先改滩晒，开了长芦盐区的先河。

《长芦盐志》记载，明嘉靖元年，在今河北省黄骅、海兴县境内，"有大口河一道，源出于海，分为五流，列于海丰、深州海盈两场之间，河身通东南而远去。有福建一人来传此水可以晒盐，让灶户高淳等于河边挑修一池，隔为大、中、小三段，次第浇水于段内，晒之，浃辰（即十二天）则水干，盐结如冰。以后，海丰场灶户高登、高贯，见此法比刮土淋煎简便，各于沿河一带择方便滩地，亦修池晒盐。共占官地一十二顷八十亩，建立滩地四百二十七处，所晒盐斤，或上纳丁盐入官，或卖于商人添包"。时任长芦盐运使的刘思贤，是一个开明的盐官，他得知晒盐利厚，曾减征盐课，作为奖励。这一变革，并未得到明王朝重视，直到清初，才得以全面推行。

去海南旅游时，我专门去过儋州市洋浦湾畔的千年古盐田。1200年前，福建人谭正德带着最早的"洋浦开发者"来到海南，因地制宜，在海边凿石，造出了一个个砚台一样的盐槽子，太阳为火，石槽当锅，首创了"日晒制盐法"。等到"谭氏日晒制盐法"传到长芦盐区，已经是600年以后的事儿了。

新立灶，亦称辛立灶，紧邻长芦盐区，名字起得也很有咸味儿：辛辛苦苦建立起的煮盐的地方。因为不是晒盐的季儿，那些最原始的制盐工艺无法展示，新中国成立前出生在新立灶的一个盐民家庭的姬成国老人，只给我们演示了"扬花看卤"法，一铁锨扬起卤水后，根据卤花的颜色和起落时间，就可以目测出卤水的浓度了。传统的手工制盐程序是很复杂的，修滩、整池、纳潮、制卤、结晶、采收、堆坨、运输，每一个环节都很重要，而制卤更是重中之重，原始古老的气息，在这个渤海湾的小渔村弥散，真是堪可欣慰。

四、黄骅人为什么爱吃大酱？

我的家乡黄骅，古时是齐国的北疆，盛产海盐和冬枣，也有做酱的传统。每年二月二龙抬头，家家户户都要用大铁锅炒熟一二十斤黑豆，然后磨成豆粉，用手攥成大大的豆面团子，放入簸箩里，盖上白苫布，在太阳下和热炕头上发酵酶变，再把发干的豆团掰成小块儿，加入适量的盐和水和好，装入黑瓷盆，蒙上一层厚厚的白苫布，用粗麻细绳捆好，再用秫秸盖帘儿盖上，七七四十九天打开，那清鲜发酵的气息很是熏人，便可以食用了。

大酱，几乎成了黄骅人家餐桌上必不可少的佐餐品，大家为什么这么爱吃黑酱呢？其实这还是和盐有关。

作为百味之祖，盐在中国远古时代就被当做调味品。《尚书·说命》就有"若作和羹，尔惟盐梅"的记载，说明在商代人们就已经知道用盐做调味品，用来配制美味的羹汤，进而调配成酱。圣人孔子甚至"不得其酱不食"，可见酱在中国饮食文化中真的很重要。

毛子水在《论语疏证》中说道：设食必有醯酱，自古已然。《礼记·曲礼》：脍炙处外，醯酱处内。凡鱼肉各有气味相宜的酱，马融说："鱼脍非芥酱不食。"吃什么肉，配什么酱，才最相宜。

古人的酱不是我们现在的酱油。在春秋战国时代，豆、面类发酵调味料——豆豉、豆酱、面酱、酱油等，还没有发明，到了汉代，才出现了豆酱和面酱，紧接着，魏晋南北朝又出现了酱油，于是先秦时期的各种酱才逐渐退出。

古人为什么这么重视酱呢？中国古代的炊具主要有鼎、鬲、釜和甑、甗。这样煮和蒸应该是古人最主要的烹饪手段。以煮和蒸烹饪食物，味道难免清淡，必须用酱料增添味道。但春秋战国时代的调味料主要是盐、酒、醋、葱、韭、蒜、姜、芥、桂皮、花椒等，只凭这些调味料是达不到提味添香效果的，所以酱就格外重要了。

黄骅自古盛产盐，也有做酱的传统，最好吃的还是陈年的老酱，黑黑的酱放在黑黑的粗瓷酱碗里，小时放学回家，掰半个玉米饼子，抹上一层黑酱，挎着篮子，一边吃，一边往田野里去打草挖菜，甚是惬意。当然了，如果烙上几张白面饼，卷上家做的黑酱和自家园子里的小葱，咬上一口，那个香哦！那便是农家人心里神仙一样的日子了！

其实，大酱真正的意义，是更好更节约地使用了盐。酱丰富了盐的滋味，盐入了酱，确是个好去处。

后　　记

　　为进一步推进沧州地区长芦盐业历史文化的相关研究，加强沧州地区长芦盐业历史文化宣传，2016年9月在河北省黄骅市成功召开了"长芦（沧州）盐业历史文化学术研讨会"。研讨会共收到40余篇论文或论文提要。为尽早出版，在时任黄骅市副市长郑增强、黄骅市委宣传部部长程秀珍及黄骅市文化广播新闻出版局全体领导的关心下，河北海盐博物馆同仁积极收集、整理、编校相关文章，来自天津市长芦盐业协会理事长艾群先生、河北省社科院历史研究所刘洪升研究员、河北师大历史文化学院秦进才教授、四川自贡市盐业历史博物馆副馆长程龙刚等人的帮助也极大地丰富了我们论文集的厚度。在编辑出版过程中还有很多同仁、老师予以指正、帮助。在此，谨代表本书编委，向关心支持本论文集编辑出版工作的领导、专家学者和各位同仁表示由衷感谢！

编　者
2017年3月